2019年度国家自然科学基金资助项目：多元融合视角研究孤
意与行为反应（项目编号：61807014）
2022年度教育部人文社会科学研究一般项目（项目编号：22Y
2021年河南省哲学社会科学规划项目（项目编号：2021BJY030）
2022年河南省科技攻关项目（项目编号：222102310336）
2023年度河南省高等学校重点科研项目（项目编号：23B880012）
2021年度河南省本科高等学校智慧教学建设专项研究课题（课题编号：41)的成果。

促进学生高阶思维发展的
智慧学习空间构建

廖梦怡　杨好利　朱凯歌　赵　倩　著

吉林大学出版社

·长春·

图书在版编目（CIP）数据

促进学生高阶思维发展的智慧学习空间构建 / 廖梦
怡等著 .— 长春：吉林大学出版社，2022.11
  ISBN 978-7-5768-0839-1

  Ⅰ．①促… Ⅱ．①廖… Ⅲ．①高等学校－信息素养－
信息教育－研究 Ⅳ．① G254.97

  中国版本图书馆 CIP 数据核字（2022）第 193237 号

书　　　名：促进学生高阶思维发展的智慧学习空间构建
　　　　　　CUJIN XUESHENG GAOJIE SIWEI FAZHAN DE ZHIHUI XUEXI KONGJIAN GOUJIAN

作　　者：廖梦怡　杨好利　朱凯歌　赵　倩　著
策划编辑：邵宇彤
责任编辑：张　驰
责任校对：李潇潇
装帧设计：优盛文化
出版发行：吉林大学出版社
社　　址：长春市人民大街4059号
邮政编码：130021
发行电话：0431-89580028/29/21
网　　址：http://www.jlup.com.cn
电子邮箱：jldxcbs@sina.com
印　　刷：三河市华晨印务有限公司
成品尺寸：170mm×240mm　　　16开
印　　张：15.5
字　　数：274千字
版　　次：2023年1月第1版
印　　次：2023年1月第1次
书　　号：ISBN 978-7-5768-0839-1
定　　价：88.00元

随着云计算、大数据、物联网和人工智能等新技术逐步广泛应用，信息技术对教育的革命性影响日趋明显，教育信息化迎来重大历史发展机遇。2019年2月，中共中央、国务院印发的《中国教育现代化2035》明确提出，要"加快信息化时代教育变革，建设智能化校园，统筹建设一体化智能化教学、管理与服务平台。利用现代技术加快推动人才培养模式改革，实现规模化教育与个性化培养的有机结合"。人才培养过程越来越强调个性化培养，教育目标越来越倾向于注重学生高阶思维能力的发展。

人类发展生态系统论提出，环境或生存空间能对人产生潜移默化、持久深远的影响。研究者认为，环境或生存空间"供给侧结构"的改变能够倒逼教育教学方式的改革。目前教育环境和学习空间偏向"智慧化""智能化"已成为教育领域的共识，同时，云计算技术、大数据技术、物联网技术及学习分析技术等也已经为智慧学习空间提供了技术支持，高校进行智慧学习空间的建设成为大势所趋。

本书共八个章节，从五个部分论述促进学生高阶思维发展的智慧学习空间构建方法。第一部分，采用文献分析法厘清高阶思维能力的概念界定，梳理出高阶思维能力的影响要素和培养方法，并在构成要素层面论证了智慧学习空间对高阶思维能力发展的促进作用。第二部分，明确了构建智慧学习空间的理论支撑与关键技术，调研了智慧学习空间研究与应用现状，并在此基础上进一步明确促进高阶思维发展的智慧学习空间的构建目标及其基本特征，在构建目标和基本特征的指导下进行智慧学习空间的构建。第三部分，调研智慧学习资源的建设现状，提出智慧学习资源的设计原则，并重点介绍视频资源的建设方法和流程；同时，基于相关理论基础进行智慧课堂教学模式设计，引入智慧课堂教学模式设计的应用实例，并对应用实例进行分析，提出改进策略。第四部分，剖析学习空间评价、智慧学习空间评价的内涵、特点及研究现状，归纳影响智慧学习空间应用效果的各方面因素，基于促进学生高阶思维能力提升的目标，从智慧教室（含智慧实验室等）、资源平台和社交空间三个维度出发，设计智慧学习空间应用效果评价指标体系，建构智慧学习空间的应用效果评价模型，并以某学院的"智慧教室—资源平台—社交空间"三位一体智慧学习空间为例，进行智慧学习空间评价模型的实践验证研究。第五部分，从信息素养的定义、构成和特点入手，基于已有的师生信息素养相关理论研究成果和实践研究框架，分别设计智慧学习空间教师和学生信息素养调查问卷，并以某地方应用型本科高校教师和学生为例展开调查，分析影响智慧学习空间师生信息素养的关键因素，并提出相应的提升策略。

　　本书由四位作者合著完成，其中赵倩撰写第 1、2 章及第 6 章部分内容，约 51 千字；廖梦怡撰写第 3、4 章及第 8 章部分内容，约 102 千字；杨好利撰写第 5、6 章，约 61 千字；朱凯歌撰写第 7、8 章，约 60 千字。

　　本书旨在提出促进学生高阶思维发展的智慧学习空间的建构重点，使智慧学习环境的构建工作更具有系统性和可操作性，期望可以为正在进行的智慧化学习环境构建工作提供一些参考。

目 录
Contents

第 1 章　高阶思维能力概述

21 世纪是知识经济的时代，科技迅猛发展，国际竞争日趋激烈，国家的发展越来越依赖高素质的人才，而高阶思维能力是适应知识时代发展的关键能力，顺应了知识时代对人才素质提出的新要求。在这样的时代背景下，高阶思维能力逐渐成为各国教育界所关注的热点问题。因此，对高阶思维能力的研究是非常必要的。本章主要在探讨思维、高阶思维的内涵及要素的基础上，对高阶思维能力培养的现状进行评价与分析，并建立有关高阶思维能力的评价途径。

1.1　思维内涵

思维（Thinking）是哲学、逻辑学、语言学、神经科学、心理学、控制论和信息论等多种学科研究的对象，属于一个语义比较丰富且定义方法比较宽泛的概念。但思维也具有一些不可忽视的本质特征与要素。本书主要从心理学角度对思维进行定义。

传统心理学是从智力角度、个体（个性）角度、教育与发展关系角度来研究并理解思维，把思维定义为一种高级认识活动。即思维是人的认识过程、智力和认知的核心成分，是大脑对客观事物概括的、间接的反映。其中，比较典型的是朱智贤、林崇德对思维定义的描述：思维是在感性认识特别是在表象的基础上，借助于语言工具，以知识经验为中介而实现的。即思维在人类实践活动中，是以感觉经验为基础，通过大脑对事物的分析与综合、抽象与概括形成概念，并运用概念进行判断和推理，以认识事物的一般特征和本质特征及规律性联系的心理过程。思维具有概括性、间接性、逻辑性、目的性（或问题性）、层次性、生产性六个特点。其中，概括性是思维最基本的特点。林崇德教授又在此研究的基础上完善了思维的内涵与研究，归纳出以下五个观点：①思维是智力的核心，支撑智力"思维核心说"的基石是思维品质。②思维的三棱结构，主要包含思维目的、思维过程、思维材料、思维品质、思维的自我监控以及思维的非认知因素六个成分，支撑思维心理学研究的理论基础是思维结构观。③思维的概括特点对揭示思维实质起支撑作用。④在皮亚杰的认知发展阶段理论提出了替代与共存辩证统一的思维发展新模式，对正确理解思维发展具有积极作用。⑤把思维品质观作为思维培养的突破口，人的智力水平主要是体现在思维品质的差异上，并把灵活性、深刻性、独创性、批判性、敏捷性作为思维品质的五个特性。

20世纪末，分布认知理论与社会文化发展等新理论的出现，促进了人们对个性思维与社会化思维的认识。苏联教育心理学家维果茨基（Levine Vygotsky）认为，社会和历史背景催生了思维，语言则成为一种调节思维发展的工具系统。维果茨基理论也表明个体思维的质量反映了集体思维的质量。林崇德教授在其思维系统结构观上，也认为人的思维是一个开放的系统，系统之间既有复杂的相互作用，同时又与外界环境保持着紧密的联系。

近年来，随着文化心理学的发展，人们开始关注思维方式在一个人的幸福与成功中的决定性作用。有人从思维技能的培养角度出发，认为大脑具有行为、感受、需求三个基本功能，这些功能在动态的过程中互相影响。人们可以通过控制思维方式来控制大脑的全部，即思维决定行为、感受与需求。人们的行为方式由思维方式决定，思维的差异性造成了行动和情感的差异。所有的思维都包含信息、目的、问题、解释、推理、概念、结果与意义、假设这八种元素，这些思维元素总是以一个相互关联的集合序列呈现，即思维有一定的目的性，人们在一定的观点下做出假设，产生一定的结果与意义，并用一定的观念和理论解释数据、事实、经验和解决问题。

其他心理学家从不同角度对思维的解释促进了人们对思维本质的认识，如黄希庭教授从思维过程角度认为所有的思维活动都涉及分析、综合、比较、分类、抽象、概括和具体化等心智操作。加涅在其学习结果分类研究中也认为，问题解决作为高级智慧策略，无论是哪一类问题的解决，都有其共有的认知过程。

教育学家从思维在教学实践中的培养与发展角度也进行了多方面研究。布鲁姆（Bloom）在教育目标分类学中把认知过程分为记忆、理解、应用、分析、评价、综合六个层次。杜威（Dewey）在著作《我们如何思维》中强调问题对于思维的重要意义，认为思维的发生就是"反思—问题生成—探究、批判—解决问题"的过程，即问题解决的过程。

综上分析，思维是以信息的感知为基础，根据已有的知识和经验进行分析、比较、综合、抽象与概括，从而形成概念、推理和判断等心理活动过程，是人类认识活动的最高级形态。显然，思维离不开知识和认知过程，知识是思维的对象与基础，认知过程是思维的具体过程，问题解决是思维的关键活动，概括性与间接性是思维的两个突出特点，思维方式的差异性导致了行动和情感的差异，思维能力的高低主要反应在大脑对客观事物的概括、判断和推理水平上，即思维品质系统发展的程度。同时，思维作为人脑对客观现实的反映与智力核心，同样要遵循物质本身固有的规律、发展和变化。客观世界的整体性、复杂性与统一性决定了人的思维是一个开放的系统结构，既有系统之间复杂的相互作用，同时又与外界环境保持着紧密的联系。因此，思维在本质上除了具有概括性、间接性、系统性、发展性、开放性等特征之外，还应具有社会性。

1.2　思维结构及研究范式述评

思维与客观现实世界的其他事物和现象一样，具有客观世界的整体性、复杂性和统一性，这决定了人的思维是一个系统性结构。

目前对思维结构研究较多的是心理学领域的学者。心理学家认为思维结构是思想主体进行思维活动过程中所使用的思维元素、形式、方法和规律等，这些元素构成了思维结构系统，具有思维功能。思维主体进行思维活动过程所使用的一定形式的思维元素，并运用各种思维方法反映事物的内在本质和必然联系，这便是主体把握客体的思维结构。人脑思维就是凭借它所创造的表象、概念、范畴、规律、假说等一系列思维元素进行思维活动的，并日益创造出人类独有的科学理论。而科学理论的日益发展，又反过来为科学思维的活动和发展提供了更加丰富的要素，推动科学思维日渐向前发展。因此，概念、判断和推理就成为思维活动的基本形式。由此可见，思维结构是人凭借实践活动逐步建立起来并不断完善的概念框架和方法论准则，是主体把握客体的思维活动与能力表现。思维作为智力的核心，思维能力发展的程度是整个智力发展的缩影和标志。因此，本书在思维结构梳理时，并没有对思维与智力严格区分。

思维（智力）发展内涵的丰富性与多样性使其研究也涌现出诸多视角。20

世纪 80 年代初，信息论、计算机科学、生物学、神经科学等诸多学科的兴起，使智力结构的研究一方面受到信息加工论的影响，研究者相继引入了元认知、自动化加工、执行、监控等概念用以解释智力的内部活动机制，对智力属性形成了新的认识；另一方面也在认知神经科学、进化心理学和社会文化发展的多重影响下，开始关注智力的环境适应性和整体性，出现了多元智力结构、三元智力结构、智力 PASS 模型、生态学智力模型等经典理论，促进了人们对思维结构的认识与理解。而且这些新智力理论越来越明显地呈现出多元化发展和多角度相互整合的趋势。

1.3 高阶思维能力

"高阶思维"这一术语在英文中可以表示为"high-order thinking""high-level thinking""higher-order thinking"和"higher-level thinking"。在文献检索中发现，有的研究者在"thinking"后加了"skills"，也称作高级思维能力或高层次思维能力等，是指那些发生在较高认知水平层次上的认知能力。从高阶思维能力的产生、发展到现在，构成与概念界定众说纷纭，国内外的专家学者各抒己见，从不同的角度给出了自己的见解。

1.3.1 国外对高阶思维能力概念的界定

国外对高阶思维的研究开始得较早，理论也更加成熟。国外的诸多学者，立足于不同的角度，对高阶思维能力的本质进行了不同的界定。其中，美国的约翰·杜威是最早研究高阶思维能力的学者之一，他提出将思维发生的机制作为切入点进行探究，他认为学生思维发生的过程可以归结为"反思—问题生成—探究批判—解决问题"这四个步骤。在思维机制中，"问题"被认为是激发高阶思维的最大动力。杜威通过对比新手与专家的思维发生机制，发现专家比新手有更多的反思性活动，这些反思性活动包括暗示、理智化、假设、推理和用行动检验推理等。这个发现为之后学者对高阶思维能力的研究奠定了基础。

关于高阶思维的介绍目前最为经典的则是布鲁姆的教育目标分类理论，其观点受到了专家学者们的一致认可。1956 年出版的《教育目标分类：认知领域》一书，第一次提出高阶思维能力的概念，从此引发了教育界对高阶思维的探究。布鲁姆将认知过程划分为知道、领会、应用、分析、综合和评价，其中，低阶思维具体表现在前面三个层级：知道、领会、应用；而高阶思维具体表现在后面三个层级：分析、综合、评价。

随着社会的发展，人们对教育有了新的认识和理解，在布鲁姆教育目标分类理论的基础上，安德森等学者结合了美国的教育改革，在 2001 年出版的《面向学习、教育和评价的分类学——布鲁姆教育目标分类学的修订》中，对布鲁姆教育目标的六个类别做了如下修改：将低阶思维中的"知道"改为"记忆"；将高阶思维中的"综合"和"评价"统称为"评价"；并新增了"创造"这一新的类别。安德森关于思维能力由低阶到高阶的划分，得到了国外诸多学者的认同。因此，国外诸多学者在对高阶思维能力界定时，都包含了分析、评价与创造。两个版本的区别，如表 1–1 所示。

表 1–1　1956 版和 2001 版认知过程划分对比表

层次	1956 版	2001 版
低阶思维	知道：对具体事实的记忆	记忆：在长时记忆中获取信息
	领会：把握知识材料的意义，组织事实，进而弄清事物的意思	领会：新的事物与认知相统一的过程
	应用：应用概念、原理、法则解决问题	应用：用既定的程序进行操作或处理问题
高阶思维	分析：分解知识整体，理解材料的内容和结构	分析：分解相关材料，确定各部分以及部分与总体间的关系
	综合：加工分解的各要素，进行重新组合，以便创造性地解决问题	评价：在一定的原则下，参考相关标准进行判断
	评价：对材料做出价值判断	创造：把要素进行组合，构成具有内在一致性或功能性的整体

杜威十分重视思维的重要作用，在《我们如何思维》中，提出了反省思维的概念，并将其视为高阶思维。为了寻求新的情境来解决困难和疑虑而对某些问题进行反复、持续不断地思考就是反省思维。反省思维贯穿从问题提出到解决的整个过程，杜威认为这一思维过程通常要遵循五个步骤：①联想，试想当前的问题可能的解决方案；②问题，确定需要解决的问题或困难；③假设，建立解决问题的假设并基于假设搜集资料；④推理，对解决方法进行逻辑推理；

⑤检验，在真实情境中用具体行动验证假设。将这五个步骤概括为"思维五步"，这是高阶思维的演进过程。

教育心理学家奥苏贝尔（David Pawl Ausubel）在学习理论的基础上，将学习结果划分为表征学习、概念学习、命题学习、应用、问题解决和创造，后面三个层次就属于高阶思维能力。加涅（R. M. Gagne）按照学习的繁简水平不同将学习分为辨别学习、规则学习和问题解决学习等八种类型，将学习结果分为智慧技能、认知策略等五种类型。在加涅的划分中，问题解决和认知策略的学习都要求学生能够调动之前的规则与有关信息进行重新组合，经过内在的思维过程创造出更高级别的规则，得出问题的解决方案。这一过程充分展现了对高阶思维的运用，是促进高阶思维能力提升的过程。根据美国心理学家斯滕伯格（R. J. Sternberg）提出的成功智力理论，认为成功智力是一种高阶思维，成功智力主要由三种基本成分构成：分析思维、创造性思维和实践思维。它们的协调与平衡是取得成功的关键。

1.3.2　国内对高阶思维能力概念的界定

在高阶思维能力领域，国内最具代表性的学者为钟志贤与黄国祯教授。钟志贤认为，高阶思维能力是一种以高层次认知水平为主的综合性能力，它包含超决策能力、问题求解的能力、批判性思维和创造性思维能力，也涉及批判性的态度、自主学习能力、对事物或现象做出合理判断的能力。具体划分如表1.2所示。归纳起来，高阶思维能力主要由十大能力构成：获取隐性知识、自我管理、可持续发展、信息素养、团队协作、兼容、决策、批判性思维、问题求解、创新。黄国祯等在前人研究的基础上，总结归纳出五大高阶思维能力，即问题解决能力、批判性思维能力、团队协作能力、沟通能力和创造性思维能力。

表1-2　钟志贤对高阶思维能力的划分表

高阶思维能力	任务	所需技能
决策能力	（1）在众多备选对象中选择最优 （2）围绕某个主题收集所需信息 （3）比较多种可选择方法的优缺点 （4）决定所需信息 （5）在理由充分的基础上，判断最有效的方法	分类 关联

续 表

高阶思维能力	任务	所需技能
问题求解	（1）搜集并筛选所需资源 （2）分析、综合，提出可行的方案 （3）实施方案直至问题解决	转换 因果关系
批判性思维	（1）理解或辨明事物的规则或意义 （2）识别描述的真实意图，评价其可信性 （3）以有力的论证形式陈述推论结果	关联 转换 因果关系
创造性思维	（1）重组或转换已有信息 （2）产生有价值的观点或产品	判定 关联 转换

　　总而言之，有关高阶思维概念内涵的研究，许多学者有不同的理解和定义。例如尤德尔（Udall）、丹尼尔斯（Daniels）、中国台湾学者陈龙安都认为高阶思维至少包括三种思考，分别是批判思考、创造思考与问题解决。张浩、廖远光和张澄清等研究者认为，高阶思维包括问题解决、批判性思维、创造性思维和元认知。马扎诺（Marazno）在杜威、加涅等众多研究者的基础上，面向课程与教学实践，界定了对比、分类、归纳、演绎、错误分析、构建支持、分析观点、抽象、调查、问题解决、实验探究和发明几种高阶思维技能。美国俄勒冈州波特兰西北地区教育评估实验室将问题解决、决策、推论、评价、哲学推理等界定为高阶思维能力，每一种能力又细分很多能力。

　　还有的研究者采用更体系化的结构，对高阶思维的种类进行界定。例如格尔森（Geertsen）在拜尔（Beyer）的基础上提出了高阶思维的两大分类、六个维度，并在据此列举的十二种高阶思维中涉及了问题解决、批判性思维。高阶思维能力构成发展脉络，如表 1-3 所示。

表 1-3　高阶思维能力构成发展脉络

时间(年)	提出者	高阶思维能力界定
1909	杜威	问题解决、反省思维
1956	布鲁姆	分析、综合、评价
1987	雷斯尼克	问题解决

续 表

时间(年)	提出者	高阶思维能力界定
1988	马扎诺	概念识别、关系识别、模式识别、信息重构、评价、推理、问题解决、知识输入与输出、基于特定情境的任务处理、自我学习
1993	鲁德尼克	回忆、基本思维、批判性思维、创造性思维
1998	斯滕伯格	分析性智力（批判性思维）、创造性智力和实践性智力
2001	安德森	分析、评价与创造
2004	钟志贤	获取隐性知识、自我管理、可持续发展、信息素养、团队协作、兼容、决策、批判性思维、问题求解、创造
2012	马扎诺	信息提取、理解、分析、知识运用、元认知系统、自我系统
2014	黄国祯	问题解决能力、批判性思维能力、团队协作能力、沟通能力、创造性思维能力

综上所述，虽然现有研究会使用多个不同的术语对高阶思维进行界定，但总体来说这些术语都带有哲学强调的对话与辩证，或心理学强调的问题解决的影子。相比低阶思维，高阶思维的关键是在已知的基础上进行的"跨越"。一些研究者通过列举对高阶思维进行定义，另一些研究者则在列举的基础上加上层次的类别，还有一些研究则避开直接回答"高阶思维是什么"，转而描述"高阶思维是什么样的"。我国学者在界定高阶思维的时候基本借鉴国外的界定方式，但也有针对学科和本土化教学特点的定义。

尽管国内外对高阶思维概念的理解有几种不同的看法，但在高阶思维研究领域通常是把布鲁姆的教育目标分类理论的分析、综合、评价这三类视作高阶思维。本书中所涉及的高阶思维是采用在布鲁姆理论基础上发展而来的钟志贤教授所提出来的高阶思维的概念，他认为不论是心智活动，还是认知能力，若是发生在较高水平层次上，则认为是发展了高阶思维。

1.4　高阶思维能力的确立原则和影响因素

1.4.1　高阶思维能力确立的原则

要了解高阶思维能力的影响因素首先要了解高阶思维能力确立的原则。建立在教学目标分类视野下的高阶思维能力要体现出哲学和心理学对高阶思维能力的贡献。无论是哲学视野下的批判性思维，还是心理学视野下的创造性思维、问题解决等，都是从一个整体来体现和表征高阶思维能力。从前面的分析来看，无论是批判性思维，还是问题解决，它们都包括了不同的下一级能力要素，但是这些下一级的能力要素之间有着非常紧密的联系。因此，对于布鲁姆教育目标分类中有着紧密关联的能力要素，尽管没有被专家认定为高阶思维能力，但也需要放入到高阶思维能力框架中。如"分析"维度下有三个二级的能力要素，分别是"区分""组织"和"归因"，其中"区分"是"组织"和"归因"的前提和基础，且批判性思维的能力要素中大部分与"分析"能力相对应。因此，尽管专家认为"区分"能力体现高阶思维能力的程度不高，还是要将其纳入高阶思维能力的要素中。

经过文献的梳理和对专家开展的调研，本书认为可以建立一个跨越哲学、心理学和教育学学科视野下的高阶思维能力的框架，整合批判性思维、问题解决、创造性思维、元认知、教育目标分类学等贡献，采用更加体现高阶思维特征的名称来进行表述，如"推理能力""论证能力""评价能力""问题解决""创造能力"。但是考虑到布鲁姆教育目标分类对教学和评价实践的影响力，以及一线教师和命题人员对布鲁姆教育目标分类的熟悉程度，尤其是与学科结合起来进行评价时，采用布鲁姆教育目标分类中的话语系统更容易操作。以及在建构能力要素框架时，还要考虑的一个视角就是需要最大限度地减少不同能力要素之间的交叉成分。因此，本书决定采用布鲁姆教育目标分类的能力来确立高阶思维能力的要素，认为高阶思维能力主要包括理解能力、应用能力、分析能力、评价能力和创造能力。

其中，理解能力主要指的是新获得的知识与现有的心理图式和认知框架的整合，从口头、书面和图像等交流形式的信息中构建意义。主要包括：建构信息的表征和对信息进行概括；在一组例子或事件中发现，能够对每个例子的相关特征进行编码的模式，从而发现例子之间的相互关系，抽象出能够解释这组例子的概念或原理；建构和运用某一系统的因果模型。

应用能力主要指的是选择和使用一个程序去完成不熟悉的任务，在需要决策时能做出最佳的反应。

分析能力指的是将相关材料分解成各个组成部分，并确定部分之间的相互关系，以及各部分与总体结构之间的关系。能将相关的（或重要的）与无关的（或不重要的）信息区分开来，然后专注于相关信息或重要的信息；能在呈现的信息之间建立起系统的、内在一致的联系；能确定信息背后的观点、倾向、价值或意图。

评价能力是基于准则和标准做出判断。能对操作或产品的内部矛盾或谬误进行检验；能基于指定的或自己建立的准则和标准去判断操作或产品的价值。

创造能力涉及将要素组成内在一致的整体或功能性整体。将某些要素或部件重组为以前存在不明显的模型或结构，从而生成一个新产品。能表征问题并获得满足某些准则的备选问题解决方案或假设；能设计一个满足问题准则的详细的、逻辑有序的计划；能执行计划以解决特定的、满足一定具体要求的问题。

1.4.2　高阶思维能力的影响因素

有关高阶思维能力影响因素的研究回答的是"什么因素影响高阶思维能力"的问题。影响高阶思维能力的因素分为自身因素和环境因素。其中自身因素包括智力因素和非智力因素，环境因素包括家庭因素和课堂教学因素。

研究者通常使用元分析、结构方程等方法研究这些因素对高阶思维能力的影响作用。比如有研究者采用结构方程元分析的方法，发现心理因素、课堂环境因素、智力因素都显著影响高阶思维能力。但心理因素的影响作用最强，其效应量高于课堂环境因素，是智力因素的两倍。家庭因素虽然不对高阶思维能力产生直接的显著影响，但对心理因素有直接显著的影响，从而影响高阶思维能力。其分析所涉及的研究认为，影响高阶思维能力的心理因素主要包括控制源（分内部和外部）、幸福感、学习动机；智力因素则是指学生的智力水平；课堂环境因素包括多次的提问、课堂节奏紧凑、语言有吸引力、给学生提供主动学习的机会、给学生提供多样的选择、接受不同的观点、激发学生自信、重视学生的优势和兴趣、多使用小组活动。通过心理因素间接影响高阶思维能力的家庭因素包括社会经济背景、父母的智力和人际交流能力、民主和宽容的家庭环境、父母对孩子的信任和尊重、父母给孩子选择的权利。

综上所述，国外基于元分析、结构方程等统计方法的研究发现，心理因素对高阶思维能力有着最主要的直接影响。课堂教学因素，包括课堂氛围、教学活动组织形式、教学策略、测试题设计等也影响高阶思维能力。家庭因素，包括家庭氛围、亲子关系等，对高阶思维能力有间接影响。实证研究也发现，高阶思维能力影响学科成绩。

1.5　高阶思维能力培养的理论基础

高阶思维发展过程是将知识与问题进行有意义的建构的过程，而高阶思维能力的培养需要一些基本理论的支撑，在教育理论发展的不同阶段，学者们各抒己见，从不同的角度提出了不同的观点，其中比较有代表性的有杜威的思维与教学理论、建构主义学习理论、维果茨基最近发展区理论、高阶学习理论以及布鲁姆的认知分类理论。

1.5.1　杜威的思维与教学理论

杜威教育思想中的一个重要组成部分是关于思维与教学的理论。杜威在他的许多著作中都论述了思维的含义。他认为，思维产生于可疑的、未定义的、存在困惑的问题情境，是为发现行动和由此导致的结果之间的联系而进行的观察、探究、调查和思考的过程，以寻求新的理解或生成新的事物。而反省思维就是思维最好的方式，要实现反省思维的价值，形成良好的思维习惯，需要通过一定的思维训练和教育的悉心指导。杜威十分重视学校教育对学生优良思维习惯的培养，在一定程度上为在学校教学中培养高阶思维提供了指导。同时，他也指出缺乏引发思维的经验情境是学校思维训练失败的关键原因，这说明情境的创设也应成为训练高阶思维的关键。为此，他提出了反省思维过程的五个步骤，被称为"思维五步"，在此基础上，将思维过程应用到教学过程中，就产生了教学的五个阶段，即"教学五步"，如表 1-4 所示。

表 1-4　杜威的"思维五步"与"教学五步"

"思维五步"	"教学五步"
疑难情境	给学生创设一个真实的经验情境

续　表

"思维五步"	"教学五步"
确定疑难所在，并从中提出问题	情境中须能产生刺激思维的真实的问题
借助各种心智活动和寻找相关材料，得出假设	在分析相关资料后得出假设
推断哪个假设能解决困难	根据假设解决疑难问题
用行动验证这个假设	通过应用检验假设的有效性

虽然杜威给出了明确的步骤，但无论是思维过程还是教学过程，他们的顺序都不是固定不变的，由于每个人的知识储备、教育背景等方面的差异，即使在面对相同的问题情境时，也可能产生不同的思维方式。因此，在教学实践中，重要的是培养学生的高阶思维倾向和优良的高阶思维习惯，而不是教给学生严格的思维步骤，是否能激发学生的高阶思维才是衡量教学能否取得成功的关键。在课堂教学中，创设引发疑惑的情境和解决问题的活动至关重要，传授的知识要能激发学生主动思考、积极探究的兴趣，并且是学生开展高阶思维所必需的并能有效促进高阶思维演进的内容，在讲课的过程中也要注意对学生求知欲和学习兴趣的激发，充分尊重学生。根据杜威的思维与教学理论，高阶思维能力的培养需要融合于具体的学科教学当中。

在平时的教学过程中，教师需要选择密切贴合现实生活的有意义的问题情境，精心设计问题的提问方式，采用问题串的形式或探究式的教学组织形式引领学生的思维，促使学生独立自主地思考和探究，增强高阶思维能力的自主性，引导学生良好的高阶思维习惯和学习习惯的养成。

1.5.2　建构主义学习理论

建构主义最早是由瑞士儿童心理学家皮亚杰提出的。他认为学生通过"同化"与"顺应"两个基本过程与周围环境相互作用，逐步完成对外部世界的构建，从而促进自身认知结构的发展。同化是指学生把外界的信息整合到自己原有的认知结构中；顺应是指学生改变自己的认知结构以便于整合外部世界的信息。对培养高阶思维的教学实践而言，建构主义学习理论具有重要的参考价值。以皮亚杰、维果茨基等人为代表，建构主义中许多合理的建议和主张都对教育改革具有重要贡献，新课改的理念便是出自于此。建构主义学习理论认为，学习是学生主动建构知识和社会互动的过程。教学不是被动地传授知识、灌输经验的过程，而是根据学生已有的经验，引导学生生成新的知识的过程。知识会根据个体的认知水平发生动态性的变化，学生提出假设、主动建构与解释的过程即学习发生的过程；学生处于特定的文化环境中，并在一定经验基础上互相交流合作，开展学习活动，最终完成对知识体系的建构。下面将分别从知识、学生、教学三个角度阐述建构主义的基本理论。

从知识的角度出发，建构主义认为知识的海洋并不是一潭死水，它是随着社会历史文化的发展而不断地发展变化的。因此，教师传授给学生的知识以及对教材的编写，也需要根据时代的发展需要而不断地修订和革新。另外，知识具有情境性，对于已经掌握的知识，不可能直接适用于任何情境，需要根据问题和场景的不同进行重新组合和再创造。知识观让我们明白面对日新月异的知识，高阶思维能力的培养更加刻不容缓，只有真正具备了高阶思维能力，学生才能自己进行辨别、应用和迁移，从而更好地适应这个快速发展的时代。

从学生的角度出发，建构主义认为，由于家庭出身、受教育程度、社区环境等因素的差异，每个学生的知识储备、生活经验和性格特征都千差万别，而学生是学习的主导者，因此，教师要以平等的眼光看待学生在个性方面的差异，在培养学生的高阶思维能力时，要根据每个学生的情况设计个性化的学习任务，将学生置于教学活动的中心地位。

从教学的角度出发，教师要始终将学生置于教与学的核心地位，注重协作学习，提倡同学之间的沟通互动以及教师和学生之间的对话协商，提供充足的学习资源，营造良好的学习环境，以促进学生主动地进行意义建构，做一名合格的增强学生高阶思维能力的帮助者、组织者和引导者。

建构主义学习理论启示我们：高阶思维能力的培养需要学生不断与周围的环境相互作用，这个环境包括教师、同伴等构成的人文环境以及多媒体教室、智能终端构成的物理环境，通过不断地"同化"和"顺应"，逐步建构外部世界的知识，从而使自身知识结构得到发展，高阶思维能力得到提高。在此过程中，需要教师提高学生的主动性并认识到学生所处的社会历史文化背景，以期在智慧空间下为学生提供恰当的教学支架。

1.5.3　维果茨基最近发展区理论

最近发展区是指学生目前已具备的水平与经过他人的指导和帮助可能达到的水平之间的差距，它是由苏联教育家维果茨基提出的。维果茨基认为教师在教学的过程中，应着眼于学生的最近发展区，准确地判断学生的现有水平和潜在水平，为学生提供具有难度的任务，调动学生的学习兴趣，使学生发挥其潜能，从而超越最近发展区，达到更高的水平。但是，教师应注意以下几点：①任务难度的设置应视学生的最近发展区而定。如果任务设置过于复杂，学生的信心会受到打击，拖延学习进程；如果任务设置过于简单，不具有挑战性，就无法激发学生的真正潜能。②教师要认识到学生的最近发展区不是一成不变的，是动态发展的。通过教师指导、团队协作，将学生的潜在水平转化成新的现有水平，不断地创造新的最近发展区，促进学生向高层次思维转化。③教师设置完任务后，应根据任务的难度将其拆分成不同数量的小问题，引导学生通过自主学习，一步一步地达成目标。在这个过程中，要注意问题设置的连续性，保证前一个问题为后续的学习打好基础。

最近发展区理论启示我们：在设计教学支架时，应注意其机制和准则应当基于最近发展区理论，因此教学支架的机制应包括以下六个要素：①激发学生的兴趣。在教与学的过程中，学生的学习动机是影响学习效果不可忽视的因素之一，同时其也是发展高阶思维能力的关键。因此，设计的教学支架应能够激发和维持学生的学习动机。②控制挫折感。学习过程本质上是改变学生原有的知识结构，促进学生知识、技能、思维的成长。这个过程中不可能是一帆风顺的，所以，教学支架应该在学生遇到困难时，及时给予支持，使学生对后续的学习充满信心。③提供反馈。及时的反馈可以使学生充分地了解自身的行为表现是否恰当，任务完成得是否充分。在此基础上，针对前期的不足之处做出改进和调整。教学支架应该扮演这种角色，为学生提供反馈。④指明需要考虑的重要任务或问题因素。在详细分析教学内容和学生自身的基础上，教学支架应当着眼于任务或问题的关键之处，提醒学生予以关注。⑤模仿专家解决问题的过程。模仿是学生获得能力的重要途径，教师可以提供教学支架，这种支架能够向学生展示专家解决相关问题的过程，学生通过模仿完成对规定知识或技能的学习。⑥提出问题。面对复杂任务时，教师可以将任务拆解成一个个问题，作为教学支架来启发引导学生，帮助他们完成学习任务。

教学支架的准则包含以下四项：①复杂内容简单化。利用教学支架简化学习内容，便于学生理解。②思维可视化。通过图示、表格、概念图等手段描述学生的思维过程，使其具有可观察性和可测量性。③人人、人机交互化。教师、学生、多媒体工具是教学中核心的因素，要确保教师与学生、学习伙伴之间能够通过多媒体工具保持沟通顺畅，促进其交流协作。④学习自主化。学生应在教学支架的支持下以多种方式来进行自主学习。

1.5.4　高阶学习理论

对于高阶学习理论的阐述，国内最早出现在钟志贤教授的著作《信息化教学模式》一书中。高阶学习是指学生运用高阶思维能力来发生的有意义的学习。高阶思维是大脑内部的思维逻辑特征，高阶思维能力是其外在的具体体现，是促进学生真正发展的核心所在，而高阶学习则是发展高阶思维和培养高阶思维能力的有效路径。判断教学模式价值的主要标准是看其是不是学生发生高阶学习的过程。

高阶学习需要高阶思维的参与，它基本等同于有意义的学习，同样具有主动的（可操作的）、调节的、合作的、阐述的、真实的这样五个相互关联的特性。在解决问题的过程中，认知策略、元认知策略和非策略性知识三者相互补充、相互作用就构成了高阶学习活动，高阶学习活动产生的结果就是生成高阶能力，而高阶思维居于高阶能力的中心地位，所以，高阶学习能够有效推动学生高阶思维能力的提升与发展。高阶学习对学生的认知能力和认知水平要求较高，需要教师有目的的设计适合高阶学习环境的教学环节。研究表明，认知学徒制和情境认知的教学模式因其协作性、真实性、反思性、互动性等特点对创设高阶学习环境，培养高阶思维能力具有促进作用。

根据高阶学习理论，要提升学生的高阶思维能力，就必须为学生营造支持高阶学习的环境，这就要求数学课堂教学打破传统的教学模式，严格把握高阶学习的特点，转变学生被动、依赖的学习态度，设计问题求解式、协作式、反思式的学习活动，促进其自主性和个性化的发展，从而达到提升学生高阶思维能力的目的。

高阶学习和有意义学习实际上是两个可以通用的概念，课堂教学的最终目标是使学生的高阶思维得到发展，这就需要教师去帮助学生识别问题、探究问题、解决问题，并将所学知识进行迁移，在技术参与的前提下使学生发生高阶学习的过程特征，而不是为了技术去使用技术，评价技术运用是否得当，有意义的学习是否发生也是其衡量的标准。高阶学习具有五个过程特征，具体如图1–1 所示。

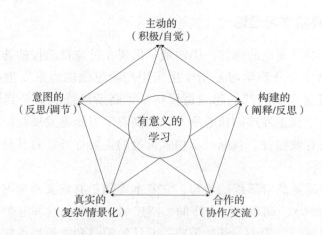

图 1–1　高阶学习的过程特征

1.5.5　布鲁姆认知分类理论

心理学家布鲁姆在 1956 年首创了教育目标分类学说，根据思维的发展顺序将认知过程由简单到复杂分为六种。该理论认为，教学实践活动要在低水平认知的基础上，侧重于提高学生分析、综合与评价的高层次认知水平。然而，布鲁姆的认知分类理论并未在每一目标下给出明确的行动路径，这样教师在教学设计时依然无法根据教学目标处于何种层级，确定培养学生高阶思维能力的教学活动。

1.6　高阶思维能力的培养

目前关于高阶思维能力培养方面国内外的研究很多，也很成熟，主要是解决"如何培养高阶思维能力"的问题，大致可以从教学设计、教学模式与方法以及信息技术的运用几个方面着手进行培养。

1.6.1　高阶思维培养研究现状

国外高阶思维培养方面的研究可以说是已经很成熟了，它的概念是从布鲁姆等人的学习理论中得来的。他们对高阶思维培养的研究相对更加宽泛，通过在 SCOPUS 数据库中查找分析了解到，国外在高阶思维的研究上主要涉及三

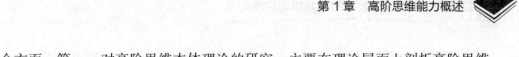

个方面：第一，对高阶思维本体理论的研究，主要在理论层面上剖析高阶思维如何培养，以及相应的教学资源如何开发和设计；第二，对培养效果进行的研究，也就是对高阶思维的评价方面，这部分研究所占比例最多，主要涉及测量工具的建构与使用，以及对使用效果进行分析；第三，还有一部分研究涉及了技术环节对学生高阶思维培养的支持，认为技术在分析、综合和评价等高阶目标中提供有利条件，有利于实现高阶思维的培养。

国内相比较于国外在这方面的研究的确是延迟了许多，其中最早的是黎加厚教授提出的培养高阶思维能力的问题设计方法，他认为信息化教学设计的关键就是问题的设计，为此提出了培养高阶思维能力的问题设计的方法。此外，钟志贤教授也提出，高阶学习是发展高阶思维的主要途径，并提出了高阶学习的五大特性。因此，越来越多的研究人员将其与基础教育的具体学科进行结合，来探究对其培养的方式，通过分析学科性质和课程标准将高阶思维进行描述和表征，来确定高阶思维培养的方式和评价的方法。另外，还有学者通过分析教学模式的理念或原则，探讨了培养高阶思维的教学应该如何设计。

1.6.2　高阶思维能力培养

有关高阶思维能力教学培养的研究回答的是"怎么培养高阶思维能力"的问题。这类研究的数量最多，又可以细分为"教学设计原则""教学模式、方法与策略""信息技术的运用"三个下位的主题。

1. 教学设计原则

有我国台湾学者结合教学设计的过程，提出了从教学目标的确立到教学评价的设计，需要遵循的相应原则。他们认为，在目标分析阶段，教师需要确立清晰的教学目标并体现出对高阶思维的关注；在教学策略开发阶段，教师需要选择能够促进学生高阶思维的策略；在教学实施过程中，教师要关注学生本身而非教学，创建以学生为中心的、协作的、技术支持的学习环境，为学生的"思考"而教；在最后的评价环节，教师需要选择使用合适的、指向高阶思维的方式评价学生的学习。

还有的学者也曾提出高阶思维教学的七条主要原则：①高阶思维通常可以使用问题解决的方式进行教学；②高阶思维教学的关键是建立学生提问、分析、形成假设和检验假设的能力，也就是"探究"技能；③发散性的思维可以通过认知和情感两个角度分别获得共同强化；④学生必须学会面对任何一种风格的教学时都能获得成功；⑤评价高阶思维需要使用一些学生不太熟悉的元素；⑥评价高阶思维既强调知识，也强调过程，问题需要表达清晰，答案也需要能够根据清楚的标准进行打分；⑦使用计算机强化学生的思维培养。钟志贤教授也提出过类似的原则，例如以学生的学习为中心、教学目标反应高阶思维、使用信息技术促进高阶思维等。

2. 教学模式、方法与策略

高阶思维能力的教学关键在于以学生的学习和思维发展为中心。已有的研究主要从教学模式、教学方法、教学策略三个角度出发，从宏观到微观，营造以学生中心的课堂，从而促进学生高阶思维能力的发展。这些模式、方法和策略反映出以学生为中心的建构主义的教学思想。

（1）促进高阶思维能力的教学模式：翻转课堂。在传统的课堂中，教师在课上完成知识的传授，学生在课后进行知识的内化。由于课堂时间和教师课后辅导的时间有限，学生的知识内化程度不易达到较深的水平，也因此较难发展出高阶思维。翻转课堂则将知识的传授和内化的顺序翻转过来，先由学生在课前自己完成知识的学习，再到课堂上教师进行辅导，学生通过讨论等完成知识的内化。在这种教学模式下，低阶学习主要在课前完成，课堂时间的利用率被大大提升，能够让学生更专注于高阶思维能力的学习。

有研究结果显示，通过翻转课堂进行学习的学生，其高阶思维能力显著高于传统课堂中的学生。也有人指出，翻转课堂的有效实施需要有一些前提保障，例如让学生能够接触到相关主题的电子和纸质材料、教师需要做好改变的准备等。而为了实现翻转课堂促进高阶思维能力的效果，教师在课堂上需要花大量的时间让学生参与到主动学习中，与教师和同学交流，应用课前所学的知识进行分析、综合、评价，完成知识内化。

（2）促进高阶思维能力的教学方法。根据前文关于高阶思维内涵的阐述，高阶思维通常发生在劣构问题的解决过程中。因此，基于问题的教学是培养学生高阶思维能力最常见的教学方法。另一些研究者在使用问题解决的教学方法过程中，为了更好地实现其促进高阶思维的效果，还加入了一些其他教学举措。例如，在基于问题解决的教学过程中加入了复杂的、计算机中介的适应性评价，以增强问题解决教学方法的效果。还有的学者结合小组合作的教学方法，根据一定参数进行学生分组，确保每组学生的高阶思维能力发展情况多元性，在后续的课程中继续这样的评价并及时调整教学和评价。

除此之外，已有研究表明，探究学习、项目学习等体现建构主义教育思想的教学方法也是培养学生高阶思维能力的有效途径。

（3）促进高阶思维能力的教学策略。小组活动是很多研究提及的促进高阶思维能力的教学策略。在小组内分享经验能够促进学生对知识的理解，帮助他们将知识应用到真实生活的场景中。小组活动又分为很多类，如小组合作、小组讨论、同伴学习，等等。不论是哪一类小组活动，都必须要用到交流和互动的任务，在活动前要明确任务和小组活动的步骤。在活动一开始进行介绍或运用类似"热身"的活动来促进团队中的互动，同时小组的人数最多不超过六个。

3. 信息技术的运用

在促进高阶思维能力的培养过程中，信息技术可以用于呈现教学内容，也可以用于增强教学模式、方法、策略的效果。

（1）使用信息技术呈现教学内容。信息技术与学习内容的结合主要体现为结合任何教学方法来呈现学科内容。科学类课程中的虚拟实验室、模拟等技术就是借助了计算机的可视化、模拟功能，呈现肉眼无法观察的事物、短时间内无法完成的现象、不适合在课堂上进行的危险演示。

东北师范大学解月光教授指导研究生完成了一系列基于数学、物理、信息技术学科的，面向高阶思维培养的数字化学习资源的设计研究。这些研究以课程标准为基础，以学科中具体的知识点为例，提出了数字化资源设计的原则、模式和具体设计，形成了"圆与圆的位置关系"案例设计、物理学习网、作品创作类网络学习平台等成果。

（2）信息技术增强促进高阶思维能力的教学。信息技术可以与教学方法结合，应用于任何学科的教学，提高教学方法的应用效果。Web quest 就是一种常用的促进高阶思维能力的教学方法，它通过网络技术让探究学习更为便捷。有人曾使用准实验研究的方法，发现 Web quest 能够有效提高学生的英语高阶思维能力、学习动机和学业成绩。教育游戏也是一种促进高阶思维能力的有效途径。运用多媒体技术、3D 技术将教学内容以游戏情境的方式生动地呈现出来，游戏的情境性和互动性也让学生能够以一种全新的方式进行学习。

除此之外，网络虚拟社区、社交媒体的应用能够提高小组合作教学的效果，让小组合作从课堂上延伸到课后，并且方便记录小组合作过程中的数据。在线讨论板、博客、思维导图等也可以成为培养高阶思维能力的有效途径。学生可以在讨论板中对某一主题进行小组讨论，或通过博客评价、学习他人的观点，分析、修正自己的观点，也可以使用思维导图梳理呈现自己的观点与理解，从而提高批判性思维、反思等高阶思维。

综上所述，高阶思维能力的培养可以通过营造以学生为中心的学习环境、开展小组活动、支持学生思维发展、应用信息技术等途径得以实现。国内这方面的研究主要采用理论性的阐述，或重点介绍具体教学的设计，较少使用比较严谨的研究方法和专业的统计分析方法对教学的效果进行研究。

1.7 高阶思维能力的评价

国外关于高阶思维的评价主要有三种取向。第一种是通过学生对问题的反应，分析其思维的复杂性，判断其处于何种认知反应水平，从而确定学生的学习质量。第二种方法结合了传统的纸笔测验、测试和访谈。第三种方法是NAEP（National Assessment of Educational Progress）评估框架，它源自解决问题的视角。

国内研究者最早的评价研究是通过对教学设计、教学过程以及学习过程做权重分配，设计了中学数学课堂中有效培养高阶思维的评价标准。随后又有学者提出，对于高阶学习评价而言，表现性评价也是重要的方法。还有学者在课堂情境下，构建了高阶思维结构的度量模型，其中一阶因素就包括元认知和反思性评价、创造性思维、批判性思维等，为全面了解高阶思维的发展过程提供了有益参考。

关于"如何测量评价高阶思维能力"的问题，当前的研究又可以进一步分为"评价框架""评价方式与工具"和"评价工具的设计"三个研究主题。

1.7.1 评价框架

评价框架这类研究相对比较微观，一般是针对某一具体学科的高阶思维，借鉴已有的框架，或是自行设计框架来进行评价。

1. 布鲁姆的教育目标分类是广泛被采用的评价框架

不少研究者在研究评价高阶思维能力时是直接借鉴了已有的框架，其中应用最广泛的框架主要是布鲁姆的教育目标分类。也有另一些研究者在借鉴布鲁姆框架的同时，还进行了修订完善。就是在布鲁姆框架的基础上，进一步形成了若干个二级指标。除了布鲁姆教育目标分类外，比格斯（Biggs）等人的 SOLO 分类和马扎诺的高阶思维也是常用的高阶思维评价框架。

2. 研究者自行开发评价框架

由于高阶思维涉及的种类繁多，并不是所有较为成熟的框架都能涵盖到，一些研究者就根据需求自行开发测量评价框架。例如，有研究者在对问题解决进行测量评价时，首先建立了一个包含知识结构、认知功能、个人信念三个相互作用的模型。其中，知识结构包括概念、规则（概念之间的联系）、在应用中概念与规则的联系，认知功能包括计划与监管，个人信念包括感知的自我效能、感知的任务需求、感知的任务吸引力。高阶思维能力的测量并非易事。在某些情境下，研究者需要根据研究的目的和情境，完成从概念界定到工具开发再到测量分析的全部过程。例如有人开发了一个模块化联结为一体的评价开发框架。该框架包括了关注概念界定的概念模块、对概念进行心理学解释的多层次测量模块、指导测试题设计的任务模块、从原初数据进行推论的数学模块、解释原初数据的打分模块，并用护理决策为例进行了框架使用的示范，为研究者提供了一个可操作的高阶思维能力评价的方法。

1.7.2 评价方式与工具

与采用试题的形式评价高阶思维能力相比，综合评价学生高阶思维能力的研究比较多。对学生高阶思维的评价包括使用问卷与访谈、测试、表现性评价等比较正式的评价方式，也有在课堂上进行的非正式的评价方式，还有档案袋评价和基于计算机的评价。

1. 问卷与访谈

主要是从思维倾向的角度对学生的高阶思维能力进行评价。这类评价方式所使用的工具具有较大的推广性，但也被很多研究者认为只能反映出学生的思维倾向，不能反映学生高阶思维能力的真实水平。

2. 测试

主要是从能力的角度对学生的高阶思维能力进行评价。使用测试题评价高阶思维能力主要有三种形式：一是选择性的题目，包括多选题、配对题；二是生成性的题目，包括填空、短文撰写等表现性评价；三是解释性的题目，让学生回答完选择性或生产性的题目后，给出自己作答的理由。

一般来讲，多选题可以用于评价高阶思维能力的微观维度，例如，识别最可信的假设、选择最严谨的推论等。但有研究者指出，即使学生选择了正确的选项，他们的思考过程也有可能是错误的。因此，需要采取出声思维的方式，让学生不但选择选项，同时还说出为什么选择这些选项。就是先开发一系列选择题，随后让学生答题并说出选择选项的理由，如果学生选对了选项，但思考过程却是错误的，那么这些选择题就会被删除。选择性的题目也存在着一定的缺陷。研究者认为，尽管是多项选择，这样的题目还是太过于强调事实性的知识以及对规则、程序的简单应用。

建构反应性的题目关注学生在答题过程中的表现，包括填空简答类题目、短文撰写类题目、动手实践类题目。研究者周超从思维品质的角度界定了数学高阶思维能力。在此基础上，他还编制了测量框架和四个评价工具。这些工具是以纸笔测试的形式呈现，题型主要是填空题和问答题。

短文撰写类的题目主要应用于人文学科领域中的高阶思维能力评价，关注学生的批判性思维、推理、逻辑等带有哲学背景的高阶思维能力。

动手实践类的题目主要应用于数学、自然科学领域中的高阶思维评价，关注学生问题解决、分析、综合等带有心理学背景的高阶思维。例如，从 20 世纪 80 年代末开始，美国的 NEAP 测试就开始尝试使用动手实践任务。《Learning by Doing A Manual for Teaching and Assessing Higher-Order Thinking in Science and Mathematics》手册列举了分类、观察和推论、形成假说、解释数据、设计实验、实施复杂实验总计六类动手实践任务，为数学和科学教师的教育和评价实践提供指导。每个动手实践任务都包含了适用的年级、所需的工具和具体的任务。又如，新加坡教育部采用设计题来评价学生的数学高阶思维能力。这类设计题一般具有跨学科的性质，学生在完成的过程中往往要设计解决的计划、收集数据、运用合理的数学知识和方法、完成书面报告等。其中收集数据部分可以利用实际调查、测量或实验、查阅图书资料、上网查找等多种方式进行。

3. 档案袋评价

该评价要比前几种评价方式更为宏观，因为档案袋中可以包含以上几种评价收集的所有信息。除此之外，档案袋中也可以包含教师的评语、标准化测试的分数、学生对自己学习情况的反思等内容，通常也需要花费很长的时间进行持续记录，也因此存在着费时费力的缺点。

4.基于计算机的评价

近十余年来，计算机相关技术的发展，为高阶思维能力的评价提供了新的方式。在已有的研究中，计算机在评价高阶思维能力的时候主要扮演着收集数据、整合评价两种角色。

一是将计算机作为简单收集数据的工具。计算机的存储量和网络的便捷性，能够帮助评价工作收集更多的数据并提高效率。有研究者利用计算机网络，构建了一个网络化的档案袋系统。在该系统中，学生不但可以与其他同学进行互动和评价，还可以收集、整理自己的学习资料（包括作业），并撰写个人反思，从而弥补了档案袋评价费时费力的缺陷。

二是利用计算机进行整合评价。从 2012 年开始，基于 PISA（国际学生评估项目）的问题解决能力测试通过计算机实施。通过计算机捕捉学生在问题解决过程中的行为数据，包括动作类型、发生频率、发生时间、持续时间、所有动作的顺序等。通过系统对数据"pattern"的识别，鉴别学生在问题解决过程中使用的策略，从而评价学生的问题解决能力。

1.7.3　评价工具的设计

设计测量高阶思维能力的评价工具并非易事，不少研究者为此提出了一些题目设计的原则。例如，我国学者郅庭瑾和程宏建议，学校的考试题目的设置要遵循以下原则：①增加灵活性、多样性、开放性和创新性；②减少对事实性知识的简单重复再现和对常规问题的考查；③更加注重学生对知识的理解、运用、分析和评价；④从考查学生记忆和掌握知识的能力转变到考查学生的推理、分析、想象、批判和创新的思维能力。

也有学者针对多选题的设计提出了一些策略，包括①尽量使用动词的名词形式，避免动词本身所反应的思维能力水平。例如用"请选择出最佳的描述"代替"请描述"；②涉及概念归类型的题目时，如果选项是该概念的具体例子，那么学生即使不理解概念本身，也可能答对题目，此时需要将题目和选项翻转。例如"以下哪一个评价属于形成性评价"可以改编为"教师在课堂上使用拇指朝上和拇指向下来评价学生，这属于哪一种评价"；③使用高质量的错误选项，避免学生靠排除法答对题目；④题目包含多层关联，让学生需要使用多项事实或概念进行判断。例如"指出指针所指的细胞是什么"是单层关联（只需要知道细胞是什么），"指出这个细胞能分泌哪种激素"是两层关联（还要知道细胞分泌哪种激素），"指出哪个器官/组织/细胞接受这个细胞分泌的激素"是三层关联（还要知道哪个器官/组织/细胞接受这种激素）。

还有一些学者认为，使用具体的任务评价高阶思维能力时，需要：①设计有意义的、可再现的问题类型；②需要评价整体性的技能，而不是个别组成成分；③使用可以有多种理解和解决方法的任务；④设计开放的形式，询问对推理的解释；⑤设计具有概括性和迁移性的一系列任务。布鲁克哈特（Brookhart）在《How to Assess Higher-Order Thinking Skills in Your Classroom》一书中提出随堂评价高阶思维的原则，包括使用介绍性的材料让学生有所思考、使用学生之前没有接触过的材料、区分测试的难度和反应的思维水平。

综上所述，不论是国家、地区、学校，还是具体的课程，都会思考评价学生的高阶思维能力如何进行评价等问题。对于具体的高阶思维能力而言，已有的不少研究都为评价工具的开发提供了理论基础。

评价高阶思维能力的具体方式包括问卷和访谈、多选题、解释性题目、建构反应性题目。相比其他几种测量评价方式，建构反应性题目，包括简单写作、动手实践，更适合用于高阶思维能力的测量，但也存在着设计开发费时费力、对开发者要求高、不易于推广等缺陷。计算机的应用能够增强动手实践类测量方式的效果。此外，研究者还认为教师的随堂评价不但能了解学生的高阶思维能力情况，而且能促进学生高阶思维能力的发展。

总体来说，在评价方式上，国内研究较多使用调查、访谈、多选题、简单题等方式，鲜有借助计算机进行评价的研究。根据目前的研究，国内对学生高阶思维能力的评价还存在着较多提升的空间，同时测试卷的设计也没有很好地反映出对学生高阶思维能力的要求，而教师也似乎没有做好在课堂教学中促进学生高阶思维能力发展的准备。相比国外研究，国内研究更多关注对学生高阶思维能力的调查，对教师和测试题的调查与分析较少。

第 2 章 智慧学习空间下学生高阶思维能力的培养

信息技术的大力发展对学生学习环境的影响日益凸显，为构建智慧学习空间提供了良好的条件，而学生在智慧学习环境中思维的培养愈发受到重视，智慧学习空间对于培养学生高阶思维的发展起到积极影响。目前针对智慧学习空间对培养学生高阶思维能力发展的研究较少，因此，研究智慧学习空间下学生高阶思维能力的培养非常有必要。

2.1 概念界定

21 世纪，人类进入了信息时代，随着现代信息技术的不断发展，人们的学习方式呈现出多样化，传统学习环境已不能满足需求。基于"云物大智移区"（云计算、物联网、大数据、人工智能、移动互联网、区块链）技术的智慧学习空间，受到全世界教育领域的广泛关注，各国都在致力于智慧学习空间的研究与实践。本节将探讨学习能力、学习空间、智慧学习、智慧学习能力等与智慧学习空间相关的概念。

2.1.1 学习能力

《成人教育大辞典》从心理层面将学习能力定义为个性心理特征，此种心理特征决定了某种活动的完成与否和具体效果。同时，也更加明确地定义了学习活动的对象，强调"学习能力是成功完成学习活动所必需的心理特征"。刘儒德在《学习心理学》中提道："学习能力是个人的内在素质，可以引起行为或思维相对持久的改变，学习能力的形成和发展必须要通过某些学习实践。"高志敏从心理学的角度提出："学习能力是人获得知识和技能时心理内部智力活动的特征，多种因素共同作用的结果。"王小明在《学习心理学》中提出了六个基于学习能力的主要指标：学习集中度、学习成果、自信心、思维灵活性、独立性和反思性。可见，学习能力的内涵正在不断深化，主要构成要素也由单一维度向多维度改变。

综合以上分析，本书把学习能力定义为个体想要顺利完成学习活动所应具备的心理条件，是学生在完成学习任务的过程中所表现出来的综合素质。

2.1.2　学习空间

从开始研究到现在，对于学习空间的定义，国内外的说法始终是众说纷纭，但是不论是国内，还是国外，对于学习空间的界定都是以促进高阶能力发展为取向的，其中囊括了各种可以支持高阶思维发展的因素，通常是以建构主义为主导所涉延伸出来的学习空间。关于学习空间的构成要素也是五花八门，有四要素说、五要素说和六要素说，等等。但不论哪种观点，其都从自身的角度解释了要素构成的缘由，并发现他们具有共性的要素，即情境、资源、工具和支架。

2.1.3　智慧学习

智慧学习的概念可以追溯到著名科学家钱学森先生提出的"大成智慧"，强调科学与哲学的结合和人机思维相结合的理论体系。伴随着智慧学习的发展和学术研究的不断深入，国内外很多学者对智慧学习的内涵进行了定义和解释。

目前，国内学者关于智慧学习的内涵尚未达成一致的看法，这主要与不同学者们对"智慧"一词的理解存在差异有关。祝智庭等基于国内外文化背景的差异，提出智慧的内涵，强调智慧在文化、认知、体验、行为中的综合作用。认为智慧学习是不断地使用适当的技术来优化和改善学习环境，让学生不断适应新的学习环境。在这种情况下，鼓励学生在实践中建构意义，学习合作，共赢和创新。江苏师范大学智慧教育中心陈琳等人的研究以技术与创新学习之间的辩证关系为视角指出，对智慧学习内涵的研究不能唯技术论，应以促进人的个性化发展为本，超越技术本位的概念，提升智慧的主体概念。她认为智慧学习是一种新型学习范式，集有效、高效、创新、创造为一体。学生可以充分地利用新型的技术、方法、环境和资源，选择实用和适用的知识内容进行学习。

贺斌等学者对智慧学习做了较为深入和具体的研究，从学生的角度出发，强调智慧学习是一种面向未来的新型学习范式，充分结合了智慧学习的内涵，构建了"智慧学习"的智慧阶梯概念结构，认为智慧学习强调以学生为中心，强调学生的学习体验。还有学者从学习体验设计的视角出发，设计了具有工程方法、支持技术、评估体系和设计元素的服务平台。不仅丰富了智慧学习的内涵、外延，而且拓宽了其实践应用。

国外对智慧学习主要有如下认识：①利用多媒体、互联网、代理技术等现代技术，增强、丰富和加速学习过程；②借助于开放教育资源、智能化的信息技术和国际规范，使学生的行为改变能力得以增强，使其较为灵活地学习；③学生自我导向、以人为本的学习方式；④利用智能设备和社会网络，使学生发展自我启动的创造性学习能力和学习途径。

从以上观点可以看出，学者对于智慧学习的认识差别很大，有的过于笼统，而更多的是受技术中心化思想影响，仅仅着眼于技术的考量，并没有体现时代对学习要求的真谛。以时代对学习的新要求出发的智慧学习，既要关注技术，又不能唯技术论，不能仅限于技术，要更多地着眼于改革方式方法、生成人类的智慧，着眼于人在创新时代谋求更好的发展。

基于以上研究，可得如下定义：智慧学习是支持和促进人在信息时代特色发展、个性发展、终身发展、内驱发展、全面发展、创新发展的学习，是伴随着智慧碰撞、思想激荡的学习，是为了促进并且服务社会发展的学习。其最大特点是立足发展、提升智慧、以人为本、服务社会，跨越了技术本位，正确处理了人类与社会、人类与技术、时代要求与学习创新之间的辩证关系，反映了学习的时代发展方向。

2.1.4　智慧学习能力

智慧学习能力是由信息技术变迁演变而来的一种新型学习能力，目前国内对智慧学习能力的概念还未达成统一。胡稀里指出智慧学习能力是基于新一代信息技术的功能，使学生在智慧学习环境的学习过程中了解自我、发现自我并提升自我的一种综合能力。智慧学习能力内涵的提出符合智慧教育和智慧学习等理论的发展，反映了在智慧教育时代下人们对学生能力的新要求。智慧学习能力是学生在智慧学习活动中表现出来的综合素质，其能力的结构包括了数字学习能力和移动学习能力的关键要素，体现了智慧的本质。

综合已有的研究，本书将智慧学习能力定义为学生在智慧学习过程中所表现的一种学习能力。即学生融入智慧学习环境，利用智慧学习工具获取信息资源，通过处理和使用信息解决实际问题，并提高相应知识技能和综合素质的一种能力。

2.1.5 智慧学习空间

何克抗、李文光等学者认为，学习空间是人际关系与学习资源的有效结合。学习空间是学生学习的外部条件，是学习活动赖以发生的决定性条件，也是决定学习进程持续性的关键性因素。而智慧学习空间，在继承初始概念的基础上，更凸显智慧性。黄荣怀等人认为，智慧学习空间是一个活动空间或学习场所，可以促进学生有效学习。智慧学习空间能够识别学生特征，感知学习情况并提供足够的学习资源，为学生记录整个学习过程并评估学习成果。祝智庭认为，智慧学习空间需要信息技术、学习资源、学习工具和适当的学习活动作为支撑。充分了解学生的学习活动，提取和分析学生的学习数据，以识别学生的学习特点、喜好和习惯，为学生生成最契合的学习活动和任务并帮助学生做出正确的决定。

本书认为对智慧学习空间的理解应该从三个角度来分析。首先，从学生的角度来分析，智慧学习空间应使学生具备良好的学习体验。智慧学习空间支持信息化环境下的培养模式，打破传统学习环境的约束，从生理和心理上充分考虑学生在学习过程中的使用感受，为个体或群体在学习活动中打造令人身心愉悦的舒适环境。其次，从技术的角度分析，通过虚拟现实、人工智能、物联网等信息技术构建的智慧学习空间能够从多维度、多层面去感知、诊断和分析学习过程。基于智慧学习空间实现教学数据的采集和汇总，智能推送信息资源。相互连通的环境终端设备，使课堂管控智能化、智慧干预学生的学习行为。最后，从学生和技术关系的角度来分析，智慧学习空间要能够不断地培养和提升学生的"智慧"。随着信息网络技术在智慧学习空间中的广泛应用，使得课堂教学不再受时空限制，教学模式由教师为中心转变为学生为中心，推动智慧教学的创新，实现智慧学习。构建师生、生生、人机多元的交互方式。

智慧学习空间设计除了要考虑技术层面，更要重视学习环境中各要素间相互作用的影响，故具有以下特征，如表 2-1 所示。

表 2-1　智慧学习空间的特征

特征	表现
整体性	由众多要素构成的不同学习空间通过高度融合形成的一个整体系统，彼此相互独立、相互促进、相互作用，并在各支撑条件的作用下实现智慧学习空间功能的最大化
智能性	利用物联网技术实现对学习空间的智能化管控，打造具有现代感、科技感的实体空间
开放性	空间内各学习系统的设计采用统一的标准和规范，将有利于扩展其他相关子系统
生态性	学习活动主体与学习空间能够互利共生，是一种可动态调控、可自我完善的学习空间

1. 整体性

智慧学习空间并不是由全部要素简单相加组成的，而是由众多要素构成的不同学习空间通过高度融合形成的一个整体系统。不同学习空间既能独立运转，也能互为条件，彼此相互促进、相互作用，并在各支撑条件的作用下实现智慧学习空间功能的最大化。例如在智能设施、教学资源等支持下，教师和学生在课堂教学中，完成教学目标、教学活动和教学评价的统一进行。

2. 智能性

智慧学习空间具有对环境、情境和教学行为感知的能力。通过传感器采集环境数据，利用物联网技术实现对学习空间的智能化管控，打造具有现代感、科技感的实体空间。对学习情境的智能感知，记录学生的学习状态，跟踪学生的学习轨迹，基于大数据进行学情分析和智能化推送。通过捕捉学习环境内人与人、人与机的互动行为表现，使教师即时调整互动的内容和频率，既保障了学生的学习参与度，又能实现高效教学。

3. 开放性

智慧学习空间的重要组成部分就是拥有丰富优质的学习资源，随着互联网的迅速发展，导致数字化教育资源数量急剧增长，类型也越来越丰富，实现信息资源价值最大化的有效手段就是信息资源的开放共享。另外，由于空间内各学习系统的设计采用统一的标准和规范，将有利于扩展其他相关子系统，这也是环境开放性的体现。开放性使智慧学习空间更具活力和创造力，也使得空间内的各要素更具多样性和适应性。

4. 生态性

智慧学习空间中的学习活动主体与学习空间能够互利共生，是一种可动态调控、可自我完善的学习空间，空间中各要素之间相互适应，通过优化调节、自我完善、自我发展，形成良性循环，最终达到一种协调、稳定的状态。例如，教学中根据知识的难易度结合评价、诊断系统的信息反馈，使得模型内部各要素形成正反馈和内部进化的能力。

本书所采用的智慧学习空间的概念，是由黄荣怀教授所提出的。智慧学习空间能够创设学习情境、提供个性化学习、给予丰富的学习资源、方便学生交流协作并跟踪学习过程和评价学习成果的有效学习的空间或场所。它在保留了学习空间中五个稳定的构成要素的基础上，把技术完美地融入学习空间之中，本书中的智慧学习空间就是以电子书包为基础的学习空间。它包含了支持学生学习的学习内容、学习平台和学习工具，其中包括信息、数据、资源、知识建构工具、信息管理与交流工具、学习社区，等等。

2.2　智慧学习空间与高阶思维能力的关系分析

智慧学习是一种追求智慧"目的"与"方式"相统一的学习，"智"可以理解为高阶思维，没有促进学生的高阶思维发展的学习方式便不能称作一种智慧学习的方式，也没能达到"智慧"的目的。因此，在智慧学习时代，高阶思维培养成为教育变革的关键，培养高阶思维成为未来教育改革的重点，高阶思维也成为未来学生发展的核心竞争力。本节主要是在相关理论依据的基础上，对有效培养高阶思维的过程特征和智慧学习空间的构成要素进行分析，主要目的是阐述智慧学习空间是如何影响高阶思维发展的。

2.2.1　智慧学习空间研究现状

1. 国外智慧学习空间研究现状

国外关于智慧学习空间的研究起步早，范畴比较广，早在20世纪90年代，美国就实施了"国家信息基础设施：行动计划"（The National Information Infrastructure: Agenda for Action），俗称"信息高速公路"计划。在随后的20年里，不同学者相继提出了譬如数字化、智慧地球等理念。关于智慧学习空间的概念，国外比较认同的是认为它可以为学生提供适合自身学习特征的、以信息技术为基础的、以学生为中心的学习环境。当前关于这方面的研究主要集中在技术和功能这两个方面。

2. 国内智慧学习空间研究现状

相对于国外的研究，国内这方面的研究起步比较晚，而且主要放在对其应用的研究上。从 2009 年的战略性新兴产业规划开始，智慧学习空间逐步被人们所熟知，得到越来越多的学者关注。对于智慧学习空间的研究，国内具有代表性的是黄荣怀教授所提出的概念界定及一系列构成要素。通过分析发现，如何更好地对智慧学习空间进行设计和应用方面的研究还是欠缺。

3. 技术环境支持高阶思维培养的研究现状

目前，国内关于如何设计技术环境可以有效支持高阶思维培养这一方面的研究也有一定进展，例如学者简婕，在其博士论文中探讨了支持高阶思维培养的数字化学习空间建构方法并对数字化学习环境中高阶思维的发展情况进行了测量。另外，也有一些研究分析了支持培养数字化学习资源设计与应用的方法，还有关于在不同学科中信息技术应用的有效性研究等。但关于不具体到某一学科的对高阶思维的评价研究还相对比较匮乏，值得研究。

2.2.2　有效培养高阶思维能力的过程特征分析

发展高阶思维、培养高阶思维能力的途径就是发生高阶学习，而高阶学习等同于有意义的学习，要把有意义的学习作为目标，就应该通过技术手段帮助学生呈现发生高阶学习的过程特征。

1. 主动参与性方面

在传统教学中，教师将学习内容灌输给学生的方式是填鸭式的，并不是学生发自内心主动地学习，学生不能自主把握学习过程，学习目标不清晰，对教师提出的问题缺少主动思考，失去了学习主动权，不利于学生高阶思维的培养。要想学生真正发生有意义的学习，就应该使学生认识到自身学习的需要，从而在学习过程中表现积极主动、集中精力、认真听讲，在教师创设的情境中主动参与、积极发言、与小组成员探讨交流、与学习资源产生互动，清晰地阐述解决问题的过程，评价学习的结果。

2. 目标导向方面

与传统课堂教学相比,注重培养学生高阶思维能力的课堂教学会提前就给出明确的学习目标,学生在整个学习过程中不但不会偏离学习方向,而且能够评价学习结果,反思和调整学习方法。此外,在遇到复杂的学习任务时,能够独立思考、判断,有自己的想法和意见,并进行阐释说明。

3. 合作互动方面

教师发布任务后,学生以小组为单位开展合作学习,学生通过交流讨论,积极地表达自己的观点,主动地与他人沟通,并对他人的观点进行评价和反思,当发现自己的想法和观点有不足则加以改正,最后能够综合多种思路和建议,归纳总结出最佳的结论或方法。在合作探究的过程中不仅能够提高学习效率,也能提升学生自身的表达和沟通能力,更有助于对不良问题的解决。

4. 经验构建方面

真正意义上的建构,不仅包含了学生对学习内容的掌握,还包含了学生获得的学习过程和方法,通过灵活掌握,实现知识的迁移。知识的建构应该是在已有知识的基础上,通过围绕问题搜集资源,运用观察、实验、比较、交流讨论等方式对问题进行分析,最后归纳、总结和创新,实现知识的内化。真正意义上的建构,学生可以通过不同的角度、运用不同的方法去考虑和解决问题,能将知识应用到解决生活实际问题中,并且能够清晰地阐述解决问题的过程和方法。

5. 情景真实方面

能否创设与学生实际生活贴近的情境是影响学生对知识的主动掌握情况的直接因素,创设情境若能以实际生活为背景,则能够吸引学生的注意,激发学生的学习动机,使学生主动参与到课堂学习中,使他们感觉可以通过学习这些知识解决身边的问题或现象。此外,学生在实际生活情景下解决问题,还可以促使学生联想到生活中的其他类似情况,从而运用知识来解决。

2.2.3　智慧学习空间的要素分析

本书中的智慧学习空间是指以电子书包为基础的学习空间,它包含物质和智能两部分构成要素,其中物质要素包括了无线网和电子书包两个子要素;智能要素包括了问题、情境、资源、工具、支架和案例六个子要素。

1. 物质要素

全网覆盖是智慧学习空间的必要保证，学生可以通过无线网随时搜索相关资源去解决问题、在线交流讨论、上传自己的完成成果。无线网的具备，为智慧学习空间下发展高阶思维能力提供了物质保障。

在智慧学习空间下，教师和学生每个人都拥有一台平板电脑，通过在其中安装电子书包相关软件来保证教学过程的实施、提高了教学效果，在电子书包中，教师可以上传事先设计好的导学案、习题、案例等内容，学生可同步下载进行学习；教师还可以使用电子书包中的投票、在线讨论、抢答等功能实现师生间的互动；学生还可以使用相关学科工具来辅助解决问题，实际动手操作。由此可见，电子书包的使用，不仅能够提高学习效率，还可以对学生思维发展起到帮助作用。

2. 智能要素

智慧学习空间中的问题通常是贯穿于整个教学过程的，教师布置的任务通常也是基于问题的。因此，在一定情形下，任务和问题可以互用。问题通常具有真实性、困惑性等特点，学生通过问题求解，培养自身的高阶思维能力。问题分为良构和劣构两种，在智慧学习空间中通常主张半开放的问题，但这并不代表整个教学过程都要使用劣构问题，在课堂教学中合理安排使用良构和劣构问题，分配好二者的比例，将是教师教学设计的重难点。

为了使学生更好地吸收学习内容，情境的创设是吸引学生注意、增强学习动机的一条有效途径，智慧学习空间中的情境，首先，要根据本节课的教学目标进行创设；其次，教师创设的情境要具有真实性，与学生实际生活相联系，这样学生就知道他们所学的知识是可以解决他们生活中常见的问题，从而乐意投入学习中；再次，由于课堂教学的每个环境并不是孤立存在的，而是环环相扣的，因此创设的情境应是境脉化的，是贯穿于整个教学过程的；最后，在情境的创设中要设置相关的问题任务，从而过渡到知识点的讲授上来。

从一定角度来说，课堂教学中凡是可以辅助教学的一切事物都可以看成是学习资源。教师在学习空间、电子书包中上传的课件、习题等内容是典型的学习资源，为学生适时地提供解决问题的相关资源，可以帮助学生顺利通过"最近发展区"。学习资源的种类多种多样，这就要求教师应该对资源进行精心的比较、筛选、设计，选择出最适合的、最有效的学习资源。

智慧学习空间中的学习工具多种多样，其中效能工具是可以提高学习效率的工具，如在数学学科中的几何画板；信息工具是为学生提供资源查找的工具，如各种搜索引擎等；情境工具是用于创设问题情境，如基于问题的学习；交流工具为师生和生生的互动提供了条件，如在线讨论工具等；认知工具是可以发展学生批判性与创造性思维的软件，如思维导图等；评价工具是可以记录和跟踪学习过程的工具，如学科专题学习平台等。

学习空间中的设计虽然提倡学生掌握主动权，但并不意味着在所有的探究过程中学生都会顺利进行，教师必须要为学生在学习过程中提供适时合理的建议和帮助，而学习支架正是这种建议和帮助的体现。在课堂教学中，教师通过对学生的实时观察及时介入并提供学习支架，引导学生进入更高层次的理解。由于学习支架的种类众多，因此教师在课前设计的过程中要有预见性，预判学生在学习过程中哪个部分可能会出现问题，合理有效地提供帮助。

案例可以在问题提出的过程中为学生提供此问题背景下所缺少的经验。此外提供不同且有关联的案例能够使学生比较两者之间的相似与差异，实现问题求解的过渡迁移。

2.2.4 智慧学习空间对高阶思维能力发展的促进作用

通过智慧学习环境的要素分析和高阶学习的过程特征分析可知，在智慧学习空间下进行高阶思维能力的发展应该是合理有效的，因此有必要将智慧学习空间中的智能要素与高阶学习的过程特征分别进行对应分析，从而剖析出智慧学习空间从根本上对高阶思维发展的支持性。

1. 问题要素分析

问题产生要有背景，并且是真实生活中会出现的，这符合高阶学习过程中真实性的特点，应尽可能地描述出问题所产生的背景。为学生呈现一个能够吸引人的并且具有操作性的问题是必要的，这能够使学生发生主动的过程特征，操控某个问题的现象，并观察这种操控可能带来的结果，是学生在主动参与方面的一个很好的体现。问题的呈现方式一般都是半开放性的，这有助于学生发生建构的过程特征，通过问题求解的学习，不仅有利于学生建构灵活的高阶知识，而且有利于学生发展分析问题和解决问题等方面的一系列高阶能力。

2. 情境要素分析

情境在某方面和问题一样，都应以真实为前提，既要注重与实际生活的联系，也要注意能够将所学知识应用到现实中去。情境的真实性是教学过程设计的重点也是难点。真实的情境与学生的实际生活相联系，它不仅可以吸引学生的注意力，激发学生兴趣，发挥学生主动性，并且可以使新旧知识建立联系，从而达到对新知识的理解。情境一般是贯穿于整个教学过程的，在大情境的背景下建立若干个小情境，但在设计过程中应注意多个情境之间的关联性，从而使知识或技能更好地迁移到多种情境中去。

3. 资源要素分析

当学生进行问题探究时，应该提供丰富的资源作为保障，这些资源可以以任何形式存在，只要有助于学生解决问题，不致使其发生目标偏离，都可以为其所用。学习资源丰富多样，但不应该一味地、没有规律地投放给学生，而是以有意义的方式组织起来，考虑其间的关系，从而使学生在目标明确的情况下进行有意图的综合有效利用。教师要时刻清楚何种资源能够为学生提供帮助，如果学生选择了没有必要的资源，那么所谓的建构也是无意义的。此外，及时地提供资源可以恰到好处地帮助学生解决问题，从而突破以往对知识只是记忆性的理解。

4. 工具要素分析

学生在围绕问题或任务进行解决时，往往会遇到这样或那样的困难，此时信息技术可以充当各种学习工具来满足学生的需要，帮助学生解决困难。为学生提供学习工具有助于发生主动性的学习，使学生愿意学习。认知工具往往可以把学生的思维过程通过直观的形式表现出来，从而判断自身思维过程的正确性，从根本上掌握问题求解的过程方法，实现真正意义上的建构。智慧学习空间强调对问题的探究过程是以小组交流合作为形式进行的，这也恰好体现了合作的高阶学习过程特征，有助于学生相互交流观点、相互评价，提升自身的能力。

5. 支架要素分析

在教学过程中往往会遇到多种情况使得学生在解决问题的过程中容易出现偏离正确方向的情况，提供合理有效的支架可以避免学生发生所谓的"迷航"现象。不论学生在学习过程中是自主学习，还是协作交流学习，都会遇到学生当前的认知结构不能解决当前所遇到的困难情况，这时学生就会容易出现一种抗拒的心理，从而使对解决问题的积极主动性大大降低。在这种情况下，为学生提供难度适中且满足个性化需求的学习支架是必要的，它可以增强学生面对困难、解决困难的信心，从而更加积极主动地进行学习。在课堂教学过程中，提供的支架难度应该是由低到高的，随着支架难度的逐级递增，学生不仅获得相应的学科知识，还获得了完成复杂学习任务的学习能力。在学习过程中，不同种类的支架会起到不同的作用，因此应该根据情况将不同的支架合理有机地组合在一起运用到教学中，从而为学生完成意义建构提供有效支撑。

6. 案例要素分析

从某种角度上我们可以把案例看作资源或情境创设的一部分，提供真实的案例体现了主动的特性，不至于使学生对学习知识产生懒惰的情绪。为学生提供案例可以与原有知识建立联系，并且为学生提供面对问题时所缺乏的经验，此外在提供不同的案例的情况下，可以促进知识迁移，从而发生建构的学习过程。

综上所述，智慧学习空间下的学习，在具备相应的物质要素前提下，可以通过对智能要素的设计与利用来引导学生发生高阶学习的过程特征，从而发展其高阶思维能力。

第3章 构建智慧学习空间的理论支撑与关键技术

智慧学习空间能够对学生高阶思维能力发展起到促进作用，因此，智慧学习空间的科学构建就显得异常重要。智慧学习空间有其独特的目标、任务和要求，我们只有明晰智慧学习空间的理论基础，掌握构建智慧学习空间的相关技术，调研智慧学习空间的研究与应用现状，才能构建真正促进学生高阶思维能力发展的智慧学习空间。

3.1 构建智慧学习空间的理论基础

任何学习空间的构建都离不开学习理论的支撑，只有在科学、正确的学习理论指导下，才能发挥智慧学习空间的优势，对学生进行个性化培养，提升学生智慧素养，促进学生高阶思维能力的发展。在教育理论发展的不同历史阶段，不同流派的学者从各个角度提出了不同的学习理论，其中建构主义学习理论、联通主义学习理论、人体工效学理论、认知负荷理论为智慧学习空间的构建提供了有益的理论支撑。

3.1.1 建构主义学习理论

建构主义学习理论是在认知主义学习理论基础上发展而来的。认知主义学习理论认为新知识需要在学生内心沉淀并组织，最终形成和发展出新的认知结构，强调意识是学习情景刺激和认知反应之间的中介，强调认知过程的重要性。而建构主义认为学习是在面对新知识时学生对内部原有"知识图式"的"同化"或"顺应"，并达到"知识图式"的新平衡，强调"同化"或"顺应"

过程中"情境""协作""会话""意义建构"的重要性,该理论不排斥讲授式教学,只要教师搭建好"知识脚手架",学生通过"协作"和"会话"即可实现对新知识进行意义建构的目的。同样,智慧化学习环境也需要讲授式教学,需要教师创造出支持学生同他人进行协作学习的环境。因此,建构主义学习理论提示我们在构建智慧化学习环境时,要重视学生分析、了解其原有的知识水平、学习风格等特征的能力,同时要时刻强调"情境""协作""会话""意义建构"的重要性,重视学生的主体地位,给予学生通过"协作""会话"进行新知识建构的机会。

3.1.2 联通主义学习理论

联通主义学习理论是网络时代的产物。网络时代知识呈爆炸式增长,碎片化程度高,知识更新的周期短,网络时代的这些特征给人们学习、存储、更新知识带来了巨大挑战。联通主义学习理论认为学习是连接各知识"节点"和"信息源"的过程,其中"节点"和"信息源"来自网络术语。联通主义学习理论强调建立学习网络的过程,其中最关键的步骤是形成知识点之间的连接,即"不关注管道中是什么,而关注怎么建立管道之间的联系",认为学习发生的两大关键在于"寻径"(wayfinding)和"意会"(sense-making)。因此,在智慧学习环境的构建过程中,要通过技术手段满足学生对知识"连接"的需求,同时要立足长远,关注学生的终身发展和终身学习能力,为学生提供进行知识社群交互的渠道,把智慧学习环境构建成能支持和激发学生深度思考和互动的学习环境。

3.1.3 人体工效学理论

人体工效学主要探讨人们劳动、工作效果、效能的规律性问题。具体到教育领域,人体工效学理论是研究学生、学习资源和学习环境之间关系的科学。在我国早期建设信息化学习环境时,过分追求设备和技术的先进性,造成了极大的资源浪费,人体工效学提倡从"人、机、体"三个方面统筹考虑,这就要求智慧学习环境构建过程中,既要保证机器设备正常运行,又要求环境美观,同时还要保证人体舒适。在智慧学习环境设计过程中,一方面考虑空间设计的和谐美观(搭配、布局);另一方面考虑内部设备的材质,空间内温度、湿度、光线等细节问题。

3.1.4 认知负荷理论

认知负荷是表示处理具体任务时加在学生认知系统上的多维负荷结构，该结构由反映任务与学生特征之间交互的原因维度和反映心理负荷、心理努力和绩效等可测性概念的评估维度所组成。认知负荷理论要求学生所学知识的难度应该与学生的认知负荷相匹配，知识难度低于学生认知负荷时，学生的知识和能力得不到有效提升；知识难度高于学生认知负荷时，学生的认知负担过大，难以实现预期的教学目标。因此，智慧学习环境构建过程中，要提供与学生认知负荷相匹配的学习内容，使学生在能够接受的基础上，知识和能力得到最大的提升。

3.2 构建智慧学习空间的关键技术

智慧学习空间能够帮助学生规划学习路径、收集学习行为、分析学习绩效、提供学习决策，技术的使用对学生提供的帮助不仅是增强学习，而演变成了使之能学习。本节从技术支持角度，归纳整理了实现智慧学习空间所使用的相关技术：云计算技术、大数据技术、物联网技术及学习分析技术，其相互关系如图 2-1 所示。

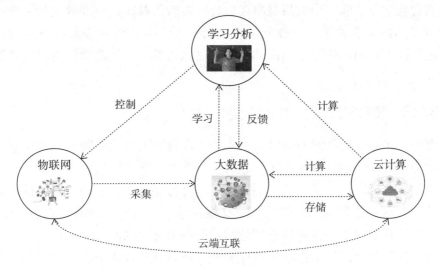

图 2-1 构建智慧学习空间的关键技术

3.2.1 云计算技术

"云"实质上是一个提供各类资源的网络，云计算技术将软件、硬件、服务等网络资源虚拟化后提供给网络用户，网络用户可以按需求量付费获取"云"上的虚拟资源，"云"可类比为自来水厂，"资源"可类比为自来水厂提供的水，用户根据实际使用和需要付费，用户不需要了解水的净化过程。云计算主要的服务形式有 SaaS（Software as a Service，软件即服务）、PaaS（Platform as a Service，平台即服务）、IaaS（Infrastructure as a Service，基础设施服务）。云计算技术为智慧学习空间提供了可集成的设备、个性化的学习环境、可靠的数据存储与管理、可共享的数据及软件，极大降低了智慧学习空间建设中软硬件设备的采购成本、运维成本。

3.2.2 大数据技术

智慧学习空间需要对海量数据进行存储、分析、决策，需要大量的科学计算与数据处理。例如，智慧学习空间中的教室录播系统与各种交互学习设备在教学中产生的海量异构数据信息。这些数据经过存储、处理、查询与分析后服务于智慧学习空间，以更便捷、直观、易于理解的方式向学生提供信息。从数据分析上看，常用的大数据分析方法，如数据挖掘、统计分析、语义与情感分析等，可以为丰富智慧学习空间建构研究提供帮助，有助于深入挖掘、分析或预测智慧学习空间产生的海量异构信息，对所需数据进行高效统计，探索不同数据之间的关联关系。从数据呈现上看，大数据分析方法可以更直观甚至以可视化的方式揭示研究结果内部各要素之间的关系，加深学生对研究结果的理解。

3.2.3 物联网技术

物联网建立在互联网的基础之上，是"万物相连的互联网"。2005 年国际电信联盟（ITU）对物联网进行了定义：物联网是通过射频识别（RFID）、红外感应器、全球定位系统、激光扫描器等信息传感设备，按约定的协议，把任何物品与互联网连接起来，进行信息交换与通信，以实现智能化识别、定位、跟踪、监控和管理的一种网络。智慧学习空间通过物联网技术实现对物理设备的智能化控制和对虚拟信息的智慧化分析。目前高校校园中的智能考勤、智能设备终端、课堂学生学习投入度实时监测都离不开物联网技术的支持。

3.2.4 学习分析技术

学习分析技术是构建智慧学习空间的核心技术。在商业领域，通过对消费者的行为活动进行数据挖掘，可分析出消费的潜在趋势。鉴于此，我们将这种行为分析技术应用于教育领域，形成了学习分析技术。学习分析包含五个阶段：数据采集、数据分析、决策、反馈、干预。通过上述五个阶段可以深入分析学生在当前教学平台中的学习情况，对学生进行针对性诊断，最终实现个性化指导。

3.3 智慧学习空间构建与应用研究现状

研究人员在早期信息化学习环境的基础上，引入智能设备和智能技术，开启了智慧学习空间建设的新篇章。本节将介绍智慧学习空间的研究及应用现状，包括智慧学习研究现状、智慧学习空间的研究现状、智慧学习生态的研究现状及智慧学习环境下的教学研究现状。

3.3.1 智慧学习研究现状

到目前为止，对智慧学习还没有一个清晰统一的定义，交叉学科研究人员和教育领域研究人员都在不断更新这个概念。但是，该领域的大多数研究人员已经达成了一些共识，他们都强调智能学习基于智能设备和智能技术。智能设备是指具有普适计算特性的设备，比如：物联网设备、眼镜等可穿戴式设备。智能技术包括云计算、学习分析技术或大数据技术，这些技术侧重于采集数据，分析数据和教学评价，以改善教学，并支持个性化学习和自适应学习。尽管智能设备和智能技术之间存在区别，但实际上两者是相关的，例如，物联网和大多数可穿戴设备都需要大数据来生成个人信息并向用户提供反馈。智慧学习的特征如下。

（1）位置感知：在智慧学习中，需获取学生的实时位置，用以确定学生的学习内容及学习场景；

（2）情境感知：识别不同的活动场景；

（3）社交意识：感知社会关系；

（4）互操作性：为不同的资源、服务和平台提供操作标准；

（5）无缝连接：为任何设备提供连接服务；

（6）自适应性：根据学生偏好和需求推送学习资源；

（7）智能预测：预测学生的需求，提供学习资源和服务；

（8）整体记录：记录学生学习路径，并进行数据挖掘和分析，然后提供合理的学习路径反馈和建议；

（9）人机自然交互：多模态互动；

（10）高参与度：沉浸式学习体验。

在智能学习中，实时定位对于使内容和情况适应学生很重要。但是，位置并非始终是智能学习中的必要条件。最重要的特征是该系统将能够建议和预测学生的需求。智能学习是一种学习系统，可为学生提供建议，使其可以在现实世界中学习。

3.3.2 智慧学习空间研究现状

智慧学习空间不仅使学生可以随时随地访问数字资源并与学习系统进行交互，还可以在合适的时间获得必要的学习指导、学习提示或其他学习支持工具。

多年来，大量的研究人员都对智慧学习空间提出了自己的理解和认识。Spector 认为智慧学习空间是一种"有效、高效和引人入胜的学习环境"。Chen 等提出智慧学习空间应支持技术与教学方法的融合，以创建一个良好的教育生态系统，提供"当学生从一个学习环境转移到另一个学习环境时，知识与技能也能产生实时和持续的变化，使知识与技能在不同的学习环境下无缝对接"。Hwang 等明确了智慧学习空间的三个重要特征，以此为基础阐述了智慧学习空间的定义。他认为智慧学习空间的三个重要特征是：①情境感知，智慧学习空间必须能够基于学生的在线和实时状态为学生提供学习支持；②适应性支持，智慧学习空间应根据学生的个人需求为他们提供即时和适应性支持；③自适应界面，不同学生有不同的学习偏好和学习表现，智慧学习空间必须能够使界面以适应用户的方式呈现，用户界面可以是任何移动设备（智能手机，平板电脑等），可穿戴设备（数字手表），也可以是其他任何的计算系统。

Hwang 等指出智慧学习空间的潜在标准是情境感知，能够为学生提供即时和适应性支持，并提供适应学生的界面和内容。智慧学习空间旨在支持学生在各种活动中获取新知识，它扮演着向导的角色，基于学生的需求和学习偏好，为学生提供学习建议。总而言之，智慧学习空间的目标是提供自我学习、自我激励和个性化的服务。

同时，Spector指出智慧学习空间需能够识别学生的能力、学习风格和兴趣，并提供个性化的作业和形成性反馈，具体内容包括：①对话：智慧学习空间可以使学生参与对话以及促进相关主题或问题的小组对话；②反思：智慧学习空间可以根据学生的进步和表现进行自我评估，以便进行调整以提高最终学习效果；③创新：智慧学习空间使用新兴技术，并以创新方式利用创新技术来支持和指导学习；④自组织：智慧学习空间可以基于自动收集的数据重新排列和控制学习资源，随着时间的推移改善其性能，并用于改善环境在各种情况下与学生的交互方式。

3.3.3　智慧学习生态的研究现状

智慧学习空间是学习生态的重要组成部分。学习生态是一种系统概念，不同于以技术为中心的学习生态观，智慧学习生态将技术嵌入到学生学习过程的方方面面。著名学者 John Seeley Brown 在其 2000 年发表的文章《数字化成长：网络如何改变工作、教育和人们学习的方式》中初次介绍了技术在智慧学习生态中所处的地位。随后 Barron 提出了一个智慧学习生态框架，该框架解释了学习如何在不同的环境中发生，并明确了环境之间可能存在协同作用或壁垒作用，而技术的使用有利于不同环境间的壁垒边界相互渗透。Barron 所提出的智慧学习生态框架基于三个假设：①各种概念资源可以激发和维持学习兴趣；②如果学生有足够的时间、自由和资源去学习，他们不仅会选择，而且主动会自我发展和创造更多学习机会；③兴趣驱动的学习活动是跨界和自我维持的。该智慧学习生态框架认为，学生是学习网络中的主要参与者，负责维持社会关系，并在物理空间和虚拟空间中创造有意义学习。

总而言之，智慧学习生态观影响下的智慧学习空间包括：检测并考虑现实环境；将学生置于实际场景中；个性化学生界面；使学习任务适合个别学生；提供个性化的反馈或指导；提供跨学科的学习指导或支持；提供跨环境的学习指导或支持；推荐学习工具或策略；考虑学生的在线学习状态；考虑学生的现实学习状况；促进正式和非正式学习；考虑多种个人和环境因素；通过多种渠道与学生互动；提前在真实和虚拟环境中为学生提供支持。

3.3.4 智慧学习环境下的教学研究现状

从 20 世纪 90 年代开始，教育界的专家学者逐渐意识到技术对提升课堂教学质量的重要性，但由于缺乏技术与教育教学相融合的理论支撑，早期的学者单纯专注于硬件和软件的使用，使用技术来支持课堂教学的相关应用相对匮乏。随着信息和通信技术的快速发展，人们逐渐意识到技术必须与教育教学相融合，才能更好地促进和发展以学生为中心的教学理念，才能适应当前以个性化和自我调节学习为中心的智慧学习环境。Zhu 等提出："智慧学习的目标是培养学生的终身学习能力。智慧学习关注学习过程的情境化、个性化和无缝化，提升学生在智慧环境中解决问题的能力。"同时，Kim 等强调智慧教育应采用以学生为中心，以服务为导向的教育范式，Middleton 也认为智慧教育必须坚持以学生为中心的原则。MEST 等进一步明确了智慧教学中"学生自我导向、自我激励、自适应、技术嵌入"等特征，随后 Lee 等补充道："智能教育还包括正式和非正式学习，社交和协作学习，个性化和情境学习。"由此可见，智慧教育环境下的新教育理念将引发教育教学的巨大变革。研究者和教育者需要在建构主义、认知负荷理论等传统理论的基础上，同时考虑联结主义、网络学习等新理论，发展出新的教育教学理念。新教育教学理念为研究人员提供了新的研究基础，便于研究人员开发新的教学策略，帮助学生更有效地获取知识和解决现实世界中的问题。

智慧学习环境下的教学研究必须注重培养学生创造知识的能力。例如，Chatti 等提出知识驱动的教学方法，该方法强调为学生提供访问大量隐性 / 显性知识节点的机会，将控制权交给学生，让学生以自己认为合适的方式选择和聚集这些知识点，并最终实现丰富学生个人知识网络的目的。学生的这些学习技能离不开技术的支持，技术提供了一种灵活的方式来支持过程建模、学生画像、教学评价和教学互动。

技术的低阶应用（练习、测试、信息查找）并不能很好地促进智慧学习的产生与发展，智慧教育鼓励技术的高阶应用，鼓励将技术作为思维工具或智力伙伴来发展学生的知识创造能力和协作能力。技术的高阶应用能促进师生之间以及学生之间形成良好的学习伙伴关系，有利于学生完成深度的学习任务。深度学习任务重组了学习活动，从单一地专注于内容掌握到注重发展学生的学习能力，发展学生的创造性和主动性。通常深度学习任务受明确的、具有适当挑战性的学习目标所指导，倡导将课程内容与学生的兴趣或愿望结合起来，同时向学生明确具体的教学目标，帮助教师和学生形成教学策略，并将反馈和形成性评价循环融入学习和实践过程中，使学生建立学习的自信心。

技术的应用和发展为智慧学习环境下的教学评价提出了新的要求。学习分析的概念最早是由 Kopainsky 等人提出的，他们认为学习分析技术能够跟踪和管理学习活动的数据，可以为学习设计提供证据，以便于更新教学媒体和学习活动顺序，这种对学生行为的分析和反馈可以在课程中持续进行，使学生能够关注薄弱环节。

除了技术的使用，智慧学习环境下的教学方法强调教学过程中学生的主体地位、强调学生的元认知技能和对话、合作的教学模式，因此，提倡学习过程中进行学生自我评价和同伴评价。Andrade 和 Du 对学生自我评价进行了定义，明确学生自我评价是一种形成性评价过程，学生通过反思和评价自己的学习效果，明确自己学习过程中存在的缺陷，并进行相应地修改和完善。同伴评价可以为同伴的学习过程提供反馈信息，可以帮助学生更好地理解评估标准，并能够增加学生学习的积极性和参与度。

第 4 章　促进高阶思维发展的智慧学习空间的构建

在调研智慧学习空间研究与应用现状的基础上，需进一步明确促进高阶思维发展的智慧学习空间的构建目标、明确促进高阶思维发展的智慧学习空间的基本特征，在构建目标和基本特征的指导下进行智慧学习空间的构建。

4.1　促进高阶思维发展的智慧学习空间的构建目标

本章研究智慧学习空间的建设以促进学生高阶思维发展为总体目标，在具体的构建过程中可将总体目标细化如下：学习模式的快速切换、技术支持的有效交互、便捷教学情境的创设、多种学习空间的融合统一、支持深度学习。这五个目标可以划分为两个层次，第一个层次包括：学习模式的快速切换、技术支持的有效交互、便捷教学情境的创设和多种学习空间的融合统一，这是智慧学习空间的基本目标；第二个层次即支持深度学习的目标，是基于促进学生高阶思维能力发展的任务而提出的。第一个层次的目标是第二个层次目标得以实现的前提。

4.1.1　学习模式的快速切换

在物理空间的设计上，要考虑到学习模式快速切换，即在同一个空间可以通过对物理设备的重新排列，达到满足不同学习模式的目的。这要求在设计的过程中考虑到空间内部硬件设备的可移动性，以便应对特殊情况。同时，在网络学习空间的设计上，也要通过各种技术手段方便教学模式的快速切换，例如提供投屏、讨论、分组任务设置和展示等技术方法。

4.1.2　技术支持的有效交互

信息交互指的是信息的共享和信息的反馈。技术支持下的信息交互要平衡教师和学生之间的权限，尽量实现双方对信息的对等访问。物理空间中，可通过多个投影和白板等硬件设备实现信息的共享。网络空间的信息交互平台的设计中也可以实现信息的反馈。在空间内部进行教学，不再以教师为中心，教学主体逐步实现对等。

4.1.3　便捷教学情境的创设

在智慧学习空间内部，要能够快速地创设教学情境，这对于空间内部的知识创造起到了非常重要的作用。目前情境的创设还主要依靠教师通过视频、音频、角色扮演等，让学生体会教学的环境。而智慧学习空间内部倾向通过技术的支撑满足这个需要，例如通过增强现实技术（AR）和虚拟学习空间作为教学情境创设的主要形式，运用增强现实技术，实现虚拟场景与现实场景的交互；或者通过网络，进入网络学习空间，如 second-life 这种类型的虚拟社区。这些技术的使用对设备提出了很高的要求。因此，在空间设计的过程中，要预留这些设备或技术的使用接口。

4.1.4　多种学习空间的融合统一

所谓的空间融合统一，指的是将现实的物理空间与虚拟空间相互融合，将正式和非正式学习空间进行统一。从基础的物理空间看，实现正式学习空间与非正式学习空间的共同发展和建设十分必要。提升学生的高阶思维能力是智慧学习空间的重要目标，高阶思维能力产生于物理空间，并能够在虚拟空间得到发展和快速提升。因此多种学习空间的融合统一、协调发展，才能更好地促进学生高阶思维能力的提升。

4.1.5　支持深度学习

深度学习是对学习状态本质的描述，包含了学生的投入程度、思维和认知等多个层面。强调对知识深度理解和知识在不同情境下的迁移能力。目前学习科学的发展中也强调这一点，认为仅凭借单纯的机械记忆以及简单的问题解决技能是无法实现深度理解的。深度学习的过程要求精心组织学习的概念、原理和探究方法等。作为智慧学习空间的需求之一，智慧学习空间强调的就是迁移和转变，以及较强的适应能力。智慧学习空间通过思维的发展实现对知识的精心组织安排，强化对知识的创造，实现深度学习是高阶思维发展的最终目标。

4.2　促进高阶思维发展的智慧学习空间的基本特征

根据所处的场景的不同，针对校园内部的正式学习空间和非正式学习空间以及虚拟空间，三者在设计时特征各有不同，但是在整体上都需要具备以下几个特征：灵活性、交互性、连续性、创造性与智能性。

4.2.1　灵活性

智慧学习空间的灵活性主要体现在空间设计的灵活性及所使用的技术方法的灵活性两个方面。从空间设计上来说，智慧学习空间要支撑多种学习情境，要适应多种教学方法，这就要求其空间设计能够根据需要快速改变空间布局。同时技术的快速发展及更替，也要求灵活地更新技术设备，这样的灵活性需要设计时采用模块化的设计方法，使系统可以在不改变基本结构的前提下，通过替换某些功能模块而实现设备或技术的更新。

4.2.2　交互性

交互性是整个智慧学习空间中一个重要的功能。智慧学习空间内部不仅要做到师生之间的双向交互，还要实现人与环境、人与系统之间的交互。人与环境之间的交互是为了实现环境与人的适应性，环境内部的传感器收集的信息，处理后做出反应，以求让学生在环境内的学习更加舒适；人与系统之间的交互，是实现个性化学习的必要手段。信息系统中处理的学生的学习痕迹，经过大数据的分析，给予个性化的服务，为各个用户提供个性化的学习资源，并对学生的学习结果做出形成性评价，客观科学地掌握学生的学习状态。

4.2.3　连续性

智慧学习空间通常被分为多个子空间，例如华中师范大学信息化办公室副主任金智勇将智慧学习空间分为物理空间、资源空间和社区空间，在学生使用这些学习空间时，应该是连续的，不能因为空间的变化而产生转变。从广义上说，空间的连续性是依靠互联网技术、云计算、增强现实技术等实现的，利用无线互联网将学生与网络化的学习资源联系在一起；云计算技术保证了学生的学习痕迹的连续性，在各种学习空间内的学习痕迹也会上传到云端，保证了学习过程的连续性。

4.2.4 创造性

智慧学习空间的智慧性的体现就是创造性。创造性是在知识传播的过程中偶然获得的产物，是通过学习过程中的顿悟和灵感得来的，而这些顿悟和灵感是以知识建构为前提的。创造性的主要形式有发明和发现，发明指的是创造出全新的事物，而发现则是找到本身存在的却未被人认识的事物或者规律。根据影响创造性的因素，可以从环境制度和个性培养两个方面来提升学生的创造性。例如在环境制度方面，智慧学习空间应具备提供宽松舒服的学习环境、提供一个自由的教学环境和采取形成性评价。宽松舒适的学习环境则是在学生学习的环境内，不要在环境设置上就给学生过多的心理压力，做到以人为本，提供适宜的声光电和温湿度；教学环境的自由是指采取不同的教学方式，给学生留有足够的时间和空间做独立的思考；形成性评价在智慧学习空间内部必不可少，它的实现主要是通过记录学生线上和线下的学习痕迹，追踪学生的发展动态。线下的记录主要是在物理空间内，通过可穿戴设备和其他物联网相关设备记录线下学习状况，而线上的则是记录学生在网络端的虚拟学习空间或者其他形式的网络学习的痕迹。

4.2.5 智能性

智慧学习空间是通过一系列的智能化的技术实现空间内部的交互、个性化学习、形成性评价、环境的调控等。智能技术主要是以传感器、物联网、云计算和新型的认知建模技术等新兴技术为基础的。同时，从发展的角度来看，机器本身不存在智慧，它的一些行为是人工智能赋予的，但不排除以后发展到机器可以独立思考的时代，因此智能只是智慧学习空间前期的一个阶段。这是智慧学习空间研究的热点问题，因此智能性也应该是智慧学习空间的一个特性。

4.3 智慧学习空间的构建

智慧学习空间助力改革传统的教与学形态、推动课堂革命，是提升人才培养质量的必然选择。在确立了智慧学习空间的构建目标和基本特征的基础上，本节将提出智慧学习空间的实现方案，希望为智慧学习空间的建设实施提供借鉴，推动智慧学习空间的进一步发展。本节将从软件平台建设、硬件环境建设、配套设施建设及支撑平台建设四个方面论述智慧学习空间构建的实现过程，这四个方面的建设任务相互依存，互为补充，最终实现了智慧学习空间的构建。

4.3.1 软件平台建设

智慧校园建设是在数字化校园建设的基础上发展而来，早期的数字化校园建设成果为智慧学习空间建设带来了有益的应用经验和数据支撑，但同时也带来了诸如信息孤岛、各自为政、资源浪费和重复建设等问题。智慧学习空间中软件平台建设的具体任务为整合、完善原数字化校园中教务管理系统、网络教学平台、实验（实训）教学平台、教学质量评价平台等教学管理信息平台和网络教学资源，形成一体化教学平台，便于综合分析教情、学情，实现教学资源、学习资源的智能化个性化推荐，具体来说，智慧学习空间中软件平台建设的任务包括：基于大数据平台的智慧教学系统建设、教学运维管理系统建设、智慧分析系统建设及云桌面系统建设。软件平台建设任务如图 4-1 所示。

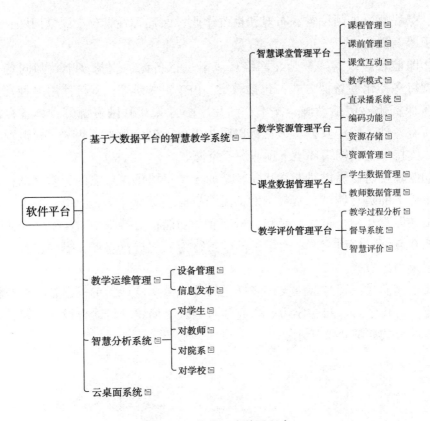

图 4-1　软件平台建设任务

1. 基于大数据平台的智慧教学系统

人工智能、大数据等现代信息技术与教育教学的深度融合，为教师改革教学模式、更新教学理念、提高教学质量提供了方法和手段。目前的教育教学过程普遍存在偏重知识单向传输、互动不足等问题，教学过程数据不完整或缺失，无法在不同应用场景下进行互通和共享。基于大数据平台的智慧教学系统能够有效提升课堂互动、优化学习方式、完善学情分析、存储教学过程性数据，能有效推动基于新技术的教育教学模式改革，充分发挥新技术对教育教学领域的引领作用，通过大数据驱动的教学改革实现智慧教学。

具体来说，基于大数据平台的智慧教学系统应包含以下功能模块：智慧课堂管理平台、教学资源管理平台、课堂数据管理平台和教学评价管理平台。

（1）智慧课堂管理平台

①课程管理：该模块支持对课程的添加、删除等管理操作；支持管理课程

公告、课程学习规则设置、布置和批改作业、课程答疑管理、课堂回顾；支持与电子课表联动。

②课前管理：支持教师在网络环境下进行备课，支持多个教师同备一堂课，支持多样化的备课方式，包括教案、PPT、视频等；支持使用多种常见类型的备课资源，包括动画、文本、图片、影音和互联网资源等；具备存储功能，所有课件、资源及教学数据可以同步上传，确保数据不丢失、易调取、易分享；支持学生在网络环境下预习课程资源。

③课堂互动：提供对课堂互动教学的支持，提供多形态的课堂互动；支持教师指导下的随堂测试、资料下发、无线投屏、屏幕分享、分组学习等互动功能；提供课堂互动全过程记录和分析等互动功能；支持学生与学生之间快速分享、相互点评、研讨交流；对学生的学习行为表现进行点评，提供课堂互动全过程记录和分析。

④教学模式：智慧课堂支持多样化的教学模式设计，可根据教学需要将翻转课堂、合作学习、自主学习、探究学习等教学模式进行融合设计。智慧课堂一般教学模式如图4-2所示。

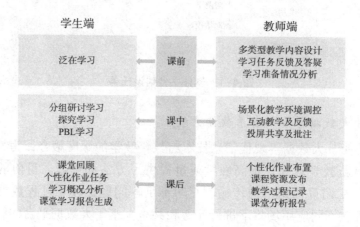

图4-2 智慧课堂一般教学模式

课程开始前，教师首先使用课程管理模块建课，然后使用课前管理模块提供的备课环境准备和组织教学内容，并将授课内容、学习资源发送给学生。学生端可以通过手机、平板电脑、PC等多终端登录课堂管理平台实现泛在学习。授课过程中，根据教学组织形式的不同，教师可以将同一授课内容同步到智慧教室的主屏、侧屏等不同位置的显示终端，可以在不同的显示终端上显示不同的授课内容，便于学生进行探究学习和分组研讨学习，教师可以控制学生终端的学习内容、学习进度等，并进行提问、测验或对学生的作品进行对比、点评。教师可利用大数据技术分析学生的学习行为，从学生的测验正确率及所用时长方面及时掌握学生之间的差异性，对学生因材施教，促进学生的全面发展和个性化学习。授课时，实体教室或虚拟教室的录播系统能够准确清晰记录教学过程，供课后教师进行课堂分析或学生复习使用。课后平台对授课过程中保存的过程数据进行分析，分析学生知识点掌握的薄弱环节。课堂授课过程及详细记录自动上传到平台，教师可以根据教学数据分析结果，对学生进行针对性指导，实现学生的全面掌握、全面发展以及个性化学习。

（2）教学资源管理平台

①直录播系统：普通的直录播系统可以实现课堂教学过程录制、直播、远程文字互动、导播切换和资源上传等功能。高阶型直录播系统具有课堂教学录制、大规模直播、远程互动（支持文字、音视频双向传输）、导播切换和资源上传等功能，同时支持红外追踪，视频流自动切换，实现课程内容的自动录制和编辑。

②编码功能：编码功能支持音频、视频的编码和转码，支持设置分辨率、码率、媒体格式、帧率等录播参数的调整，支持同时生成高低码率资源素材，用户可根据需求选择分辨率、高低码流。

③资源存储：资源存储功能支持教学过程资源自动上传至教师个人资源库；支持多种类型和多种格式的教学素材资源存储；支持教学过程中的动态资源存储；支持个人资源管理与资源分享；具备快捷检索与统计分析功能。

④资源管理：资源管理功能支持个人资源管理与资源分享；支持教师音视频讲解与授课课件内容分屏显示；具备快捷检索与统计分析功能；提供资源上传、下载、点播、备份服务，提供校内本地化教学资源池联动，实现教学资源智能关联推荐；拓展型支持资源权限设置与管理；提供资源推送服务，支持教师将不同类型的资源按照不同维度（人、组、班）推送给学生；高级型能实现对教师课堂授课音频自动转写成文字、生成 PPT 课件、音频、文字一体的结构化课程资源，文本内容自动分段、重点自动标注及资源智能检索。

（3）课堂数据管理。智慧学习空间能产生海量的教学数据。杨现民等认为教学数据包括课堂教学数据、在线学习行为数据和校外辅导数据；晋欣泉等则从教学过程即课前、课中和课后三个环节进行划分，界定了教学数据的来源和类型。一般而言，教学数据包括教师在教学过程中产生的数据和学生在学习过程产生的数据，如教师的课件、试卷或试题等教学资源，以及学生的测试或作业成绩、课堂互动行为等。智慧学习空间生成的课堂数据如表4-1所示。

表4-1 智慧学习空间中的课堂数据

数据来源	数据内容	具体描述
课前教学数据	资源学习数据	指教师课堂教学所需的教学资源和可供学生课外自学与参考的学习资源
	课前测试数据	指课前测试的试题及其相关知识点和资料、学生的测试成绩等。
	讨论交流数据	指学生在线交流讨论的提问、回答以及相关的知识点和资料等数据。
课中教学数据	互动行为数据	指课堂教学过程产生的教师与学生间互动、学生与学生间互动等教学互动行为数据
	随堂测试数据	指课堂中的测试试题、相关知识点和资料、学生随堂测试成绩等数据。
	班级管理数据	指课堂教学中涉及的学生及学生团队的管理，由此产生的学生团队合作数据、学生任务或协作参与情况数据等
课后教学数据	作业练习数据	指课后学生需要完成的作业练习试题、答案以及相关知识点等数据。
	辅导答疑数据	指课后学生的提问和教师的答疑数据以及问题的相关知识点数据
	归纳小结数据	指课堂教学结束后，基于智慧课堂环境采集学生的课堂学习小结与教师的课后小结数据

（4）教学评价管理。智慧学习空间教学评价系统主要涉及评价模式构建、评价指标的制订和智能评价算法构建等内容。

评价模式的构建：利用数据分析技术对学习过程的大数据进行分析，实时反馈学生学习情况。帮助学生在智慧学习空间里完成学习检测、诊断、提示和帮助等，实现对学生学习行为的动态跟踪、采集、分析和评价。该模式至少涉及四个环节，即构建多元化的评价指标，考查学生能力；利用学生学习过程数据，通过算法对数据进行分析；获得学生深度学习行为特征，得出学生个性化评价结果并据此对学生学习进行决策干预。

评价指标与权重的制订：智慧学习空间教学评价指标需要从学生的知识水平、学习情绪、课堂参与等多维度进行综合评价。具体可分为学习成绩指标、学习情感指标、学习注意力指标、学习参与度指标、综合素质指标等。学习成绩指标从学生的考试测验中获得；学习情感指标从学生对课程或教师的评价数据、摄像头采集的学生表情数据以及录音设备采集的学生声音数据中分析获得；学习注意力与参与度指标从摄像头采集的学生课堂行为姿态数据中分析获得；综合素质指标通过考查成绩、情感、专注度等获得。基于人工智能算法实现的智慧学习空间的教学评价更客观公正。

构建智能评价算法：智慧学习空间教学评价需要使用智能评价算法对教学过程中采集的数据进行分析，对学生进行评价。系统用于教学评价的算法包括卷积神经网络、长短期记忆网络、聚类算法等。使用卷积神经网络和长短期记忆网络组合成混合神经网络可预警线上课程中途退出问题；BERT（Bidirectional Encoder Representa tionsforTransformers）适用于学生知识水平能力评价，并能够自主推荐学习内容；使用 K-means 聚类算法可分析学生的群体特征，据此了解学生学习活动的表现及学习效果。了解学生行为的浅层特征后，系统通过深度学习算法等，将学生学习行为数据根据评价指标分为若干类行为不同的学生，从而形成不同的评价内容。有监督的机器学习算法，如决策树等可根据学生课堂学习行为特征预测其期末成绩能否及格，进而启动预警系统对学生学习进行干预。以上各类算法均是对学生学习过程数据的分析，实现学生评价的合理性、科学性。常用的智能评价算法如图 4-3 所示。

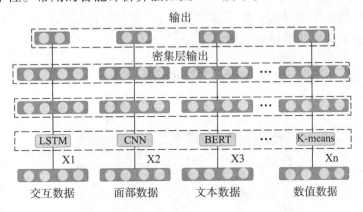

图 4-3　常用的智能评价算法

2.教学运维管理系统建设

（1）设备管理。做好教学运维管理系统，首先要做好智能化设备管理系统的顶层设计。通常智慧教学环境的物理实体包含主机电脑控制系统、平板显示器、到课考勤仪、物理环境管控系统、教学监控系统。环境控制系统智能化地将温度、光源、音频、远程视频等各类设备有效连接起来，实现优化环境资源配置，为现有的课堂教学以及多项依赖物联网技术的实训试验基地提供优质的物理环境支撑。高校教学管理大数据分析功能应该是智慧教室电脑控制系统的核心所在。学校可以通过教学网络管控的云管理系统，实现教务处课程安排与各智慧教室主机控制系统的无缝对接，高效地实现课前设备开启，课后设备系统自行关闭，为广大师生提供精准细致的教学信息智能化服务。通过良好的声控系统中的数字移频技术，降低智慧教室中的混响时间与信噪比，确保教学空间的听闻环境达到教学时师生语言交流通畅无阻。智慧教室主机通过采用离线缓存技术，实现虚拟桌面的创设，可以高效实现操作应用系统软件资源的批量传输与在线更新，减低智慧教室对网络安全稳定系数要求过高的依赖性，并可有效解决传统多媒体教室中存在的主机运行速度慢、病毒存储多的问题，加快了课堂教学中电脑主机的运转效率。而高性能返送投影技术的利用可以实现智慧教室与远程课堂的实时连接。移动可拼接的课桌让课堂的教学情境设置变得更为便利快捷。鉴于智慧教室最突出的特点是实现人机的互动交流，这个功能的高效实现需要高速稳定的无线网络支持，智慧教室的网络基础设施已经涵括了具有云存储功能的有线网与无线网。

（2）信息发布。教学运维管理系统的信息发布功能支持学校范围内各类日常广播，支持电子班牌提供信息推送服务，同时支持多终端显示并提供信息交互服务。电子班牌功能说明如图4-4所示。

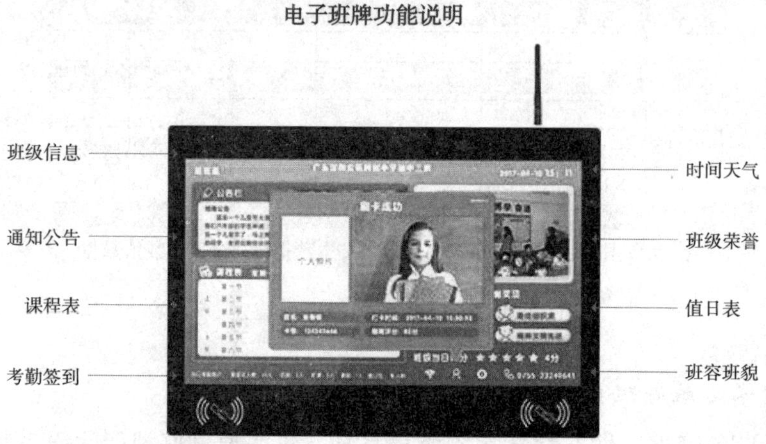

图 4-4　电子班牌功能说明

3. 智慧化分析与决策系统

智慧学习环境建设的核心思想是建立一个了解师生、读懂数据、能提供智慧化服务与决策的应用集群。智慧学习环境建设应从数据入手，以学生数据画像、教师数据画像、院系数据画像、学校数据画像为主线，围绕所需数据采集过程完善业务应用建设，利用学生数据画像、教师数据画像、院系数据画像、学校数据画像为智慧学习环境提供智慧化分析决策，进而优化学习环境与学习体验，提升教育教学质量，并为教育管理提供方向和依据。

（1）学生数据分析与画像。学生数据分析的理念是在全方位数据打通的基础上进行数据挖掘，生成数据画像，发现有实质性关联的数据。如将一卡通饭堂消费数据和学业成绩数据进行挖掘，所产生的挖掘结果可检验助学金学生是否是贫困生。学生数据画像的生成分为五个阶段，具体如表 4-2 所示。学生数据分析与画像生成过程如图 4-5 所示。

表 4-2　智慧学习空间中的课堂数据

阶段	数据来源	目的
第一阶段	教务系统、学工系统、实习实训系统等数据中间件	生成学生能力主框架数据
第二阶段	教务系统、学工系统、实习实训系统等数据中间件	用数据值指标量化学生能力，实现数据表达
第三阶段	历史主框架数据	生成评估模型
第四阶段	数据表达	生成数据画像雷达图
第五阶段	爬虫数据	生成精英模型，提供数据画像的比较标准

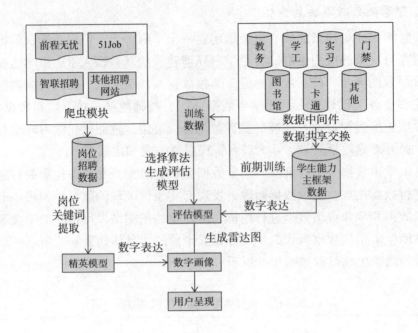

图 4-5   数据分析与画像生成过程

　　整合中间件数据生成学生能力主框架模型：围绕学生数据画像需求，梳理每一个业务中间件系统中对应数据的意义，建立以人为本的数据画像模型。以人为本的数据画像模型将数据根据不同维度进行划分，如学习、课外生活、生活消费等数据，注重采集学业成绩、学生获奖、学生德育成绩、学生创新创业表现、实习过程系统中的周报评价、总体评价等能直接描述学生各方面能力的数据，学生学业成绩数据来源如图 4-6 所示。以此类"有用"的数据为主线，建立数据画像的模型主框架，建立预处理字段库。

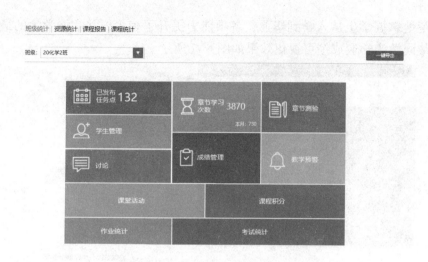

图 4-6 学生学业成绩数据来源

利用数据中间件实现数据表达：数据表达是将学生能力主框架模型中的成绩、获奖、实习过程等各类文本数据，通过清洗转化为数据化、具体化的学生能力进行表述，用数据值指标来量化学生能力。具体通过数据中间件获取实习过程管理系统中承担的实习项目评价数据实现，如在其中的职责和贡献，在达到或完成规定的工作任务之外，做出了哪些其他贡献；是否有建议曾被项目组采纳；在实施这项建议时的作用以及因此取得的业绩和资历；是否处理过紧急或危险情况等数据。通过中间件的清洗转换功能实现数据表达转换，并将其数据化为各个字段细项数据存入已建立的预处理字段库。

确定强相关因子建立评估模型：通过评估模型、自动评估预处理字段库中的数据，生成学生数据画像字段数据。评估生成的数据画像数据字段主要包括学习提炼能力、沟通谈判能力、承压能力、执行力、专业知识、关联知识、技术能力、业务能力、团队影响力等。在建立评估系统时，为提高系统评估的准确性，在预处理字段库中筛选了学生专业技能、沟通、文档读写、获得证书、实习经历等字段作为强相关因子。同时，由于随机森林（Random Forest）具有抗噪声能力较强、可解释性较强、非线性关系问题处理较强和运行效率较高等优点，最终选择使用随机森林模型构建数据画像评估模型。

使用数据表达转化生成可视化数据画像模型：各类采集来源的数据进入预处理字段库，通过评估模型，转化为数据画像各字段中的数据，并将各字段数据以可视化效果图形式表达。通过可视化效果图，学校、教师、学生本人可以清楚地掌握学生从入学到毕业，各项能力提升了多少，并掌握学生的最新动态。某同学的学业成绩可视化效果如图 4-7 所示。

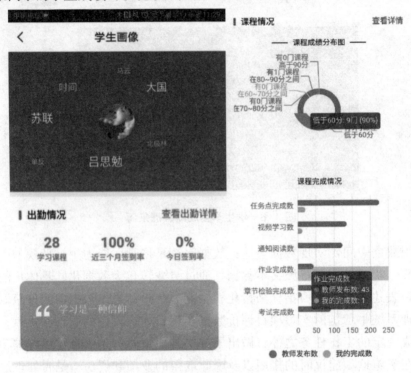

图 4-7　某同学的学业成绩可视化效果

生成可参照"精英模型"：在建立可视化数据画像模型后，学生可以更加直观地认知自己的能力水平。系统可对历史数据中的学生数据进行进一步挖掘学习，逐步建立起"好学生"和"坏学生"的标准模型，通过智能网络爬虫工具自动爬取 51JOb、前程无忧等主流招聘网站上的海量招聘信息，并且利用分词技术将爬取信息自动解析成相关技能表述，再转化为数据画像中的字段值，逐步建立符合各专业各学科的标准"精英模型"。通过与标准"精英模型"对比，学生可以认识到自己的能力与社会要求之间的差距，了解与自己匹配度最高的岗位类型。同时学生可以明确知道自己哪方面的能力仍有欠缺，可以针对性地去提高，逐步完善相关能力。图 4-8 所示为其同学自身能力与"相关岗位精英模型"的对比图。

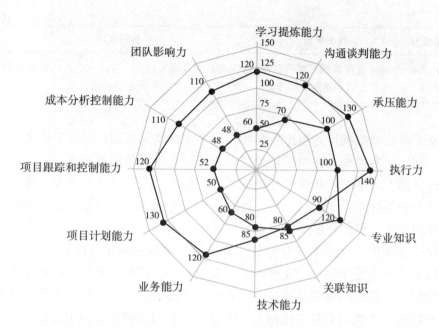

图 4-8　某同学自身能力与"相关岗位精英模型"的对比

（2）教师数据分析与画像。教师数据分析与画像是智慧化分析与决策系统的关键环节，通常教师画像是基于教师一般性特征数据、心理数据、社会性交互和行为数据、教学成果数据分别进行建模，形成教师一般性特征模型、心理模型、社会性交互和行为模型、成果模型，每类模型的数据处理和训练方法因数据属性差异有所不同，最终生成事实标签、规则和关联标签、预测标签。教师画像数据来源如表 4-3 所示。

表 4-3　教师画像数据来源

数据类型	数据来源	数据描述
一般性特征数据	人事管理系统、教务管理系统等	教师的基本信息：如教育、工作经历等个人基本信息
心理数据	可穿戴设备数据；问卷、访谈数据等	教师参与教学活动的心理状态，包括满意度、效能感、兴趣爱好及其变化趋势等
社会性交互、行为数据	教研社交网站、教务管理系统、科研管理系统、网络日志等	教师通过网络与同伴和资源进行交互的数据

续　表

数据类型	数据来源	数据描述
教学成果数据	教务管理系统、科研管理系统、教师档案系统等	教师在教学和研究过程中伴随式产出的成果性数据，如教学设计、教学资源、科研论文等

　　基于原始数据统计分析出事实标签。事实标签是根据描述既定事实的原始数据，利用文本挖掘方法将原始数据按照某种统计算法形成事实标签，在事实标签的基础上才能进一步生成预测标签。例如通过人事管理系统或教务管理系统可获取教师性别、年龄、学历、教龄、从事专业等个人信息，这些信息可直接统计转化生成教师特征事实标签。

　　建模分析生成规则和关联标签。建模分析是教师画像最重要的技术环节，规则和关联标签是指通过定义规则和关联数据而生成的、原始数据中不存在的标签实例，是教师画像标签体系中的重要组成部分。比如，拟生成某教师教授某门课程的教学效果的数字化标签，需要关联教师在授课过程中的各种行为数据，并关联相关学生的行为数据、认知数据，计算定义不同行为标签的权重，最终生成该教师教学效果标签。

　　通过预测模型生成预测标签。在事实标签和模型标签的基础上，可以通过预测算法和聚类算法对模型进行训练优化，输出更多具有概率预测功能的标签。例如，通过分析教师高频浏览的资源类型预测教师近阶段需要的服务和资源，进而实现智能推送。在实际建模中，需要根据不同画像标签的特点和需求选择建模和分析方法，以此优化并更加精准地进行教师画像。某教师画像示例如图4-9所示。

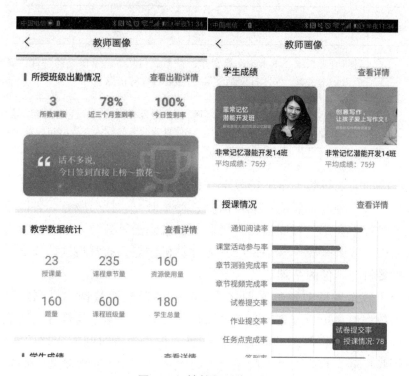

图 4-9　某教师画像示例

（3）院系数据分析与画像。汇总分析院系所有师生相应情况，通过院系数据分析与画像，可给出院系整体改进意见或建议。按照常规的用户画像构建流程，院系数据分析与画像可分为四个步骤：获取院系数据、分析特征属性、生成画像标签和可视化。院系数据分析与画像的数据来源如表 4-4 所示。

表 4-4　院系数据分析与画像的数据来源

数据类型	数据来源	数据描述
一般性特征数据	院系管理系统	院系的基本信息：如教师、学生、专业情况、就业情况等基本信息
人才培养数据	校内各业务管理系统、人才招聘网站、第三方评估机构、教师或学生的调查 / 访谈等	院系在人才培养各环节产生的数据，如培养方案、培养过程、培养结果和培养质量等

续　表

数据类型	数据来源	数据描述
科学研究数据	科研管理系统、学术论文检索库、个人学术主页、学术社交活动等	院系成员从事科学研究的条件、研究成果、重视程度等信息
社会服务数据	校园新闻主页、社会主流新闻网站、企业新闻网站等	院系对外提供培训、咨询、继续教育、资源信息等服务的投入、产出与成效等

大学内部的二级院（系）集教学、科研和行政管理于一体，以学科和专业进行区分，有三种基本职能：人才培养、科学研究、社会服务。各院系在履行基本职能过程中会产生履职数据，履职数据来源于教务、人事和科研等各类业务管理系统，或者来源于网络、第三方评估机构等，通常将这些履职数据作为院系数据分析与画像的基础。

确定了院系履职数据的来源之后，需从基础履职数据中提取院系特征属性。根据数据信息更新频率，将院系特征属性划分为基本属性和行为属性。基本属性代表院系自身静态的固有属性信息，很少随着时间的变化而发生变化，数据更新频率低。行为属性是院系在运行过程中的动态行为数据，数据更新频率高，一般来说，行为属性可进一步细分为培养、研究和服务三个子属性。其中，培养属性是院系基本属性，描述院系组成和成员构成等基本信息；研究属性代表培养行为，描述人才培养的结果和质量，研究属性是所有成员科研行为属性，描述院系开展科研活动的过程和结果；服务属性代表服务行为，描述院系提供社会服务的类型、投入和社会效益等。

从基础履职数据中提取院系特征属性后，需要进一步构建院系画像标签体系。院系画像的本质是用大量的标签描述提取出的院系特征属性。院系画像由4个一级标签和10个二级标签完成，各标签的描述内容如表4-5所示。

表4-5　院系数据分析与画像的数据来源

一级标签	二级标签	描述内容
基本属性	部门构成	名称、人数
	教师构成	个人特征、工作绩效
	学生构成	专业、人数

续　表

一级标签	二级标签	描述内容
培养属性	学生完成情况	毕业率
	学生就业情况	就业率
	培养目标达成	知识、能力、素养、规范
研究属性	科研成果	项目、论文、专利、调研报告、成果获奖、著作
	研究关系	研究方向、科研创新团队
服务属性	服务类型	教育拓展、资源服务、科研服务、产学研合作
	服务投入	形式、数量

　　院系画像可视化是构建院系画像的最后环节，对于帮助管理者分析、理解画像标签的含义、全面把握院系发展特征有重要作用。由于院系画像是基于院系履职数据构建的，其可视化可以参考教育数据可视化的方法和技术予以实现。通常教育数据可视化过程包括数据转换、可视映射和视图变换。因此首先将原始履职数据集转换为可计量数据表，然后将数据表转换为图形属性结构，再选择各类视觉对象的布局、位置和配色等，最终呈现以标签为主题、且支持动态交互的院系画像，某学院院系画像如图 4-10 所示。

资源基础数据　[理论物理学院 ∨]

资源数据报表

- 876　图片　65.57%
- 194　视频　14.52%
- 21　音频　1.57%
- 109　word　8.16%
- 7　pdf　0.52%
- 45　ppt　3.37%
- 19　excel　1.42%
- 65　其他　4.87%

全校及各院系资源数量

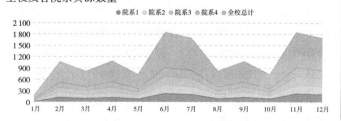

各院系资源建设占比

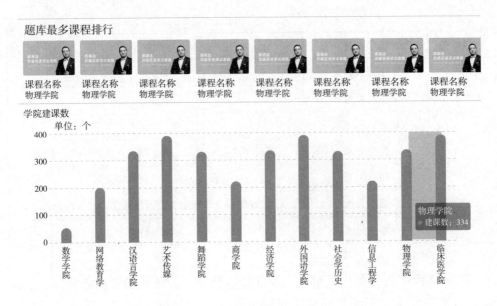

图 4-10 某学院院系画像示例

4.云桌面系统建设

云桌面具有安全可靠、维护方便、节能、部署快捷等优势。传统教室中存在设备维护工作量大、利用率不高、运行成本高、个性化不足等问题，使用云桌面技术，利用虚拟云桌面的设计和建设方案。采用高可用集群式云桌面架构，配合使用在原有 PC 终端上安装桌面云软件客户端的终端接入方式，并使用 P2V 工具进行环境迁移，将现有的应用环境迁移到虚拟化平台，实现数据中心的云化处理，以实现提高设备管理效率，并降低运维成本的目标。

4.3.2 硬件环境建设

1.智慧教室建设

智慧学习空间的硬件环境建设主要是智慧教室建设。智慧教室是智慧学习空间的物理载体，为软件平台的建设和使用提供数据支撑和应用环境。硬件环境建设与软件平台建设相辅相成，相互支撑。智慧教室是在传统的多媒体教室中融入物联网、云计算、VR 等网络技术，旨在增强课堂交互功能，改善课堂学习环境，进一步促进智能化、个性化学习。北京师范大学智慧学习研究院院长黄荣怀教授在其《智慧教室的概念及特征》一文中提出了一种智慧教室的"SMART"模型，即 Showing、Manageable、Accessible、Real-time Interactive、Teasting，明确智慧教室的智慧性体现在内容呈现、环境管理、资源获取、及时互动、情境感知五个方面。

技术的赋能，使智慧教室能够根据教学需要为教学主体提供多种应用场景，不同的应用场景对应不同的智慧教室类型，此处我们介绍三种常见的智慧教室：精品录播智慧教室、互动智慧教室、VR/AR 智慧教室。

精品录播智慧教室常用于常规传统教学、开放式教学、讲座、培训等教学场景。教室中配备互动触摸一体机，并与教学管理平台、教学视频资源管理平台等互联，方便教师在云端调取教学资源。教师使用自动录播系统自动采集课堂影像，并可使用教学视频资源管理平台中的功能剪辑录制好的课程，如虚拟切片功能。此外精品录播智慧教室还可选择性配置语音与文字的自动转化功能、视频片头片尾的合成功能、个性化学习资源检索功能。精品录播智慧教室物理场景如图 4-11 所示。

图 4-11 精品录播智慧教室

互动智慧教室常用于专业性课程教学、实验实训类教学、小组讨论教学、翻转教学、小班教学等互动类教学场景。互动智慧教室采用个人终端，如平板、个人电脑、手机等接入智慧教学系统实现数据的交换。同时，多点互动技术可实现多校区数据交换，实现异地实时参与课堂互动教学。互动智慧教室物理场景如图 4-12 所示。

互动智慧教室可采用BYOD终端，如平板、PC、手机等利用5G无线传输与智慧教学系统、多媒体系统连接，实现数据的交换。课堂上，学生通过自带的BYOD终端，对学习过程中也可投屏互动分享学习内容。

互动智慧教室通常适用于专业教育课程、实验实训类教学、翻转教学、小班教学等互动类教学。

图4-12 互动智慧教室

VR/AR 智慧教室常用于情景教学、实验实训等沉浸式教学，可实现虚拟场景的搭建，如再现历史场景、模拟危险场景，让学生身临其境地感受教学内容，提升教学效果。同时，学生在 VR/AR 智慧教学场景中可自主选择学习内容，根据教学需要还可融入游戏元素，激发了学生的学习兴趣，寓教于乐的教学模式更能提升学生的学习效果。VR/AR 智慧教室物理场景如图 4-13 所示。

▶ 交互大屏
集成互动教学的所有基本要素，涵盖粉笔书写、多人触控、多媒体教学的功能，让教师授课更流畅、教学更高效。

集"备课、教学、实验、测评"等功能于一体，包含丰富的VR教学资源及实用的备课、教学和测评工具。

▶ 软件
软件通过1:1还原高精模型，结合教学大纲360度立体化还原真实专业的实践作业环境，将实践操作学习高效化、可应用化。

▶ 桌面式VR设备
2~5名学生为一组进行教学与实训，可长时间使用，与教学过程深度结合。

适用对象
职业院校、应用型本科院校

建议人数
满足一个班级，约50人左右使用

建议面积
100平米

图4-13 VR/AR 智慧教室物理场景

2. 周边配套硬件设备建设

（1）智慧教学盒子。智慧教学盒子内置智慧教学系统，教师无须使用电脑，直接链接投影仪即可使用。常见盒子支持内置流量卡及 Wi-Fi 动态密码功能，支持安卓、iOS 系统，设备通过链接盒子 Wi-Fi 热点解决教学互动网络不流畅、设备不统一的问题，使信息化教学更简单、更便捷。盒子开机后即可进入智慧教学系统投屏界面，支持 PPT 演示、签到、投票、选人、抢答、主题讨论、测验、问卷、分组任务、评分等功能，同时还支持图书、期刊、报纸等学术资源投屏，以及图片、视频、笔记收藏、录音、云盘、第三方链接等拓展资料投屏，打造信息化教学课堂。图 4-14 所示为超星智慧教学盒子。

图 4-14　超星智慧教学盒子

（2）智慧互联黑板。智慧互联黑板是在传统黑板的基础上，利用红外识别技术，实现板书同步课堂、实时显示、课后回放等功能，将教师上课的 PPT、板书、语音等过程都记录下来，实现微录直播应用，打造轻型智慧教室。智慧互联黑板集成计算机多媒体、触控一体机或电子白板、高拍仪、音响、物联中控及传感器等设备，实现无缝对接；既保留了传统粉笔书写习惯、又融合了现代化电教设备和教学软件资源，实现了传统黑板的数字化和智能化。智慧互联黑板能够将教师课堂板书实时同步到大屏和移动端，解决了学生来不及记笔记、后排看不清等问题。另外它还具有快捷键功能，可以一键擦除板书、PPT 一键翻页、自由切换书写笔颜色等。智慧互联黑板为高校智慧教学发展提供了良好的环境，助力教育改革与创新，推动高校教学信息化进入新的发展阶段。智慧互联黑板如图 4-15 所示。

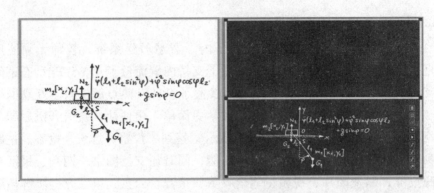

图 4-15　智慧互联黑板

同步显示：将板书内容实时同步到教学电子设备上，或将板书内容传输到投影机屏幕，解决后排学生看不清板书的问题。

自动识别：右侧黑板书写自动识别粉笔、手指、白板笔等书写功能，识别板擦或手掌为擦除功能，不改变教师的上课书写使用习惯。

同步互联：通过红外触控互联技术，将互联黑板与教师触控一体机或投影无缝互联，学生可通过学习通同步课堂，实时观看教师的 PPT、PPT 讲解注批、板书书写过程等，实现教室及远程课堂的互联互通及直播教学。

课后储存：通过智慧课堂系统的同步课堂功能保存为速课后，自动保存到课程资料中，教师可一键式调取插入课程内容，一键式发放，方便学生随时复习查阅。

录播功能：配合智慧课堂系统可对授课的 PPT、板书内容、批注讲解内容以及教师授课声音进行录制，实现轻录播功能，及时生成课堂资源视频，实时保存。

无尘保护：无尘粉笔和刮水板擦配套使用，避免粉尘污染，实现无尘化，保障师生健康。

快捷键功能：右侧黑板内置快捷键：清除，保存，切换显示白板内容或电脑课件内容，PPT 播放功能，可改变板书颜色（多色可选），翻页等功能。

简单易用：互联一体化，摒弃一系列的复杂操作，不改变教师的任何使用习惯，数字化黑板粉笔书写，实时同步课堂，可视化范围更广。

（3）大数据展示屏。学校教学质量监控与评价系统中数据统计可以通过大数据展示屏显示，通过大屏或拼接屏的形式展示学校中各项资源的建设情况，学校的数字化建设情况以及教学情况等，以最直观的方式展示全校学生数、教师数、网络课程数、本校信息化建设中资源数量、教学题库数量、学校教学质量监控与评价系统的访问情况、全校按照时间为单位的学生出勤情况、本校教育资源的建设情况、利用信息化手段师生间的互动数量。大数据展示屏如图4-16 所示。

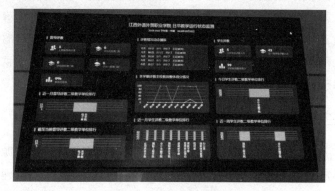

图 4-16　大数据展示屏

大数据展示屏可通过大屏后台管理系统进行管理，主要管理以下内容。

①屏幕展示管理，后台管理可通过灵活编辑布局页面，从而依据学校展示需求更加优化地进行屏幕展示。

②活跃统计界面数据编辑，通过对活跃统计页面自定义编辑、隐藏、展示活跃范围、时间等，达到活跃统计界面的编辑管理。

③通用统计界面，通用基础数据展示的编辑、隐藏，图表数据统计范围也可从自定义归类中选择展示。

④编辑数据，数据展示来源除了通过大数据系统的采集，也支持编辑数据修正，提高了数据展示的真实效果。

4.4　超星"一平三端"智慧学习空间应用案例

超星"一平三端"智慧学习空间，融入"互联网 +"思维，依托认知神经机制，打造出承载"教学资源 + 教学数据 + 智能分析"的强大"云端大脑"。"一平三端"将课前建课、备课和学生预习、课中课堂教学和实践操作、课后复习考核和教学评估等整个教学过程融会贯通，实现对"线上 + 线下"教学全过程的即时数据采集、云端分析处理和即时结果反馈，促进学校教学模式、组织模式与服务模式变革，协助学校构建"互联网+"下完整的教学生态体系。超星"一平三端"智慧学习空间解决方案不增加学校设施投入、不增加教师教学负担，借助移动互联网、云计算、大数据、人工智能等新兴科技与教育技术的结合，让智慧教学覆盖100%的教学场所，覆盖教学全过程，并积累完整的教学大数据，帮助学校实现提高教学质量、提升教学效率、简化教学管理的目标，为教学改革提供强有力的支撑和依据。具体来说，"一平三端"是指基于微服务架构的网络教学云平台、基于新媒体技术的教室端、基于移动互联技术的移动端、基于云计算的管理端。

4.4.1 基于微服务架构的网络教学云平台

基于微服务架构的网络教学云平台建设是实现课程和教学资源数字化、建设高质量教学的有效途径。网络教学云平台包括课程建设、资源建设、教学开展与运行管理、教学大数据分析等教学全流程应用服务。超星微服务架构的网络教学云平台通过将一个个分散的教学应用聚合在一起，实现对教学全过程的即时数据采集、云端分析处理和即时结果反馈，激活课堂、转变师生职能、促进课堂教学模式与学习模式变革。各个教学应用服务之间既独立运行，又统一于同一平台进行教学管理，提高教学管理效率。同时，学校可基于微服务教学云平台进行自定义开发教学应用，满足高校校内多种多样的教学需求。

1. 课程建设管理

课程建设是学校教学基本建设的重要内容之一。加强课程建设是有效落实教学计划、提高教学水平和人才培养质量的重要保证。线上课程建设包括课程门户与基本信息建设、课程内容建设、课程教辅资料整理与编排、课程测试与作业整理、课程实施开展的时间与教学内容规划等重要线上建设模块。一般线上课程系统存在操作复杂、工程量大、耗时长的不足。

超星网络平台引进慕课（MOOC）、现代化教育教学理念与模式，基于高校教师的用户习惯与体验，开发了集建课、富媒体内容建设、课程门户建设于一体的全站式课程建设，降低建设难度，实现高效课程建设。超星网络平台全站式课程建设特征如下。

（1）三步建课：平台支持多种课程模式，可以通过简单的三个步骤快速创建课程。

（2）课程内容建设：平台提供便捷易用的课程编辑器，支持添加图片、文档、音视频、动画、网页链接、问卷、测验等，同时也支持调用超星备课资源库的图书、报纸、知识点、学术视频、期刊论文等海量资源。

（3）课程门户建设：课程通过选择模版、编辑课程信息、编辑课程章节等内容完善课程门户建设，形成知识单元化、富媒体和教学互动结合的在线学习课程。

2. 教学资源建设

教学资源是教学活动中最重要的因素之一，是高校信息化建设的核心任务，网络教学资源建设不仅将传统的教学资源电子化、数字化，还根据学科及网络教学的特点，重新规划教学设计与建设。教学资源建设在课堂教学与课外辅助学习方面发挥积极的能动作用，资源共享提高了教学资源利用率。

超星网络教学平台的资源建设，以课程为中心，整合教师的自有资源、学校的现有资源、超星集团的教学资源和网络公开资源，强化应用功能和共享机制设计，包括课程资料库建设、题库建设、作业库建设、试卷库建设。实现教学资源的存储与调用，有效确保教学质量和人才培养水平的提升。

（1）教学资源上传和设置。教学资源支持文件夹式层级管理、权限设置、重组、转发和共享，提供多种课程资料添加模式，如本地上传、云盘资料导入和超星海量在线资源插入，支持对已添加的资料进行编辑、重命名、移动、删除、预览、下载。

（2）教材、教参、视频推送。平台无缝对接超星海量在线资源，在线查找并添加与课程相关的学术视频、教材、教参、文献资料，推荐给学生直接在线阅读和观看。

（3）课程题库、作业库、试卷库建设。平台的课程题库建设支持 Excel 及 Word 格式的模板批量导入或逐个添加，允许对已添加的试题进行修改、删除、查询、排序、浏览等功能，题型包括单选、多选、判断、简答、填空等，题目可进行分值分配、难度系数、适用层级等设置。教师所有教学环节下的试题都会自动保存题库，题目可用于创建作业和试卷，供教师循环使用，减少教师的工作量。

3. 教学工作开展

教学工作开展是高校人才培养的核心。深化教学改革始终是高等教育发展过程的主要内容，素质教育、通识教育、创新教育、"互联网 +"教育等次第推进，保证并促进高等教育的质量水平。

超星网络教学平台的教学开展，以移动端或 PC 端的各个教学应用为抓手，实现资源收集、课前备课、课程督学、课堂考勤、课堂教授、课堂讨论、课堂练习、学习反馈、学习记录、课程回顾、课程评价的全流程教学过程的开展，实施线上课程与线下教学相结合的翻转课堂教学模式、混合式教学模式等新兴教学方式，推进以"教"为中心到以"学"为中心的转变，增强课堂的互动交流，开展过程性的考核与评价，促进信息技术与教育教学的深度融合，推动课堂革命。

（1）学习过程控制与管理。课程章节内的视频、图书、测验、文档等内容可设置为任务点，课程的章节知识点学习可以按任务点展开，章节知识点的学习可以进行"公开、定时发放、闯关、暂不开放"等推送设置，实现任务驱动式进阶学习。任务点的设置及控制如图 4-17 所示。

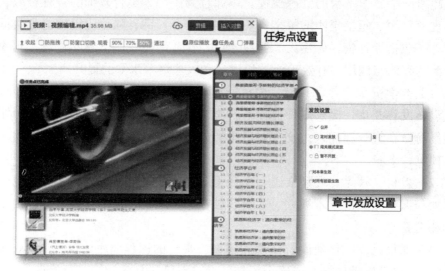

图 4-17　任务点的设置及控制

（2）教学互动。平台基于知识单元的学习流程管理，以课程为中心，展开作业、考试、答疑、讨论、评价等互动教学活动。

4. 教学运行管理

教学运行管理是人才培养方案实施的最核心、最重要的环节。教学运行管理包括课堂教学的组织管理、实践教学的组织管理、日常教学管理、考核管理、教学资源管理、教学档案管理等。

超星网络教学平台的教学运行管理的设计围绕"教学"这一中心，提供了课程运行管理、课堂管理、班级管理、教师团队管理、助教管理等运行模块，保证教学工作的稳定运行和教学质量的提高。

（1）班级管理。班级管理可以通过手动添加、学生库导入和批量导入三种方式添加学生。支持对班级进行个性化设置，包括课程允许退选课、开放课程报名设置、选课和班级开放时间、章节开放设置等。

（2）教师团队、助教管理。平台支持多名教师共建课程，可以对教师和助教设置课程权限分配。教师团队 / 助教对课程的共同管理如图 4-18 所示。

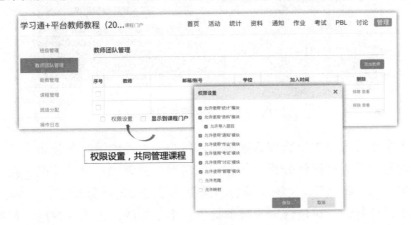

图 4-18　教师团队、助教对课程的共同管理

（3）课程管理。平台支持教师设置课程权限控制，包括设置学生端导航、课程章节试读权限、课程是否共享、课程克隆和映射复用等。

5. 教学大数据分析

教学运行无时无刻不在产生新的数据，如何充分挖掘和有效利用这些数据，将其转化为有价值的信息是教学管理中的难点。教学大数据分析能帮助教师和教学管理者更好地通过数据进行科学的教学决策。

针对授课教师，超星网络教学平台即时收集每个教学班级的教学过程数据，教师可基于移动端或 PC 端查看课程统计、学生学习统计、课程讨论、课程内容统计、作业统计、课堂积分、课程学习访问量、成绩统计等课程数据，帮助教师更加全面地了解学生的学习情况，有效调整教学策略。

（1）课程统计。课程统计为教师提供授课课程成绩综合情况统计分析，包括各班级不同分数段人数、最高分、最低分、平均分、及格率、标准差等统计数据和图表。教师可基于课程统计数据自定义编辑并导出课程成绩分析报告。课程统计界面如图4-19所示。

图4-19　课程统计界面

（2）学生管理。学生管理为教师提供每个学生的学习统计分析，包括单个学生的课程学习进度统计分析（任务完成情况、视频观看时长情况、课程学习讨论数等）、章节学习进度统计分析、课程学习访问统计分析。

（3）讨论管理。讨论管理为教师提供每个学生的讨论统计数据，包括学生的发表讨论数据和回复讨论数据。教师可查看每个学生发表或回复讨论的详细内容。

（4）课程内容统计。课程内容统计为教师呈现每个课程内容（视频、作业、图书等）的学生学习情况，包括课程任务点和非任务点的学生学习统计分析，按章节知识点统计全部任务数及平均完成数、视频总时长及完成观看视频时长、作业总数及完成作业数。

（5）作业统计。作业统计为教师提供授课课程作业的统计分析，包括教师发布作业、学生作业情况、作业成绩等的统计分析。

（6）考试统计。考试统计为教师提供授课课程考试的统计分析，包括教师创建试卷份数、试题数、发布考试提交数、批阅数和考试情况、考试成绩等的统计分析。

（7）课堂积分。课堂积分为教师提供基于课堂教学活动的学生学习积分情况，包括课堂积分区间分布情况、每个学生的课堂学习积分情况等。教师可导出授课课程的各个班级的教学活动数据和课堂积分数据。

（8）课程学习访问量。课程学习访问量为教师提供学生访问课程的统计数据，包括日访问量和月访问量统计数据。基于课程学习访问量统计反馈学生的学习习惯。

（9）成绩统计。成绩统计为教师提供各个教学班级学生不同考核指标权重的分项成绩数据和综合成绩数据，包括作业、课堂互动、签到、课程视频、章节测验、PBL（基于问题的学习）、访问数、讨论、阅读、直播、考试等多个考核维度。基于网络教学平台实现线上成绩与线下成绩导入汇总。教师可自定义课程的考核维度，导出学生的成绩数据。

针对教学管理者，超星网络教学平台对教学系统产生的数据进行了分类统计，不仅提供了以学院为单位的课程应用大数据分析、每个班级的学习情况大数据分析、每位师生的教学大数据分析、教学过程中督学记录数据分析，还提供了能满足学校个性化需求的自选字段的整合大数据分析，帮助管理者更全面、更清晰地了解教学情况。成绩自动统计分析界面如图 4-20 所示。

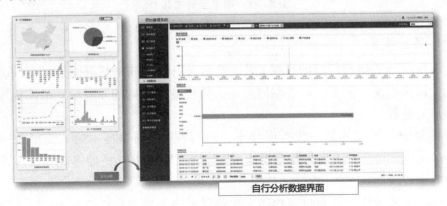

图 4-20　成绩自动统计分析界面

4.4.2　基于新媒体技术的教室端

课堂是学校教育教学工作的主阵地，学生知识的获取和能力的提高基本上是在课堂内完成的。相对于传统的课堂教学模式，打造基于新媒体技术的智慧教室，教师通过智慧课堂教室端，借助投屏码工具，轻松将存储云端或移动端的课件、图片、视频等各类教学资源投放课堂，并通过互动工具激活课堂教学，与学生进行课堂互动。

超星智慧教学系统提供了基于扫码进班和签到的课堂考勤，PPT 授课、抢答和选人的课堂讲授，主题讨论和分组任务的课堂讨论，涵盖拍摄、计时、群聊、专题创作和小组的交互辅助，测验和作业的课堂练习，评分、投票、问卷和学生反馈的学习反馈等教学环节，在课堂教学改革整个环节中，教师可自由组合使用。具体课堂互动工具如图 4-21 所示。

扫码进班	PPT授课		主题讨论	
签到	抢答	选人	分组任务	
课堂考勤	课堂讲授		课堂讨论	
教 学 资 源 调 取				
投 屏				
教 学 资 源 调 取				
学习反馈	课堂练习		交互辅助	
评分	投票	测验	拍摄	计时	群聊
问卷	学生反馈	作业	专题创作	小组

图 4-21　课堂互动工具

1. 课堂投屏

课堂投屏是指教师借助有线／无线技术，将手机或电脑画面显示在投屏设备上，以实现课件演示、多终端同步、文件传输、实物拍照展示、触摸板控制等操作的过程。

超星独立开发的新一代投屏技术，只需在 PC 浏览器中输入简单的网址"x.chaoxing.com"，填入为每堂课生成的专属"投屏码"，即可轻松实现教学内容的无线投屏。

为便于教师使用课堂投屏功能，在登录方面支持多种登录方式，除了输入每堂课生成的专属"投屏码"外，还同时支持账号登录及移动终端扫码。

通过超星投屏，可将 PPT、文档等教学资料，以及签到、选人、抢答、投票、主题讨论等教学互动过程与结果，实现投屏展示。

2. 投票

投票是一种能够充分调动学生参与热情的教学活动。由于该活动设计复杂、耗时较长，少有教师能在传统课堂上进行较好地使用。

超星投屏的投票环节能够快速完成活动的发起、投票、收集与汇总，并借助富媒体的展现方式，实时展示投票结果，自动记入汇总成绩，并支持详情查看。投票应用示例如图 4-22 所示。

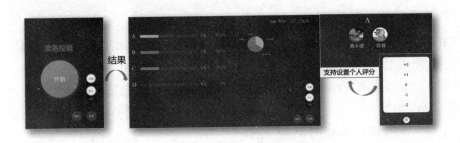

图 4-22　投票应用示例

3. 签到

传统的课堂签到多采用点名或手签的方式，所需时间长、统计烦琐。

超星投屏除了支持普通签到方式以外，另外增加了扫描二维码、手势、定位、拍照等新的签到方式，提高签到效率的同时，还以新颖的方式增加了学生参与签到的积极性。

基于实际课堂考勤情况的考虑，在签到方面可以设置缺勤、事假、病假、迟到、早退等多种考勤状态的统计，极大地提高了课堂考勤管理的效率。

4.PPT 授课

教师的 PPT 课件存储在专属云盘中，课堂教学中可直接将课件投屏显示。

超星投屏支持多终端控制进程，同时支持 PPT 课件目录检索，快速跳转到指定页面，实现幻灯片的自由翻页。

5. 选人

课堂上教师常通过提问的方式来增加学生对教学活动的参与，并考量其对教学内容掌握的程度。传统的选人方式往往存在教师主观性过高、学生参与不均的弊端。超星投屏的选人环节由系统随机抽取，可选一人或多人参与活动，同时可记录教师对选中人员的评分，并自动记入汇总成绩。

6. 抢答

为增加课堂上学生参与的程度，教师常在提问后通过抢答的方式来调动学生的积极性。传统课堂的抢答往往存在参与学生过于集中的问题，也很难在最终成绩上对表现积极的学生进行肯定。超星投屏的抢答环节充分体现公平的原则，为积极的学生与回答正确的学生设定较高的参与分值，并自动记入汇总成绩。

7. 主题讨论

由主题讨论引发的头脑风暴是翻转课堂中常用的教学活动。超星投屏的主题讨论环节是由教师口述问题后发起讨论，全体学生可通过移动终端参与。讨论内容实时显示，后台自动进行讨论内容的实时大数据分析，提炼讨论中的高频词汇并聚焦显示，汇成词云，并根据学生的参与程度自动打分记入汇总成绩。主题讨论应用示例如图 4-23 所示。

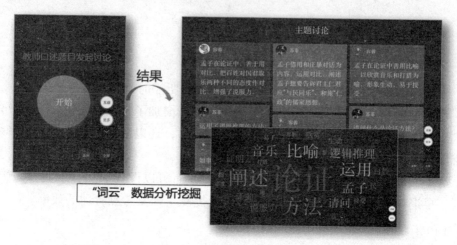

图 4-23　主题讨论应用示例

8. 分组任务

分组任务教学是教师将教学内容归结为若干个任务，以任务为主线、教师为主导和学生为主体，采用分组的方式完成。超星学习通可通过分组任务，围绕任务将学生分成若干个学习小组，引导学生在任务完成中自主探究、相互协作，最后进行任务完成情况的评价、交流、归纳和总结，并将结果投屏展示。过程中充分调动每个人的积极性，完成对知识的掌握。分组任务应用示例如图 4-24 所示。

图 4-24　主题讨论应用示例

9. 问卷

问卷是一种能够快速了解学生想法与学习态度的教学活动。由于该活动设计复杂、耗时较长，少有教师能在传统课堂上进行较好地使用。

超星学习通能够快速完成问卷活动的发起、投票、收集与汇总，并借助富媒体的展现方式，实时展示问卷结果，自动记入汇总成绩，并支持详情查看。

10. 其他课堂互动形式

其他课堂互动形式如表 4-6 所示。

表 4-6　其他课堂互动形式

互动形式	内容
拍摄	学生的课堂学习成果，教师可通过拍摄进行投屏展示。图片支持放大与缩小，丰富课堂交互的内容
课堂计时	实际教学过程中，课堂计时可用于课堂竞赛、限时练习等。超星课堂计时辅助课堂教学，支持设置顺计时和倒计时，并同步投屏展示，可用于活跃课堂气氛，增加课堂的趣味性
群聊	课程群聊共享性和即时性弥补了回复延迟和教学网单向接收信息的劣势。超星提供的课程群聊满足了日常课程信息发布和组织课程讨论
专题创作	专题是整合文字、图片、视频等多样化资源的集合。学生可以利用专题创作开展多样化的认知活动与创作
小组	师生可通过小组就某一类话题或兴趣点进行讨论、交流的群组。用户可自由创建小组，设定小组名次、介绍、权限设置以及统计数据

续 表

互动形式	内容
作业	超星学习通的作业系统包括单选、多选、填空、判断、简答线、资料题、连线题、排序题、完形填空、阅读理解、程序题、口语题、听力题。教师可随时通过超星学习通对学生的作业进行批阅与回复，并能根据系统显示的作业人员信息的统计进行作业的重新发放，作业结果后台实时汇总与统计，并生成以作业为单位与以学生为单位的作业报告
学生反馈	师生双方教与学的互动活动，调动学生参与到学习中，增加彼此间的交流和了解，轻松完成学习任务。超星学习通的学生反馈通过对话的方式发表见解，教师进行适度引导，促进学生正确理解，改善学生学习效果
扫码进班	扫码进班是指教师在课堂上通过扫描二维码等方式，将学生快速加入班级，实现课堂互动的操作。超星扫码进班支持超星移动端 APP 和微信两种扫码模式，同时支持输入邀请码的方式快速进班
测验	测验主要用于开展课堂小测。超星学习通的测验功能实现在线创建题目或同步调取课程题库，题型包括单选、多选、填空、判断、简答题。测验发布支持设置活动积分、时间、测验结果后台实时汇总与统计，并支持结果投屏
评分	课堂上学生之间相互评分是对教师打分的有效补充。教师通过收集生生互评的信息及时改进自己的教学；学生通过互评了解自己与别人的看法，改正自己的学习方式和行为习惯。超星投屏的评分环节是由教师口述问题后发起评分，全体学生可通过移动终端参与，系统自动进行评分结果的汇总和显示

4.4.3 基于移动互联技术的移动端

基于移动互联技术的教学活动发放与教学数据采集，主要指"一平三端"智慧教学系统中教师可以基于移动端进行课堂内外教学活动的开展和师生互动。同时师生在移动端产生的教学全过程数据将会被系统采集，为后面的教学评价和分析提供数据基础。

超星智慧教学系统从实际教学需求出发为教学提供了一个完整的教学支持闭环，从资源收集出发，实现基于 PPT 备课、云盘和课程包的课前备课；包括通知、站内信函、助教和阅读的课程督学；包含课堂考勤、课堂讲授、课堂讨论、交互辅助、课堂练习、学习反馈的课堂教学；涵盖笔记、收藏和录音的学习记录；直播、同步课堂和速课的课程回顾；权重设置、积分和考试的课程评价等教学环节，这些环节均可根据真实教学目标与内容进行自由调整与组合。

资源收集：资源的搜集与筛选是教师课程设计时重要的工作之一，超星集文档、视频、图片、报纸、课程章节、PPT、图书、期刊等数字媒体资源为一体，为教师的教学素材整合环节提供强大支撑，教师可通过移动端随时随地地调取、使用、整合这些资源，帮助教师提升课程素材整合效率与质量。资料收集应用示例如图 4-25 所示。

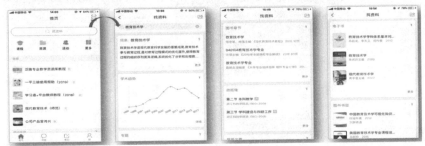

图 4-25　资料收集应用示例

课前备课：备课是教师在课前的常规环节，依托超星智慧教学系统移动端，在课前备课环节，教师可通过超星课程包的 PPT 资源或个人教学 PPT 添加到移动端的 PPT 模块，也可通过云盘存储调取原有的 PPT 与教学素材，开启 PPT 备课功能。

PPT 备课：PPT 是课堂教学中应用最广泛的多媒体课件形式，传统的 PPT 包括文本、图片、音视频等富媒体内容。超星移动端实现了 PPT 内容与课堂教学活动的对接，另将 PPT 与专题、笔记、录音等教辅方式进行集成，PPT 资源在云端存储，满足了教师随时随地通过各种终端进行备课的功能需求。

云盘：云盘是一种专业的互联网存储工具。超星云盘支持教师对个人文件和移动端已有文件进行分类存储，文件存储安全。教师在课堂教学时可随时调用云盘里的资源开展投屏教学，且可通过移动端将云盘的资源一键分享给学生。

课程包：课程包是教师备课的资源库。超星课程包的资源种类包括 PPT 课件、教学设计表、资料、作业、章节和题库等，可作为教师建设线上课程和发布教学活动的辅助资源。

课程督学：课程督学是教师帮助学生与课程建立连接与交互的重要环节。在"一平三端"下，教师可通过移动端中通知、站内信函、添加助教等功能来督促学生在课前及时地进行自主学习，并完成相关的阅读任务，且教师在移动端上根据学生学习的情况进行针对性督学。

通知：通知是向学生传递教学信息的一种消息形式。超星移动端将通知与图片、文档、视频等教学辅助资源进行相应融合，实时统计通知的未读/已读信息情况，实现教学进度的有效监管。督学通知应用示例如图4-26所示。

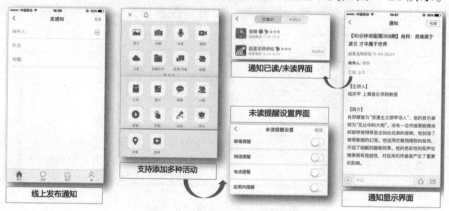

图4-26　督学通知应用示例

站内信函：站内信函是超星打造的在同一单位内广泛使用的电子信函。站内信函作为教师开展课程督学的一种工具，可在正文处添加多种文件、资源和教学互动控件等，给学生发送课前学习内容和任务，方便了解学生预习情况。

助教：助教是辅助教师团队开展课程教学的人员。超星移动端支持在同一门课程内添加单位内其他人员作为助教，主讲教师可对助教进行一定的权限设置。通常在进行大班教学时，助教成为不可或缺的角色，帮助教师对课程讨论区、班级成员、资料和考试等进行管理，从而在不影响正常教学的情况下减轻教师教学负担。

阅读：阅读是运用语言文字来获取信息、认识世界、发展思维，并获得审美体验的活动，是学生学习过程中非常重要的一个环节。超星拥有非常丰富的学术资源，系统可根据学生个人的阅读习惯推送适合的阅读资源，实现学生的个性化学习。

课堂教学：在考虑课堂教学时间有限、师生互动方式缺乏、学生参与课堂积极性不高等问题后，课堂教学为教师提供课堂考勤、课堂讲授、课堂讨论、交互辅助、课堂练习和学习反馈六个教学环节的系列功能支持。教师可基于移动端灵活开展教学活动，且课堂数据通过移动端同步存储于云端，帮助教师根据不同教学目标与内容采用新型教学模式，真正实现线上线下的混合式教学，提高教学效率与教学质量。

学习记录："一平三端"中可以基于移动端进行学习记录，提供了笔记、收藏、录音等方式，且支持师生将学习记录进行分享、转发等学习社交形式，帮助他们进行知识积累与整合，提升学习效果与学习体验。

笔记：相对于传统笔记，电子笔记具备版式清晰、易于分享的特点。超星移动端在实现基于教学内容、学习活动与教辅资源快速记录笔记的同时，增加了对于笔记阅读人员信息的统计，增加了笔记发布后的继续修改功能，增加了对于笔记的点赞和持续回复的交互设计，增加了快速转发到课程章节、消息、站内信函、站内通知、小组、收藏、微信好友、朋友圈、QQ 等传播渠道。

收藏：通过将优质资源进行归类整理，从而帮助师生进行学习记录。收藏里的内容可通过搜索框进行快速搜索，并且可一键分享到笔记圈、小组、个人、站内信函等接收端，实现资源的共享。

录音：教师的音频讲解是帮助学生理解教学内容的关键辅助材料。超星移动端实现了录音与 PPT 内容的对接，可对 PPT 的每页内容进行针对性讲解配音，提供给学生反复收听学习，帮助学生实现知识点的深入理解。

课程回顾：课程回顾旨在满足不同学生学习的需要，通过直播、同步课堂、速课等功能将课堂中完整教学过程进行留存，提供给学生反复观看，回顾课程，巩固学习。

直播：基于移动互联技术，教师发起关于课程内容的教学直播，学生在线收看内容，实现师生随时随地进行内容实时交互的便捷体验，为师生提供更广阔、更自由的交流空间。超星移动端可实现教师一键发起线上直播、过程互动讨论、历史课堂回放等活动，提升教学直播互动体验；学生借助超星移动端可实现随时随地收看直播、实时参与直播交流、弹幕评论精华内容与历史回看往期直播的学习需求。发起和创建线上直播应用示例如图 4-27 所示。

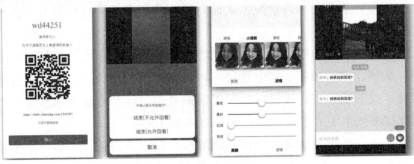

图 4-27　发起和创建线上直播应用示例

同步课堂：同步课堂能够真实还原面授教学场景，实现零距离伴随式学习。超星移动端的同步课堂与课堂教学、课后学习和辅导有机结合，通过同步课堂平台推送教学辅导资源、习题以及课堂活动，学生可以远程通过移动端同步参与课堂，实现双向或多向互动的同步课堂。创建同步课堂应用示例如图4-28所示。

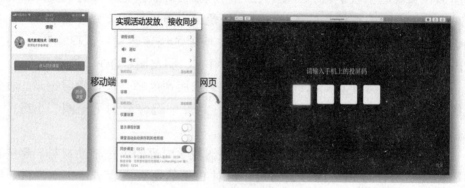

图 4-28　创建同步课堂应用示例

速课：超星移动端的同步课堂充分利用同步互动、直播、录播各自的优点，在结束课堂直播后可快速生成速课，进一步深化同步课堂的功效。存储为教学资源的速课可进行分享、再次编辑和管理，支持添加 PPT、音视频、图片、文字和测验等素材。

课程评价：课程评价是课程开展的重要环节，评价一门课程的教学开展情况，必须依靠一定的标准和指标。"一平三端"下的评价环节，教师可以通过移动端进行课程的权重设置、课程积分设置与查看、考试的设置与发放，且系统自动对师生基于移动端开展的教学活动数据进行采集，帮助教师快速了解课程的教学情况和学生的学习情况，从而对学生进行合理的评价以及为课程的迭代优化提供科学依据。

权重设置：课程的权重设置是合理统计学生成绩的依据，包括对作业、课堂互动、签到、课程视频、章节测验、PBL、访问数、讨论、阅读、直播、考试、奖励、线下活动进行设置。教师可根据教学目标和要求选取重要的教学活动作为课程考核来源，各项活动的权重之和为 100%。

积分：积分是学生成绩的一种表现形式，在权重设置完成后，学生成绩便根据权重比例得出相应的积分。教师可随时在移动端查看学生成绩积分情况，从而对学生开展督学。

考试：超星移动端的考试系统包括单选、多选、填空、判断、简答、资料题、连线题、排序题、完形填空、阅读理解、程序题、口语题、听力题。教师在超星移动端/PC 端上创建考题或从题库里调取合适的考题组成考卷，设定考试发放的时间，在学生作答完后进行批阅与回复，后台实时汇总与统计考试结果，最后生成以考试为单位、以学生为单位的考试成绩报告。

4.4.4　基于云计算的管理端

"一平三端"管理端，基于云计算对师生教与学全过程的数据跟踪，有效整合在教学过程中产生的过程性数据，建立大数据中心，为管理者提供学生总体学习情况监控、建立专业质量评估体系，实现对教师教学质量、工作量统计、教学监控和预警一体化流程的管理模式，促进管理部门、教师、学生三个有机体实现联动，有机结合，从而推进课堂教学的改革。同时数据信息实时反馈，解决学校的信息孤岛、数据互联和资源共享的问题。

1. 教学大数据 PC 端

学生、教师的一言一行，学校里的一切活动，都可以转化为数据。当每个在校学生都能用计算机终端学习时，包括上课、读书、写笔记、做作业、发微博、进行实验、讨论问题、参加各种活动等，这些都将成为教育大数据的来源。随着信息化 2.0 的发展，学校建立起多个业务平台，实现"互联网 + 教育"。人工智能、大数据、区块链等技术迅猛发展，使得各个信息平台产生的数据得以采集分析。

大数据中心将采集包括泛雅网络教学平台、学习通移动学习平台、教学资源库、尔雅通识课、顶岗实习、评价系统、智慧教室以及第三方平台在教学运行过程中产生的全部数据，实时使用信息化手段将教学的全过程进行数据的跟踪管理，后台进行数据的汇总，以期进行数据分析。数据类型如图 4-29 所示。

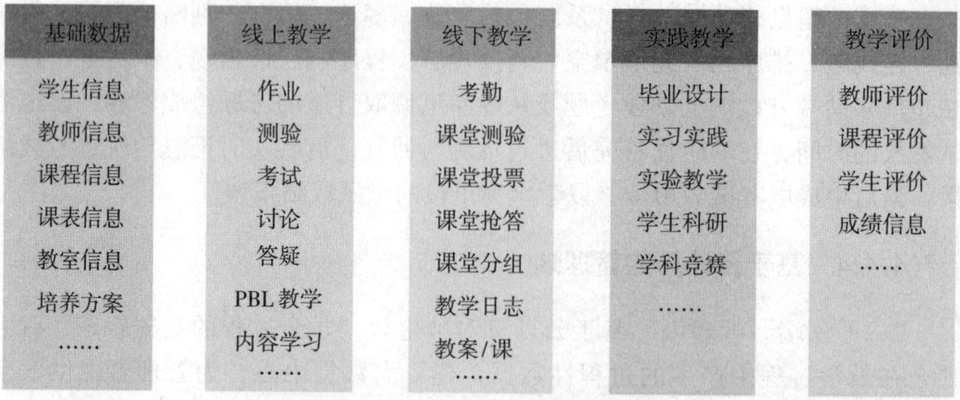

基础数据	线上教学	线下教学	实践教学	教学评价
学生信息	作业	考勤	毕业设计	教师评价
教师信息	测验	课堂测验	实习实践	课程评价
课程信息	考试	课堂投票	实验教学	学生评价
课表信息	讨论	课堂抢答	学生科研	成绩信息
教室信息	答疑	课堂分组	学科竞赛	……
培养方案	PBL教学	教学日志	……	
……	内容学习	教案/课		
	……			

图 4-29　大数据中心所采集数据的类型

统计数据以全流程多维度的方式，贯穿课前课中课后、融合线上线下、打通课内课外，以教学数据为总线，服务于教学评估。最终实现学校教学质量的监控与管理，提供数据的分析与展示，实时为学校的科学决策提供数据支撑。

大数据分析系统通过数据清洗、机器学习及深度学习技术，有效地剔除冗余数据，优化数据结构，实现高效的统计分析功能，以及进行有效的数据挖掘，具体分为四个部分：①数据统计分析，综合数据分析、基础数据分析、教学数据、学情分析、资源建设分析、考勤统计；②自行分析，管理者可以自定义教师或课程的活跃度指标进行统计分析，分析更加灵活自主；③数据报告，平台运行周报、月报及学期报告；④数据档案，教师档案、课程档案、学生档案。

2. 移动端分析系统

移动端分析系统提供多个监控入口，包括实时课堂、网络课程、教学数据、学情分析、签到监控、资源监控、评价分析、项目分析、实习分析、日常监控等。满足教务管理者使用移动端即可对教学运行状况进行实时监控的需求。移动端分析系统的功能如表4-7所示。

表 4-7　移动端分析系统的功能

功能	内容
在线督导	实现在线课程监控，包括课堂运行数据、课堂活动总量、在线课程互动情况总览、课堂互动使用分析图等

续　表

功能	内容
网络课程	展示学校网络课程的整体运行情况，包括网络课程数、课程活动数以及资源数等，课程活跃度排行榜等
教学数据	通过采集平台使用数据，进行实时动态展示，以及通过图表展示课程活动情况、作业布置情况、作业评阅情况、师生互动情况
学情分析	实现学习动态监控，包括完成课堂活动情况、课下作业完成度、学生活跃度、访问量统计等
签到统计	实现对学生的签到情况监控，从班级、学院等多个维度进行对比分析展示
资源监控	实现全校资源监控，包括资源分类统计图、课程资源排名、资源建设趋势图、学院资源排行等
学生画像和教师画像	通过学生或者教师的数据采集和分析，可以生成用户画像。学生画像，包括个人标签、出勤情况、课程情况、课堂参与情况等。教师画像，包括个人标签、班级出勤情况、教师数据统计、学生成绩、授课情况统计、课程活动统计等
学生档案	通过大数据分析技术，深度挖掘学生学习数据，分析其学习行为，记录学习偏好以及行为数据，形成学生学习档案，方便随时掌握学生学习状况，并提高学生自我学习能力

3. 教学大数据监控屏

根据学校需要可提供学校数据统计的展示大屏，该数据大屏可自由选择展示、监控整个平台中的数据统计分析结果，具体监控数据如下。

整体概况：整体呈现学生的学习情况、当前在线的教师与学生数据、建课数据、作业及考试平均得分情况。

实时课堂监控：实时呈现当前课堂运行数据、本月课堂运行数据及活动总量、近一周内的课堂运行数据、全校课堂各类型教学互动活动发放情况及日常教学状态实时播报。

活跃度监控：详细统计学生及教师活跃度情况，包括当日访问量及与本周本月访问量对比、各二级学院活跃度排行、学习终端占比统计、最活跃教师及学生。

签到监控：详细呈现院系学生签到情况、全校整体签到情况、各个年级签到雷达图、院系课程近一个月的签到情况、签到榜及签到实时动态。

　　基础数据监控：建课教师占比、学课学生占比、全校共有网络课程，以及各个教学班级、年级学生数量、活跃班级及活跃课程统计。

　　资源监控：详细统计全校资源数据情况、资源类型及占比、全校题库建设情况、题库总量及各个题型占比、教师资源使用情况排行。

第 5 章　智慧学习资源的设计

智慧教育的发展和智慧学习环境的变革对智慧学习资源的建设提出更高的要求。随着智慧教育和智慧学习的迅速发展，促进学生高阶思维的发展不仅需要智能学习环境的构建，还需要考虑如何为学生在智慧学习环境中学习提供适合促进高阶思维发展的智慧学习资源的支持。此外，随着智能技术的发展，智慧教育的目的和作用是培养具有创造力的智慧型学生，以提高教育的质量，进而推动教育的发展，智慧学习资源作为支持智慧学生开展智慧学习的必要条件，是实现智慧教育和推动教育现代化的关键。传统的数字资源已无法满足智慧学习环境下学生智慧学习活动的开展，难以促进学生高阶思维能力的发展，故为了满足智慧时代学生的发展需求，为智慧学生的智慧学习提供优质的智慧学习资源，设计制作具有泛在性、开放性、联通性、进化性、自适应性和多维交互性的智慧学习资源势在必行。

5.1　智慧学习资源

5.1.1　国内外研究现状

国外关于智慧学习资源的研究有很多，但是大部分是基于平台的研究，随着智慧学习、泛在学习等学习方式的发展，学习资源的建设开始关注微视频资源的建设。同时随着移动学习和移动互联网技术的发展，资源建设的载体也开始由传统的电脑转向灵活移动的智能终端设备，资源建设的理念也随着学习方式和理念的变化而发生变化。

国内研究现状通过在知网数据库中以"智慧学习资源"为篇名进行精确检索，截至 2022 年，共搜到文献 6 篇，其中 5 篇为期刊文献，1 篇《智慧学习资源的设计研究》为江苏师范大学的硕士毕业论文。发表年献分别为 2016 年 1 篇，2017 年硕士毕业论文 1 篇，2020 年 4 篇，从中也可以看出智慧学习资源的研究是随着智慧教育和智慧教学的发展才开始受到重视。赵玲朗等人在其文章《智慧学习资源进化框架、模型研究——基于多目标优化视角》中指出，随着智慧教育的逐渐普及，智慧学习资源应具备共享性、进化性、个性化和智能化等特点，智慧学习资源的建设应依据学生的认知水平、媒体类型偏好、学习内容偏好、学习时间预期等需求，利用智能优化算法实现学习资源进化过程中的动态调整。

再以"智慧"和"学习资源"为篇名进行检索，共搜到文献 33 篇，其中，皮亚玲在《智慧课堂生成性学习资源设计研究》中提出智慧教学活动的开展离不开学习资源的支持，目前的资源大多是静态的、预设的，难以支持深度教学互动和个性化的学习过程，她构建了智慧课堂生成性学习资源的设计模型，该模型基于生态进化的视角对学习资源进行动态生成和持续进化进行设计。郑旭东在《智慧环境下的学习资源建设研究》中指出，传统的数字资源存在缺陷，难以促进教学方式变革，智慧学习资源应该满足学生智慧发展需求，分析了智慧学习资源具有泛在、进化、联通、自适应、个性推送、多维交互性等特征，并构建了智慧学习资源建设的体系框架，最后对智慧学习资源建设的理念、模式、技术与机制进行深入研究，是一篇介绍智慧学习资源相对比较全面详细的文献。李冀红在《进化性学习资源支持的高校智慧教学研究》一文中通过构建一种进化性学习资源支持的智慧教学模式，并在实践教学中进行验证，得出进化性学习资源支持的教学模式在教学中具有学生参与度高、交互效果良好等优势，是值得推广的模式。

综上所述，国内外关于智慧学习资源的研究文献总体偏少，研究时间大部分集中在近两年，原因在于随着智慧教育成为研究的热点后才被学者重视；另外研究内容多集中在理论层面，缺乏实践研究。本书从智慧学习资源的概念和特点着手，在智慧学习资源建设的原则和策略的指导下，探讨适合支持智慧学习开展的智慧学习资源的设计。

5.1.2 概念

智慧学习的开展，需要具备三个要素：一是具备智慧学生开展智慧学习的基础即智慧学习环境，前面章节已有论述，包括设施、平台、软硬件及工具等；二是智慧学习资源，是促进学生智慧产生的必备资源；三是智慧化学习方式，利用基础设施平台，在教师与学生之间进行发现知识、探究知识及创造知识的方式方法。因此为了有效地培养适应社会发展的智慧型人才，需要对智慧学习资源的设计进行研究，首先要弄清楚它的概念，智慧学习资源是在学生资源的基础上发展而来的，基于此，需要先界定学习资源的概念，然后再讨论智慧学习资源的概念。

1. 学习资源

学习资源是指在学习环境中，学生在学习过程中可以利用的一切显现的或者潜隐的资源，包括信息、人员、资料、设备和技术等。从形态分为硬件资源和软件资源，也可分为设计的资源和可利用的资源，比如：教材、网络课程、学习专用设备等称为专门设计的资源，有关博物馆、电视节目、戏剧等称为可利用的资源。

2. 智慧学习资源

学习资源在不同的阶段有不同的时代特征，在智能化时代，智慧学习资源具备这个时代的特点，是学习资源的一个发展阶段，是为智慧学生学习服务的，包含硬件、软件等不同的资源类型。对于智慧学习资源的定义，有广义和狭义之分，本模块中所认为的智慧学习资源指的是促进学生高阶思维产生的内容性学习资源。

智慧学习资源是为智慧学习服务的，以学生产生个性化、深度学习和高阶思维发展为目的，因此要与智慧教学的各个环节相融合。

学者郑旭东认为智慧资源是指以培养具有 21 世纪生存技能的智慧创造者为目的，支持智慧学习和智慧教学活动的有效开展，具有泛在性、情境感知性、联通性、进化性、多维交互性和个性化智能推送等核心特征的新型数字化学习资源。

余胜泉认为，智慧学习资源应是一种资源体系，在这种体系中，学生与学生之间、学生与专家之间建立联系，通过交流与共享，学生能够持续地获得知识以及知识的发展变化。

本书综合其他学者的定义，在学习资源定义的基础上，将智慧学习资源定义为：学生在智慧化学习环境中，为了满足学生个性化学习和深度学习的需要，能够支持智慧学习发生的一切可以利用的有效的新型数字化资源。

5.1.3　智慧学习资源的特征

智慧学习资源是智慧时代学生学习得以发生的重要因素，满足学生智慧化发展的需求，促进其智慧的生成和高阶学习的产生，主要具备的特征有以下几点。

1.动态再生性

传统的数字资源是静态的、预设的，更新缓慢，持续进化能力弱，难以满足智慧学生的需要。随着智能时代的到来及网络技术的发展，更加强调资源的动态生成，学生作为学习的主体，不仅作为资源的使用者，也作为资源的创建者，在学习的过程中，通过学生与学生之间、学生与教师之间、学生和学习资源之间的交互可以产生有价值的信息资源。资源的生成过程是动态变化的和即时生成的，是学生积极主动参与、积极思考、协作学习的过程，有利于支持学生进行深度学习和培养高阶思维，提升他们的智慧学习能力。

2.个性化自适应推送

智慧学习的重要特征之一就是个性化学习，自适应推送学习资源。因此，智慧学习资源要能够满足学生个性化学习的需要，一方面智慧学习环境可以根据学生的需求自动推送个性化学习资源和学习服务；另一方面学生根据需求结合自己的认知特点和学习风格、进度等能够快速有效地选择学习资源进行自主学习、高阶学习，充分发挥学生的主体性，而不是被动地接受和适应学习资源。

3.强交互与共享

智慧学习的过程是交互的过程，交互的方式由线上和线下同步融合进行。智慧学习资源的强交互功能使学生与学生、学生与学习内容、学生与教师之间的交互更为快捷有效。同时智慧学习资源的建设也应采取统一的建设标准，方便实现大规模大范围的高效共享应用。这样学生可以借助相关信息技术手段，方便获取资源并借助资源积极开展协作学习、探究学习等能够促使学生进行思维的碰撞、问题的分析与评价等高阶思维能力、问题解决能力和创造能力的发展与提升。智慧学习资源的强交互还体现在学生与学习资源内容之间的交互和学习资源为学生提供个性化的交互功能，以满足学生个性化的学习。

4.智能化

智能时代，能够利用智能技术，根据学生的学习风格、学习偏好和习惯，智能地推送学习资源，以更加适应智能学生的个性化学习需求。同时学习资源系统利用新一代信息技术感知学生的进度，分析、判定其学习需求，并适时向其精准推送个性化的学习资源以提高学习效能。学生利用智能分析技术也能方便地获取自己的学习情况，及时调整自己的学习策略。同时，利用智能设备，获取学习资源也更加方便，总之，智慧学习资源的智能化真正为智慧化的学习提供了有利的条件。

5.1.4 智慧学习资源的分类

1. 学习资源的分类

对于学习资源的分类方法有很多，不同的分类方法，可以将学习资源分成不同的类别。目前并没有统一的分类标准，严冰将数字化学习资源分为基于学科的分类、基于资源属性的分类、基于资源应用的分类和基于资源的课程目标的分类；缪培培在其毕业论文中依据内容形式、来源、媒体类型、CELTS 分类和生产方式等进行分类。依据教育部教育司组织专家研制的《教育资源建设规范》（CELTS–31）将教育资源分为媒体素材、试题、试卷、课件、案例、文献资料、常见问题解答、资源目录索引、网络课程九类。

2. 智慧学习资源的分类

依据学习资源的分类，结合智慧学习资源的特征，将智慧学习资源根据内容形式分为：在线课程、虚拟仿真实验、虚拟现实资源、教育游戏资源；按照媒体类型分为文本、图片、视音频等；按照资源的特征分为：生成性资源、交互性资源和适应性资源等，更加强调资源的动态生成性、个性化和交互性。生成性学习资源是在线教育领域的一种新的资源形式，它与预设性资源的区别在于它是在学生与其他对象（教师、学习伙伴及学习环境等）的交互过程中产生的，具有过程性、去中心化、生态性和个性化等特征。生成性学习资源的创建过程反映了学习过程的生态性，学生不再是教学过程的终点，学生从资源的获取者转变为资源的创建者，也是资源的使用者和评价者。交互性学习资源主要是指在信息化教育时代，现代技术环境与网络交互技术融合到资源建设中的资源形态，学生根据自己的学习进程和学习效果自主选择所需的资源，同时也可以与其他的学生进行实时的讨论。比如，网络学习平台提供的社交化学习就体现了资源交互性的特征。适应性学习资源指系统基于学习分析技术结合学生的认知水平、学习风格、学习习惯和媒体倾向等给学生适应性地呈现学习资源，其中包括根据学生的学习风格提供适应其风格的资源表现形态的个性化资源，方便学生根据个性特征，选择适合自己的个性化的学习内容、学习策略、学习路径等，以满足学生的个性化学习。适应性学习资源具有碎片化、易获取、个性化等特征。

5.2 智慧学习资源设计的理论基础、原则及影响因素

5.2.1 智慧学习资源设计的理论基础

1. 生成性学习理论

生成性学习理论在 20 世纪 70 年代首次被提出，美国心理学家威特罗克认为生成性学习是指学生自主地建构已有知识和所要学习知识之间的联系和生成意义的过程。他认为学生作为学习的主体，在学习过程中对新的知识有着自己独特的见解和看法，学生自己能够主动地进行知识的建构。智慧教学的目的就是培养学生智慧的生成，即学生在解决问题能力、创新意识、思维能力等方面有提升。生成性学习理论注重学生自主学习能力、发现问题能力、解决问题能力、思维能力、创新能力的培养，这与智慧学习的目的不谋而合。

生成性学习理论强调培养学生的学习动机和动态生成学习资源，继而激发学生的智慧和创造力，使学生更加深刻地理解所学的知识，并在实际中能够综合运用与评价。在学习过程中，学生通过与人进行交互和思维的碰撞，对学习的内容加入自己的理解，激发学生学习的自主性和主体性。

2. 联通主义学习理论

联通主义学习理论是乔治·西蒙斯提出的重要学习理论，他提出了知识开放、复杂、快速变化、知识大爆炸时代学习如何发生的问题。联通主义把知识看成是动态性和适应性的，知识的动态性和适应性使得知识可以加入学生的个性化思想，把知识看成是不同类型的节点，把学习看成是不同类型的节点连接起来形成网络的过程，知识流通于网络节点之间，形成知识流。联通主义强调知识间的相互流通与创新生成，智慧学习资源的设计应注重聚集多人的智慧，通过将各自的智慧与他人进行交互，在交互的过程中实现资源的共享与知识的再造。

3. 个性化学习理论

个性化学习理论强调，学习应该根据学生本身的原有知识经验而采取不同的学习策略和方法，学生通过学习成为自己想要成为的人，具有一定的独特性和进取性。智慧学习的目的在于培养学生产生高阶能力，培养具有智慧的学生，使其成为智慧社会所需的智慧型人才。这与个性化学习两者的目标是一致的，智慧学习资源是为了适应学生个性化学习的需要，因此个性化学习理论适用于智慧学习资源的设计理念。

5.2.2　智慧学习资源的设计原则

设计出适合智能时代学生特点、具有良好的生成性、交互性、个性化及共享性的智慧学习资源是一项复杂的工程，它与传统的数字化学习资源不同，需要在新的智慧学习理论的指导下，以学生为中心，将先进的理念、技术和艺术进行融合，因此在设计时需要遵循一定的原则，具体如下。

1. 交互性

促进高阶思维产生的条件之一就是交互，交互是智慧学生知识增长的源泉。智慧学习的发生就是学生与学习内容、学习伙伴及教师之间交互的过程，在交互的过程中，通过不断的思维碰撞、对问题的分析与评价等促进深度学习。因此，具有强交互性智慧学习资源设计必备的原则之一。除此之外，还得考虑技术的支持和高度的交互，比如，资源交互界面的设计，美观、使用方便、符合学生认知特点和审美的交互界面能够给学生带来良好的交互效果，也是支持个性化学习开展的基础。

2. 开放性

资源的开放，加速资源的生成。通过开放，学生能够对原始的资源进行协同编辑、加工，同时加入学生个人的思想和认知，资源在学生之间的多次交互、碰撞中融入学生的个性化认知和创新思想等，是资源的进一步进化、完善，加速了其生成创新。

3. 参与性

学生的参与是智慧学习资源生成的前提和基础，知识的持续生成高度依赖于学生的互动参与，在进行设计的时候优先要考虑学习主体的参与性，学生参与到资源的创建中，不仅可以激发其学习的积极性和主动性，还可以通过提供适当的策略督促其为资源的生成进行贡献。

4. 适应性

依据学生的学习偏好、习惯等给学生个性化自适应推送学习资源是智慧学习资源的另一特征，因此智慧学习资源在设计的时候必须要具备适应性，根据学生自身的学习方式和需求，给学生推送与其匹配的学习路径和学习资源，为其个性化学习提供条件，帮助学生真正实现个性化的学习。

5.2.3　智慧学习资源设计的影响因素

根据教育发生的要素来看，主要包含学生、教学者、学习环境和学习资源四个要素，四个要素是一个整体系统，相互影响并相互促进，所以在进行学习资源设计时分别对各个要素进行分析。

1. 学生

学生作为智慧学习开展的主体，不但是智慧学习资源的使用者，也是学习资源再生的主体。因此在资源设计的时候要考虑学生的原有知识经验及个性化学习需求，让学生参与到学习资源的设计过程中，提高其参与度和积极性，促进生成性资源的产生。

2. 教学者

教学者作为学习资源设计的主要参与者之一，是智慧学习资源的设计者、开发者和内容的组织者，首先要具备良好的理论基础、教学设计能力、资源开发能力和信息素养，其设计能力的高低直接影响着学生学习的效果和满意度，因此具备良好造诣的教学者是开发高质量学习资源的关键因素之一。

教学者作为资源建设的设计者和开发者，在设计的时候，建议将资源以知识图谱的形式构建知识体系，方便学生根据自己的学习习惯和学习进度自我调整步调。利用课程知识图谱，学生能够清晰地看出为完成某一学习目标所要经历的学习路径、需掌握的先前知识等。同时学生在明确自己的学习起点后，可以根据知识图谱进行逐步学习，直至自主完成学习目标。在这个学习过程中，学生可以通过知识图谱这一学习路径，找到前后知识之间的关联，有助于学生认知结构的建构。

3. 智慧学习环境

智慧学习环境是促使智慧学习得以发生的核心要素之一，是实现动态特征识别、情境感知、学习过程数据分析、学习资源精准推荐和学习效果评价的基础条件，给智慧学生发挥其价值提供基本的硬件环境、支持学生个性化学习所需的学习设备、高速的网络、智能网络学习平台和个性化服务等。在这些智慧学习环境中，智慧学习平台是核心，是广大教师和学生接触最多、感受最直观的，因此其要能够通过记录学生的学习轨迹和其他的相关数据，运用数据挖掘技术对数据进行分析，形成学生画像，为后期的自适应学习和个性化学习服务提供精准支持服务。同时学习平台界面要友好，模块分配、界面配色、导航路径是否清晰等都影响着学生的学习体验。智慧学习平台应该具备动态可更新的特性，拥有灵活有效的信息化学习支持工具，方便学生进行交互和资源的下载与创建等。

5.3　智慧学习资源的设计

结合前面对学习资源的分类，根据表现形式，有文本、图形图像、音视频等各类资源，视频资源已成为智能时代新型教学模式开展教学活动的重要资源，因此本书着重介绍视频类学习资源的设计。

5.3.1　研究视频资源的缘由

1. 时代变迁的需要

随着信息技术的发展和教育变革的需要，国家在学习资源的建设上投入了大量的人力、物力和财力，学习资源的组织结构、形态和推送方式都发生了很大的变化，其中视频资源已成为开展新型教学模式活动时必要的资源类型。

2. 学生认知特点的需求

学生作为数字原住民，是成长在信息化环境下的一代，他们的思维方式和认知方式更喜欢通过观看短视频等方式进行信息的获取，尤其是在智能时代，他们对媒介的感知性将影响着其对知识的获取方式，因此教育工作者在设计学习资源的时候要迎合学生的认知习惯，为其学习提供优质的视频资源，以促进智能时代学生高阶思维的发展。

3. 视频资源自身优势

视频学习资源能够通过多种感官向学生传递学习信息，不仅能够引起学生注意力的高度集中，还能促进学生沉浸在现实的学习之中。同时视频学习资源给学生一种线下课堂的临场感。高质量的视频资源是学生持续完成课程学习的保障，低质量的视频资源会降低学生学习的兴趣而放弃学习。

5.3.2　视频学习资源的类型

视频学习资源有不同的类型，根据其制作方式主要有以下几种类型。

1. 实录式

实录式视频资源就是将教师上课的实际场景通过录像机进行录制，并经过后期加工后形成的学习资源。这种方式的特点就是教师上课的场景是真实的，给学生一种线下上课的临场感，缺点是没有经过设计的环境，录制出来的效果会受影响。

2. 融入式

所谓的融入式是教师通过将 PPT 录制和教师出镜录制融合在一起的学习资源，特点是不论是教师的课件，还是讲稿，都是经过教师精心设计的，对教师的画面形象及语言要求较高。教师在制作的时候可以提前设计好解说词，然后通过提词器进行录制后与课件录屏进行合成。此类视频资源，要求课件制作要精美，界面排版要统一、配色要符合学生的审美等，对教师的课件制作能力有较高的要求。融入式又分为两种，一种是 PPT 页面给教师预留一定的区域，教师的背景就是 PPT 页面；一种是教师和 PPT 有个共同的画面作为背景。

3. 嵌入式

嵌入式是教师以小窗口的形式进行呈现，教师的背景和课件的背景不是一个背景，教师的背景是单独的，且多放在视频画面的右下角。在制作的时候要考虑 PPT 页面要留一定的位置，以免教师画面覆盖 PPT 页面上的学习内容。

4. 动画式

动画式视频资源是以动画软件进行制作，比如万彩动画大师、皮影客等软件，表现形式多是通过采用卡通人物的形式进行，声音可以是教师录制的声音，也可以是教师撰写解说词，然后由软件合成的卡通声音。特点是画面生动有趣，尤其是对低年龄段的学生更加适用，能激发他们学习的兴趣。

5.3.3　视频学习资源设计的理论基础与原则

教学视频已成为智能时代重要的学习资源，也是促进学生高阶思维发展的混合式教学模式开展的重要组成资源，它能够使学生根据自己的学习步调控制学习进度，培养学生良好的自主学习能力，提升学习效果。目前，很多教师做视频都是根据自己的想法做的，没有遵循一定的科学理论依据和设计原则。如果想提升学生学习的积极性和兴趣，就需要提升视频资源设计的质量，尤其是目前大规模在线学习普及的时代背景下，更需要依据一定的理论基础，按照设计原则进行视频学习资源的设计。

1. 理论基础

视频资源的设计需要一定的理论基础指导，比如：认知负荷学习理论（视频在设计的时候要考虑学生的认知负荷，降低其认知负荷，提升认知效率）、梅耶教授的多媒体认知理论（强调在设计的时候要考虑信息的传递与人的加工方式要一致，多通道传送等）及社会存在理论等，都是视频资源设计的重要理论基础。

2. 设计原则

视频资源在教学中主要用在新型教学模式比如翻转课堂、混合式教学等，或者是作为传统教学的拓展学习，是为了满足学生个性化学习使用。目前很多教师的微课没有经过精心的设计，没有体现以学生为中心的原则，学生主体地位不突出，教师都是将传统的线下课堂录制成视频。

卜彩丽提出视频资源的设计要遵循三个原则：①要按照"人脑的工作方式"进行设计；②以"学生为中心"的设计；③促进学生"知识建构"的设计。首先，人脑信息加工的信息量是有限的，当信息量超过人的认知的时候就会出现认知负荷降低，因此设计时候要遵循大脑的工作方式，优化设计学习内容；其次，学生作为学习的主体，其学习兴趣和动机直接影响其学习效果，设计的时候要转变思维观念，要站在学生的角度思考如何设计，以问题的形式引导学生进行思考，逐步培养学生发现问题和解决问题的能力，同时根据学生的特点和需要，精简教学内容，依据学习目标选择合适的教学策略，尽可能以促进学生产生深度学习为目标进行设计；最后，建构主义学习理论提出，学生学习的过程是意义建构的过程，因此在设计的过程中，要考虑如何创建真实的情境去帮助学生进行意义建构，进而促进学生进行知识的构建。

5.3.4　视频学习资源目前存在的问题

为了了解目前视频学习资源的情况，以平顶山学院为例，在该校使用的超星网络教学平台随机选取了 50 门课程，通过调查分析该校的网络课程资源，发现目前存在的问题有：①视频资源的镜头太单一，没有根据学习内容及学习对象的特点进行设计；②视频资源的时长有的过长，有的过短，没有考虑学生学习注意力保持的时间和知识点的相对独立性及知识点之间的关联性，缺乏课程整体系统的设计；③视频资源画面内容构成不够丰富，没有根据可视化原理设计画面，教师、学习内容及背景画面构成不协调，影响学生学习的积极性；④教师讲课缺乏表现力，肢体语言缺乏，相对于传统的课堂，站在镜头前的教师不够自然，动作拘谨，语言不够流畅，缺乏对学生的吸引力；⑤视频拍摄没有经过精心设计，比如，传统课堂录制后经过硬性裁切成一个个的知识点，还有的教师不出镜直接录屏，且录屏的课件质量欠佳，这些视频都不能吸引学生持续学习；⑥视频后期制作不规范，没有按照相关视频制作标准进行录制，比如画幅大小、视频清晰度、杂音等严重影响学生的学习体验。

5.3.5　视频学习资源的设计

《2019 年国务院政府工作报告》中提出了"把慕课打造成提升高等教育质量的金课"的观点，如今的在线课程建设就更加注重提高资源质量和优化教学效果，因此教学视频的优化设计至关重要。教学视频作为内容性学习资源的重要组成部分，具有多通道展示学习内容，形象直观、学习体验效果佳、临场感强等特点，教学视频的评价要从教学内容、教学设计和技术规范等几个指标进行。首先，教学内容的设计在符合教学目标要求的前提下，结合学生的认知特点和规律，根据课程的内在逻辑体系，将内容划分为合适的单元（模块），且每个单元（模块）之间的关联清晰，整个课程知识点体系完整；其次，教学设计上目标要清晰明确，重难点突出、启发性强、有利于激发学生的学习热情，同时视频内容的组织结构要合理，符合知识的逻辑体系，策略设计能够有效地启发和引导学生的积极思考，促进学生的高阶思维能力的发展，评价要客观、及时、有效；最后，技术要符合国家课程资源建设标准，界面艺术感要强，风格简单美观，视觉效果优，符合学生的审美心理习惯。

胡俊杰通过调查研究发现，现有的影响学生学习的视频资源从强到弱有以下因素：①教师的授课风格是否有吸引力；②课程视频画面是否清晰；③课程声音是否清晰；④教师的影响力如何；⑤是否在专门布置的场所拍摄视频；⑥课程内容是否具有吸引力；⑦课程内容设计是否符合学生的认知规律；⑧学习中的问题是否能得到及时解答；⑨课程镜头是否多变；⑩课程视频背景和课程时间太长等。综合以上因素，结合视频资源存在的问题，我们从以下要素分析如何进行视频资源的设计。

1. 学习目标的设计

目标是教学活动开展的依据，因此在视频资源设计时要制订清晰明确的学习目标，同时采用富有创意的导入方式。学习目标越清晰明确，学生的主动性和学习动机越强，视频设计要采用富有创意的导课方式，能够激发学生的学习兴趣和学习持久力。建构主义学习强调情境的重要性，认为情境是学习发生的重要基础，因此尽可能创建与学习内容主题相关且贴近生活和具有故事情节的情境，这样能够帮助学生进行更好的意义建构。

2. 学习内容的设计

学习内容的选取要结合学习目标，结合学生的认知特点选取合适的学习内容及内容的深度，同时内容在设计时要考虑内容之间的逻辑关系，内容顺序安排要合理，符合知识点之间的逻辑关系和学生的认知规律，比如先讲基础知识，再讲原理，最后讲应用迁移这样一个循序渐进的过程。在学习内容分析时建议采用思维导图的形式，先要理清有哪些学习内容，然后考虑内容之间的关系后再确定内容的属性。

视频资源的设计是为了启发和引导学生思考，促进其高阶思维能力的发展，因此学习内容在设计时还要考虑知识点的完整性。也就是说每个视频学习资源都应该是一个相对独立完整的知识点，且知识点之间关联清晰，具备引导性和总结性，所有知识点要形成一个完整的逻辑体系。

3. 视频学习资源解说词的设计

视频资源的解说词通过语音或同期声字幕在视频中呈现，是为了讲解清楚教学内容，因此解说词应尽可能地简练和清晰，尽量少些语气词和口头禅，简明扼要地将知识点讲解清楚。解说词作为视频资源整体的一部分，是视频可视化的基础脚本，在设计时要有一定的结构，在语言上尽量要幽默风趣、通俗化和情感化。结构化指解说词要按照一定的组织顺序拼接为多个互相关联的组成部分，各组成部分间有清晰的层次结构也方便后期的制作；通俗化指在微课录制时尽量采用通俗易懂的语言，让学生在短时间内接受理解讲解的信息；情感化指微课应该融入教师的情感元素，而不是在讲授时一个语调讲到底。同时要考虑知识传递由传统的班级授课变为一对一的个性化教学，相应的教学设计和语言也要发生变化，而不能再用"同学们好，今天我们开始讲授……""大家……"，而是要多用"我们"这样的语言，给学生一种一对一的交互感，这样学生在听的时候更容易进入状态。

4. 视频学习资源呈现方式的设计

视频资源的呈现方式要可视化，符合当今时代学生的学习习惯。方式要灵活多样，富有创意，选择合适的表现形式，符合视觉审美心理，同时增强画面引导信息设计，激发学生的学习兴趣。根据可视化原理，能用图的不用表，能用表的不要用文字，这样不但可以激发学生的学习兴趣，还可以促进学生的认知，提升学习满意度和效果。

5. 视频学习资源结构与界面设计

一个完整的微课知识点是个相对独立的知识，因此在制作的时候，内容结构要完整。一般包含片头、导课、内容讲授、知识点小结、片尾五部分组成，片头一般长度10秒以内，片尾5秒以内，小结主要是帮助学生梳理一下学习内容，或者是提出思考的问题引出下个学习内容。

视频资源的界面要简洁美观大方，配色协调、布局合理，整体风格要统一，这样更符合学生的审美心理特点。同时在界面设计中可以加入引导性信息设计，起到引导学习路径的作用，提升学生的注意力。比如用反色标注出重点内容，或者通过动画形式进行内容呈现等。

6. 视频学习资源交互设计

智慧学习最大的特征之一就是交互性强，学生在交互的过程中促进其批判性思维和创新思维的发展。学习交互包含三个层面的交互：学生与媒体界面的操作交互，学生与教学要素（学习资源、学生、教师）的信息交互，以及学生新旧概念交互，三者中后者建立在前者的基础之上。因此在学生进行学习时可以根据教师的语速进行倍速播放、回放、暂停等，这样更有利于学生进行个性化学习，同时还可以进行师生之间的交互设计，比如老师在讲完某个知识点后，随机在视频中加入测试题，学生回答后才能继续学习，这样能够保证学生学习的有效性。

7. 视频学习资源声音的设计

视频学习资源要考虑教师的声音和背景音乐，教师的言语清晰度和语速对教学效果有一定的影响。教师在录制的时候，吐字要清晰，语速要适中，过快会导致学生听不清楚，过慢会让学生注意力分散，有研究者认为根据教师的普通话水平和授课内容的特点来决定语速，一般控制在 215 字 / 分左右，言语清晰且语速较快符合学生用有限时间接受海量信息的心理，也会让课堂气氛显得比较热烈。在实际的录制中，需要结合教师自身的情况、教学内容和对象等因素综合考虑。

对于背景音乐是否要添加，要根据学习对象、学习内容及学科特点等决定，比如比较枯燥的知识，或者说教师自身声音不够优美，可以添加合适的背景音乐来弥补教师自身声音的不足。但是在添加背景音乐的时候一定要注意背景音乐的音量不能够太高，要低于主讲教师的声音，太高会压住教师的声音，影响学生对知识内容的学习，且背景音乐的选取要与学科内容相符合。

8. 视频学习资源设计的技术指标

视频的设计首先要遵循一定的技术标准，在这里结合《国家精品在线开放课程建设标准（试行）》和《教育部最新精品视频公开课拍摄制作技术标准（修订版）》等相关国家教育资源建设和一流课程建设标准进行分析，都提出视频清晰度要高，界面要符合视觉审美需求，同时增强画面引导信息设计，更有利于激发学生的注意力与学习兴趣。

（1）画面。视频资源在设计时要考虑画面的构图要合理，画面主体要突出，人像及肢体动作不能超出画面范围。背景可以采用虚拟抠像、彩色喷绘或者实景等，且背景颜色与主体颜色反差要大，不宜过于花哨，背景画面要简洁、明快，与主题内容相符，有利于营造良好的学习氛围。

（2）时长。根据智能化时代学生的学习特点及认知特点，视频长度一般在5 ～ 15 分钟，在具体设计时，结合知识点内容的多少及学生的认知特征，比如小学课程可能在 3 ～ 5 分钟一个知识点，大学课程可能在 15 分钟左右，但是最长不宜超过 20 分钟。同时知识点之间要相对独立且不能因为时长而人为硬性分割，要保证知识点的完整性。

（3）编码方式。视频的编码方式是指通过特定的压缩技术，将视频进行压缩，方便进行传输。视频传输中常用的编码标准有 H.261、H.263、H.264 等，教育部等一般规定视频压缩采用 H.264/AVC（MPEG–4 Part10）编码。

（4）分辨率、码流和帧率。视频的分辨率决定了视频的清晰度，在一定程度上影响学生的学习效果，在视频制作时要考虑画面的清晰度，目前学生习惯的画幅为 16：9，因此画幅的分辨率应不低于 720P（1280×720）。码流决定了视频资源的质量，视频文件的码流越大，压缩比越小，画面的质量就越好，但也不是越大越好，因此视频的动态码流不得高于 2500Kb，不得低于 1024Kb。帧率指视频每秒刷新图片的帧数，也指每秒所显示的静止帧格数，帧速率越高，画面越流畅，一帧就是一张图片，视频学习资源要求帧率为 25 帧/秒。

5.3.6 视频学习资源设计中教师出镜的影响要素

在视频录制中教师是否出镜，不同的学者有不同的观点，有学者认为教师出镜会增加学生的认知负荷，不利于学生的学习。国外有学者研究表明：在视频中应尽量较少展示与教学内容无关的元素，以保证学生有限的认知资源投入学习，尤其是当学生应该注视学习内容的注视资源，部分分配到教师区域，那么，学习效果可能被阻碍；也有学者认为教师出镜类似与传统线下上课，增加学习的临场感和互动感，有助于提升学生的学习效果。那么到底教师要不要出镜呢？通过查阅文献，教师出镜对于学生学习效果的提升大于不利影响。因此，建议教师在录制视频学习资源的时候尽量出镜，这样可以提升学生的视觉注意，激发学生的学习兴趣与动机，降低其在线学习的孤独感，增加学生的学习效果和满意度，尤其是像体育、美术和音乐等需要教师用肢体语言来描述知识内容的学科和低年龄段的学生来说更应如此。

1. 教师出镜的优势

根据社会存在感理论，教师作为教学活动的实施者和组织者，其出镜可以让学生在学习过程中产生一种与"真人"互动的感觉，产生与真实课堂类似的学习情境，增强其学习的专注度并降低线上学习的孤独感，增加了学生的学习动机和注意力，并促使学生更加主动地对信息进行选择、组织和整合，从而提高学生的学习效果，因此教师出镜促进了学生的学习。

2. 教师何时出镜

视频资源录制中教师出镜，不同于传统的线下授课，对教师形象的要求更高，教师面对镜头容易造成心理紧张，需要注意自己的言谈举止，同时在准备的时候需要投入更多的时间和精力，因此很多教师不愿意出镜，只采用屏幕录制的方式，但是有研究者通过探讨得出：教师出镜可以提高其教学效果。那么教师应该何时出镜呢？

不同的知识内容，教师呈现的时机会影响学生的学习效果。因此我们在制作视频的时候，首先要考虑学习内容属于哪一类型的知识，然后根据教学目标与要求，在讲解重点内容的时候隐藏或者出现教师的形象。知识分为陈述性知识与程序性知识，陈述性知识指事实类、概念类知识，即"是什么"的知识，主要用于描述事物发生的时间、人物、事情应用的规则和原理等，属于基础性知识；程序性知识指操作性知识，即"怎么做"的知识，主要用于解决如何做和怎么做的知识。针对陈述性知识，可以采取教师出镜的形式，对于程序性知识，采取软件录屏即可。

3. 教师出镜的位置及呈现比例

视频资源中教师形象应该在画面中的哪个位置会更好呢？杨九民教授将教师的呈现方式分为融合式、嵌入式和课堂实录式。通过基于教师形象与 PPT 结合的三种方式（融合式、嵌入式和课堂实录式）研究发现，融合式视频中教师的景别多以中景（膝盖以上的部位全部呈现）为主，主要是中景能够将教师的手臂活动范围很好地呈现出来，在教学中教师除了用语言进行信息的传递外，还可以辅助体态语进行情感和信息的传达；嵌入式视频教师多半是小窗口呈现，一般是以近景为主，将教师肩膀以上的部分呈现；课堂实录式一般采用的是中大景别。

视频中关于教师的位置，有研究者通过对几个知名教学平台的视频进行统计发现，教师在视频中的不同位置对学生的注意力影响也是不同的，进而会影响学生的学习效果。嵌入式视频教师的位置十分灵活，主要位置有 7 个，分为左上、左中、左下、右上、右中、右下及中间，在这七个位置中，教师在右下运用的最多。

4. 出镜中手势的影响

视频中教师出镜，其手势对学生的学习效果也有影响，通过手势引导可以降低学生筛选知识的时间，增加认知效果。手势引导指教师在讲述过程中，在讲到重难点内容时，会用手势指向屏幕上内容呈现的具体位置，以引起学生的注意，教师的手势分为：指示性手势、描述性手势、节拍手势及混合手势。指示性手势指在教学中通过用手引导学生观看重点内容的行为，在于促进学者对学习内容的快速筛选；描述性手势是用手通过运动轨迹描述教学语言的意思，在于帮助教师进行言语解释，以促进学生的理解；节拍手势是教学中通过手臂带动手在胸前的节律性摆动；混合手势是以上三种手势中两种或者三种的组合。

学者杨九民通过研究发现，手势提高了学生的学习效果。在教学视频中加入教师手势可以促进学生对学习材料的识记效果。教师的手势不仅能够将学生的注意力引导到特定的学习内容区域和提升学生对视频中教师的社会存在感知，而且教师手势还可以承载一定的语义信息。

在教学视频中加入手势能够增加学生的学习注意力并促进认知，但是这与学生的先前认知水平及学习风格也有一定的关系，因此在视频中进行手势设计的时候，教师要善用手势，根据教学内容的性质及学习对象等激发学生的学习动机，但是同时要注意，在重点内容的讲解上一般以指示性手势和描述性手势为主，节拍手势尽量少用或者不用，要善于控制并丰富自身的手势运用。

5. 出镜中目光的影响

教师作为教师视频中知识的讲授者，其目光作为体态语言之一，具有很重要的作用，目光引导指教师在讲述的过程中，目光不是对着摄像头，而是用目光引导学生转向学习内容区域。

很多研究者通过实验研究方法，借助一系列的实验设备和技术，比如通过利用眼动仪，采用眼动追踪技术，将教学视频中目光分为五种类别：无目光、直视目光、持续引导目光、间断引导目光和回避目光），发现教师不同类型的目光对学习者的学习效果、学习体验及注意力等均有影响。

还有研究者将教师的目光分为四种类型：直视目光、持续引导目光、引导目光和回避目光。其中直视目光指教师在录制视频时直接直视镜头，与学生进行眼神的接触；持续引导目光指教师录制视频时引导学生将注意力转向学习内容部分，教师关注的是学习内容；间隔引导目光是教师录制视频时在镜头与学习内容之间来回切换；回避目光是教师既不看向镜头也不看向学习内容，这种类型的视频目光效果最不好，会给学生一种教师没有与自己进行交互的感觉。四种目光在视频学习资源的录制中都有使用，在一个视频中，教师可以根据前期设计将几种目光综合使用，如讲到重点内容可以采用引导性目光引导学生将注意力转移到学习内容上，增加学生的注意力，对于基础性知识的讲解，教师可以采用直视目光，给学生一种互动的感觉，增加学习兴趣和积极性，尽量不要用回避目光，会影响学生的注意力和学习的积极性。

总体而言，录制教学视频过程所穿插的教师目光引导行为，对学生的视频学习至关重要。因为教师的目光引导行为，可较好地引导学生将注意力分配到教师意向关注的学习区域，学生可及时筛选、获取有用的知识内容，降低听觉、促使视觉转变的反应延迟现象，从而减轻学生的认知负荷，提高学生对学习内容的认知加工水平；另外，这种引导行为还可以营造有效的师生目光交互，提高学生的在线社会存在感，保证学生的认知投入状态，有利于促进未来在线学习的良性循环。

5.4　视频学习资源的制作

5.4.1　设备及场地等前期录制的准备

为了给学生良好的学习体验，需要录制清晰的画面，在前期录制的时候要考虑到场地、设备等因素的影响。

场地：需要选取相对安静的环境，以免被外界噪音干扰。同时还要考虑以下两点：一是尽量别选太空旷的环境，这样容易产生回声；二是远离路边的环境，避免被路上的车辆声和其他声音的影响。

设备：录制视频除了需要好的录像设备和收音设备外，还需要考虑灯光设备及提词器等。摄像设备选择像素高的摄像机，收音选择能够夹在衣服上的小麦克风话筒。灯光至少有三个光源，顶部一个，两侧四十五度各放一个，以保证教师脸部光线均匀。教师在录制过程中免不了紧张，为了保证录制的效果，建议教师在录制前设计好解说词，然后根据解说词运用提词器进行录制，录制的过程中必要的手势引导要提前设计好。

教师服装的选择：在录制过程中，教师着装要得体，尽量不要穿条纹的上衣，衣服的颜色要和 PPT 课件的背景色有一定的反差。如果后期需要抠像不能穿与蓝色或者绿色颜色相近的衣服。

录制技巧：在录制过程中，如果有讲解的错误，停顿下找到一个合适的节点处重新进行录制，以方便后期进行剪辑。教师在录制前应该设计好引导性行为，方便后期编辑使用，提升视频资源的学习效果。

5.4.2　软件工具

前期录制好之后，需要选择软件工具进行编辑，目前常用的视频编辑软件有很多，专业一点的软件有：Adobe Premiere、Edius 等，相对大众化的软件有：

Camtasia studio、会声会影、爱剪辑、剪映等，下面进行简单介绍。

1. Adobe Premiere

Adobe Premiere 软件是一款由 Adobe 公司出品的视频剪辑软件，具有良好的兼容性，可以与 Adobe 公司的其他软件，比如：PS、AE 等进行良好的兼容与协作，提供了采集、剪辑、调色、美化音频、字幕添加、输出、DVD 刻录等功能，是一款专业的后期视频编辑软件。

2. Edius

Edius 是美国 Grass Valley 公司出品的一款优秀的非线性编辑软件。它的强大之处在于可以无带化视频制播和存储，提供实时、多轨道、多格式混编、合成、色键、字幕和时间线输出功能。

3. 会声会影

会声会影是加拿大 Corel 公司制作的一款功能强大的视频编辑软件，是深受业余爱好者喜欢的一款软件，具有图像抓取和编修功能，由于简单易学、操作简便和界面友好，在国内有很大的用户量，是一款操作简单、功能丰富的视频剪辑软件。

4. 爱剪辑

爱剪辑是根据我国人使用习惯、功能需求与审美特点专门开发的一款视频剪辑软件，具备功能强大、简单易用的特点，是国内首款开发的全能视频剪辑软件。由于它不需要剪辑基础就能很直观地懂得如何使用剪辑视频，故在国内也有很大的用户群体。

5.Camtasia Studio

Camtasia Studio 软件是美国 TechSmith 公司出品的一款集屏幕录制与视频后期处理功能为一体的一款软件，该软件提供了强大的屏幕录像、视频的剪辑和编辑、字幕添加等功能。

本书推荐使用 Camtasia Studio 进行后期编辑，主要原因是目前的视频学习资源大部分需要首先将 PPT 课件进行录屏然后和教师画面进行融合的形式，而 Camtasia Studio 是集录屏和后期剪辑功能为一体的软件，方便使用而且容易上手，具有功能强大、占用内存小、输出视频清晰且文件小等特点。

5.5　智慧学习资源设计案例

5.5.1　课程设计流程

智慧学习资源的设计以平顶山学院的《现代教育技术》课程为例，该课程以超星泛雅网络平台为教学平台。目前是河南省首批省级线上线下混合式一流课程，整个资源设计相对完整且能够支持学生自主的在线学习、讨论及协作等，并可随时掌握学生的学习情况。课程界面如图 5-1 所示。

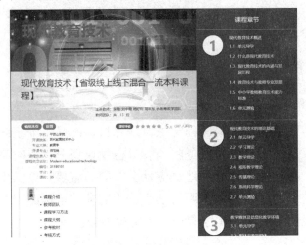

图 5-1　课程界面

下面以该课程为例，谈谈如何设计课程视频资源。

课程章节结构：根据网络学习的特点依据课程教学大纲，合理设置课程章节结构，并细化到每个知识点。

学习需求、学习内容和学生特征分析：这三者可以同时进行，依据学习对象的需求和特点选择合适的学习内容，同时确定内容元素的表现方式，包括界面的设计、交互的设计等。

学习目标的确立：根据前期分析对每个知识点的学习目标进行确立，并进行方案的设计。方案的设计包含制作方式的选择和策略的选择。

知识点脚本：在前期设计方案的基础上，撰写解说词及镜头脚本等。根据前期内容表现方式的设计，为了给学生良好的学习体验，完美地呈现学习内容，在脚本设计时要考虑界面的内容布局要符合学生的学习习惯和认知特征，布局结构要新颖。同时还要考虑色彩搭配，美观、简洁、大方的色彩界面会给学生带来愉悦的学习体验。

视频素材搜集：根据制作形式可以自己制作或者从网上搜集资源。本课视频资源类型大部分是融合式，因此需要先制作精美的 PPT 课件，然后根据解说词进行录屏。

后期视频编辑：这个阶段主要是通过 Camtasia studio 软件首先进行录屏，然后通过绿幕抠像将 PPT 录屏和录制的教师画面合成在一起，同时添加上课程的片头和片尾。

输出视频：经过编辑查看无误后根据要求设置相关技术参数，比如画幅、码流、帧率等输出视频。

5.5.2　课程设计分析

1. 课程章节结构设计

在课程内容建设上，依据课程定位及培养目标，紧紧围绕教育教学新理念及信息技术的发展，根据学习任务将内容进行模块划分，及时将新的理念与技术融入教学中，使学生能够更好地适应社会发展的需要。以学生为本，促进学生高阶性学习的产生，通过深入调研学生就业需求，重构课程知识体系，主要分为理论和实践两大模块。具体课程章节结构划分如图 5-2 所示。

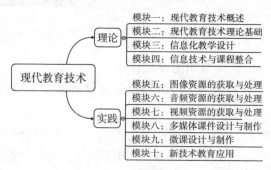

图 5-2　课程章节结构

根据学生的学习需求、学习内容及学生特征等确定学习目标，对知识点进行设计。每个知识点在 10 分钟左右。课程章节逻辑结构合理，视频学习资源按照章节和知识点进行划分，学生可以自定步调观看学习内容。课程同时包含活动、任务通知、作业、考试、主题讨论等交互功能。

通过分析发现目前课程的交互功能欠缺，学生在观看视频的时候，只能控制观看的速度和暂停等功能，缺乏在观看过程中对学习掌握的测试题的设置，不能了解学生对知识的掌握情况，同时也会出现学生进行刷课的现象。

课程包含主题讨论，学生在这里可以发布自己的观点以及对别的学生的观点进行评论，进而培养学生的批判性思维能力的发展。主题讨论画面如图 5-3 所示。

图 5-3　主题讨论画面

通过分组任务，学生进行自评、组内互评和组间互评等方式进行评价。学生和小组成员分工完成某个小组任务，不仅锻炼了协作的能力，同时也通过组间互评锻炼了他们评价、反思等高阶思维能力。分组任务画面如图 5-4 所示。

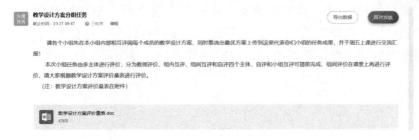

图 5-4　分组任务画面

2. 课程视频资源分析

课程视频资源在程序性知识制作时采用的是录屏型，这样方便学生看清楚操作步骤，对于陈述性知识采用融合式的比较多。融合式视频如图 5-5 所示。

图 5-5　融合式视频

采用融合式视频资源，学生学习兴趣和注意力都有提升，教师是间断进行呈现，在讲到重点内容的时候隐去教师形象，这样可以降低学生的认知负荷。对于程序性知识采取录屏的方式，学生能够更好地观看到教师的每一步操作，有利于提升学习效果。

同时也应该优化视频学习资源的交互性设计，在视频中间嵌入测试问题，这样一方面可以让学生及时了解学习情况，另一方面也为学习效果提供了保障。

3. 小结

该课程目前的视频学习资源虽然在一定程度上可以满足智慧学习的需要，但是要促进学生高阶思维的产生还需要进一步进行优化，这样才能对学生进行更加精准的自适应推送学习资源，以实现真正的智慧学习。

第6章　智慧课堂教学模式的设计与应用

　　智慧课堂是智慧教育实现的重要条件，也是课堂教学改革的着力点，是新型教学模式开展的基础与保障。随着各种信息技术的发展，智能时代学生的思维方式、认知特点、学习习惯等都发生了很大的变化，他们需要的是一个开放的、泛在的、个性的、交互的学习方式，目前的教学模式已不能适应智能时代学生智慧学习的发生，传统的课堂教学模式不能充分实施个性化教学，不能满足学生的个性化学习，学生的创新思维能力和解决问题的能力等高阶能力得不到充分发展，传统的教学模式亟待进行创新。因此，借助各种新型信息技术构建的智能学习空间，创建适合智慧学生学习的创新型智慧教学模式已迫在眉睫。

6.1　智慧课堂教学模式相关概念

6.1.1　教学模式

　　模式（Model）：模型、范式、典型等意思。《汉语大词典》将"模式"解释为：事物的标准样式。教学模式是由美国的学者乔伊斯和威尔等人最先在教学领域提出并进行系统的研究，他们认为教学模式即学习模式。何克抗认为教学模式是在教育思想、教学理论和学习理论的共同指导下，围绕某一主题，完成特定的教学目标和教学内容，所形成较为稳定且具有可操作性的教学活动过程。钟志贤认为教学模式是为了完成特定的教学目标和内容，在一定的教育理论基础上和特定的教学环境与多样的教学资源支撑下，而形成比较简单明了且稳定的教学活动和操作程序。

　　综合以上学者的不同观点，本书认为教学模式是在一定教学理论的指导下，在智慧学习环境的支持下，为完成特定的教学目标，以学生为中心，形成比较稳定的教学活动过程，以支持智慧课堂的有效发生，促进学生高阶思维的产生。其构成要素有：理论基础、技术支持、教学目标、教学活动过程和教学评价五个要素。

在很多文献中，我们经常会看到学习模式和教学模式两个不同的说法，在这里，本书认为教学模式和学习模式是一个概念，只是不同的叫法，教学模式是从教师的角度，教师作为教学的主导而提出的；学习模式是从学生的角度，学生作为教学活动的主体而提出的，两者只是考虑的角度不同，本质都是为了促进学生的有效学习。

6.1.2　智慧教学模式

智慧教学模式作为教学模式的一种，是在智慧教学背景下为了支持智慧学生开展智慧学习而创新的一种新型教学模式，应满足智慧学生的个性化、多元化和智慧化学习的需求。

6.1.3　智慧课堂

随着"智慧地球"概念的提出，紧接着智慧城市、智慧教育、智慧医疗等相关概念也开始提出，智慧教育是教育信息化发展的高端形态。那么"智慧课堂"是随着智慧教育的出现在课堂教学中信息技术与教育教学融合创新发展的结果。大数据、人工智能技术等新的信息技术在教育中的应用，必将革新传统的教育教学方式。

针对智慧课堂的概念，不同的学者有不同的观点：祝智庭认为智慧课堂要在翻转课堂的基础上进行课堂教学的改进，是利用信息技术创建师生互动的教学环境；孙曙辉等人认为智慧课堂是以建构主义理论为基础，借助大数据、云计算、物联网、人工智能等新一代信息技术构建课堂教学环境，支持课前课中课后全过程的智能、高效的课堂；唐烨伟等立足于智慧教育的视角，将智慧课堂定义为在信息技术的支持下，通过变革教学方式方法将技术融入课堂教学中，构建个性化、智能化、数字化的课堂学习环境，从而有效促进智慧能力培养的新型课堂；庞敬文等认为，智慧课堂应在新技术环境下，以培养学生智慧能力为目标，利用创新变革的教学模式构建轻松、愉快、个性化、数字化的新型课堂，并提出智慧课堂是智慧教育、智慧学习赖以发生的条件基础，旨在培养学生个性化学习，有创造性的学习能力，让学生能够进行智慧性的学习。

综合以上学者的观点，智慧课堂就是为了促进学生智慧学习的产生而利用新型信息技术打造的高效、智能的个性化学习环境，分为课前、课中和课后三个阶段。本书将智慧课堂界定为：在智慧教育理念的指导下，利用大数据、云计算、物联网和人工智能技术构建一个支持学生个性化学习、自主交互的智能、高效的智慧学习环境，利用技术手段可以为学生课前、课中和课后的学习情况进行动态分析，实现教学决策的数据化、评价反馈的即时化、交流互动的立体化和资源推送的智能化，从而促进学生高阶思维能力的产生与发展。

6.2　智慧课堂教学模式设计的理论基础

信息技术与教育教学的融合创新，是实现教育信息化的必由之路，也是实现教育现代化的基础。智慧教育是人类智慧与技术融合产生的教育信息化的新生态，有了智慧教育便产生了智慧课堂，智慧课堂的创新也需要一定的理论基础来支撑创新型教学模式的产生。支撑智慧课堂教学模式设计的理论基础有以下几种。

6.2.1　建构主义学习理论

建构主义学习理论认为，知识不是通过教师传授得到的，而是学生在一定的情境（社会文化背景）下，以个人原有的知识经验为基础，在教师和其他学习伙伴的帮助下，利用必要的学习资源，通过意义建构的方式获得的。其中，学习环境包括"情境""协作""会话"和"意义建构"四个要素。"情境"：学习环境中的情境必须有利于学生对所学内容的意义建构，这就对智慧课堂中教学设计提出了更高的要求，教学模式的创建不仅要考虑教学目标分析，还要考虑有利于学生建构有意义的情境的创设问题；"协作"：协作发生在学习过程的始终，协作对学习资料的搜集与分析、假设的提出与验证、学习成果的评价直至意义的最终建构均有重要作用；"会话"：会话是协作过程中不可缺少的环节，学习小组成员之间必须通过会话商讨如何完成规定的学习任务的计划，此外，协作学习过程也是会话过程，在此过程中，每个学生的思维成果（智慧）为整个学习群体所共享，因此会话是达到意义建构的重要手段之一；"意义建构"：这是整个学习过程的最终目标。

建构主义学习理论是智慧课堂教学模式设计的理论依据之一，强调意义建构的重要性；强调在意义建构中学生作为学习的主体，教师是学生学习过程中的指导者和帮助者；强调学习不是由教师把知识简单地传递给学生，给学生灌输知识，而是学生应结合教师提供的情境和资源，自主探究发现问题并解决问题，积极建构知识的过程；强调学习的主动性、社会性和情境性。在智慧课堂教学中，基于各种信息技术的优势，利用创建的智能学习空间和设计的智慧学习资源，可以实现学生的个性化学习和师生之间高效多维的师生交互，即时给予评价和智能推送自适应的学习资源。建构主义学习理论为智慧课堂教学模式的设计构建提供了重要的理论指导。

6.2.2　人本主义学习理论

人本主义学习理论是建立在人本主义心理学基础之上的，代表人物是著名心理学家马斯洛和罗杰斯。该理论注重发展人性、启发学生的经验和创造潜能，引导学生结合自身经验肯定自我，进而实现自我。也强调如何以学生为中心创设一个良好的学习情境，让学生达到自我实现，强调人的本性、尊严、理想和兴趣。人本主义学习理论认为在教学过程中要同时关注学生的认知发展、学习兴趣及学习动机，提倡采用能激发学生兴趣、培养学习动机的教学模式。在这种模式中使学生逐渐具备创造性思维，达到有意义学习的目的。智慧课堂的教学不仅能够激发学生的学习兴趣，还能促进智慧学习的发生，打造智慧高效的课堂，培养学生的创造力、激发学生的天赋与潜能，启迪智慧，回归人本，在学习的过程中实现自我价值，课堂教学过程中形成独立人格、富有创造性、能够快速适应时代变迁的人。

6.2.3　混合学习理论

混合学习（Blended Learning）是随着信息技术、通信技术和人工智能技术等的发展提出的，由网络学习逐渐演变而来的，与传统的课堂相比具备更加高效、个性化和低成本等优势。混合学习将两种或两种以上的学习方式有机融合，进而达到优化教学效果的新型学习方式。何克抗认为，混合式学习把传统学习方式的优势和数字化或网络化学习的优势结合起来，在教学中，不仅发挥了教师作为教学活动实施的带头人和推动者的作用，也充分发挥了学生是课堂活动的主力军的双重作用。智慧学习空间支持下的智慧课堂，将传统教学的优势与在线教学的优势相结合，学生的积极性和主动性得到发挥，极大地提升了学生的学习效果。在混合式学习中，学生利用移动终端设备，利用教师提供的智慧学习资源，自定学习步调，使个性化的学习得以形成，促进了学生智慧的发生。

6.2.4　掌握学习理论

掌握学习理论是著名心理学家、教育家布鲁姆提出的，布鲁姆认为只要给予学生足够的时间和适当的教学，几乎所有的学生对所有的内容都可以达到掌握的程度，学生学习能力的差异不能决定他能否学习要学的内容和学习的好坏，而只能决定他将要花费多少时间才能达到该内容的掌握程度。掌握学习理论注重对学生个体差异的关注，提倡个性化教学。智慧课堂下，个性化学习和因材施教得以实现，学生根据教师制订的任务清单结合自己原有的知识经验进行学习，在学习的过程中利用智慧学习平台，突破了时间和空间的限制，可以自由的选择学习时间和地点，对于有疑问的，教师可以提供个性化的学习指导，这样，通过交流工具和智慧学习平台的数据分析，教师可以掌握每个学生的学习情况，及时调整教学策略，保证每位学生达到对学习内容的掌握。

6.2.5　多元智能学习理论

多元智能学习理论由美国著名心理学家加德纳提出，多元智能学习理论认为，智能是人在特定情境中解决问题并有所创造的能力，每个人有八种智能，分别为语言智能、逻辑数理智能、空间智能、运动智能、音乐智能、人际交往智能、内省智能、自然观察智能，各种智能之间既相互独立，又存在着较为密切的联系。每个人都有一种或者多种优势智能，他认为只要教育得当，每个孩子都可能成为某方面的天才，在教学中要根据每个孩子的智能优势选择最适合学生个体的方法，即"因材施教"。在智能课堂中，作为教师要根据学生的自身优势，利用智能技术，结合学生的学习习惯和风格，推送适合他们的学习资源，努力培养学生的多种智能。在教学形式上重视小组协作和讨论，以利于智能的培养，最终达到学习目标的完成，让每个学生都学有所得，得有所长。

6.3 智慧课堂教学模式设计

6.3.1 智慧课堂教学模式的构建

智慧教学模式是在智慧教育理念的指导下，为了实现智慧课堂，促进学生完成特定的学习目标，通过使用一定的信息技术手段与教学活动过程进行融合而形成的一个稳定的教学模式。教师使用教学模式的能力与水平决定了学生学习效果的好坏。

结合前面专家、学者对教学模式及其要素和智慧教学模式的定义，得出一个完整的智慧教学模式由理论基础、智慧教学目标、实现条件、教学活动和智慧教学评价五个要素构成。美国学者乔伊斯等人提出的信息加工教学模式理论，目标是改善学生的逻辑思维过程，培养学生的批判思维与深度思维能力，重点强调学生的知识获得过程与个人学习能力的发展。该模式是为了促进学生高阶思维能力的发展，故本研究倾向于使用乔伊斯的信息加工教学模式，结合智慧课堂教学的特点，基于教学模式构成的五个要素，构建本研究的智慧课堂教学模式，以此推动学生高阶思维能力的提升。智慧教学模式具体内容如图6-1 所示，包括智慧教学目标、技术支持（实现条件）、教学活动、智慧教学评价四个构成要素（理论基础在前面已有表述，故本部分内容不再赘述）。

从图 6-1 可以看出，要想达成总目标，先要完成子目标。学生智慧的生成需要教师在教学过程中精心地设计教学活动和正确的引导。技术支持主要是指学生在学习过程中所有的支持条件。比如，智能终端设备、智慧教学平台、智慧学习环境和智慧学习资源等。教学过程中学生是学习的主体，教师是教学活动的组织者与指导者，因此这里把教学活动分为教师的活动和学生的活动，同时把教学活动过程分为三个阶段：课前、课中和课后。在每一个阶段，教师和学生都有相对应的活动。智慧教学评价中主要采用形成性评价和总结性评价两种方式，形成性评价主要依据线上学习活动数据、课堂参与度、随堂小测验、主体讨论与协作学习等情况综合评定；总结性评价是在教学活动过程结束后对学生目标完成情况进行的评价，大多以期末测试或者成果展示为主。智慧教学评价以智慧教学目标为依据，而评价情况反过来又可以对教学活动过程进行修改。整个模式的设计是在理论的指导下完成的，每一个过程中都蕴含着理论，因此教师理论水平的高低也影响着教学模式的实施。

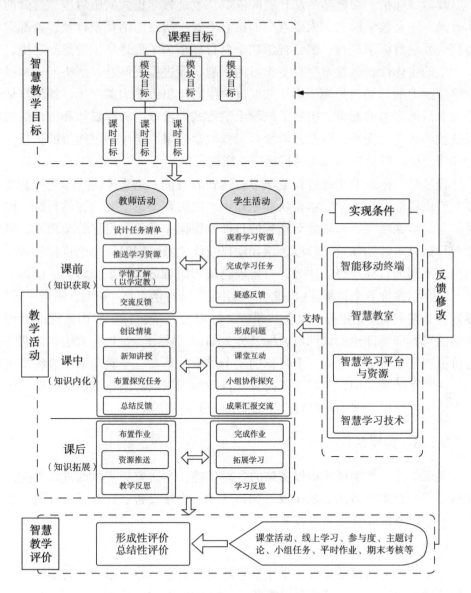

图 6-1　智慧教学模式

6.3.2　教学目标

教学目标是一切教学活动开展的依据，也是教学模式实施后应该达到的教学效果，还是教学模式五大要素中的核心要素，所有的活动设计及评价都需要围绕着教学目标来进行。制订智慧教学总目标是为了促进学生智慧的产生，发挥学生的主体性，激发学生自主学习的兴趣，促进发现问题、解决问题和批判性思维能力的发展，是为了培养并促进学生高阶思维能力的产生。教学目标作为教学活动实施的起点，决定了教学组织形式的选取、教学媒体和方法的选择以及教学活动的安排，也是评价智慧课堂教学效果、学生学习效果的依据，分为课程目标、模块目标和课时目标三个层次。

智慧总目标是学生通过智慧学习后达到的目标，是为了促进学生智慧的生成；模块目标是学生学完本模块后在知识、能力和情感上要达到的目标；课时目标是每节课学完之后学生要达到的目标。根据布鲁姆的目标分类理论，可将学习目标分为认知领域、情感领域和动作技能领域，同时，每个目标领域又可划分为不同的目标层级。比如，布鲁姆将认知领域分为知识、领会、运用、分析、综合、评价6个目标层级，这六个层级中又有学者将"知识、领会、运用"界定为低阶目标，"分析、综合、评价"界定为高阶目标。国内新课改借鉴布鲁姆的目标分类理论，将课时目标又分为知识与能力、过程与方法、情感态度与价值观三个维度，这是一个目标的三个维度，是在一个教学活动过程中实现的。在实际的教学中，可以将低阶教育目标的知识内容制作成微课视频，供学生课前学习使用，课中阶段对学生高阶能力进行培养。

6.3.3　实现条件

实现条件指教学模式得以实施的各种条件。本研究指智慧课堂教学模式开展所必需的技术支持的有机组成，如移动学习终端设备、智慧学习环境、智慧学习平台与资源和智慧学习技术。

1.移动学习终端设备

移动学习终端设备是保证学生能够随时随地进行自主学习的智能设备，常见的移动学习智能终端设备有智能平板、智能手机、笔记本等，具有移动方便、交互性强等特性。教师和学生需要借助移动终端设备进行线上学习与交流，丰富、完善教学过程。在智慧课堂中，常用的移动终端设备是智能手机（高校用得多）和平板（中小学用得多），随着移动技术的发展，智能手机成为人们日常生活中必不可缺少的设备，教学中，智能手机应用的也越来越广泛，如学生利用智能手机查阅教师发送的学习任务、观看学习视频资源、完成主题讨论、查阅资料完成作业、进行课堂互动等。随着技术的发展，智能手机和平板的功能也越来越丰富，学生还可以利用智能手机和平板通过多种形式进行课堂记录，以方便课后学习，如利用拍照、录制视频、语音录制等方式记笔记。同时，可以利用一些 APP 进行拓展性学习，如利用中国大学慕课学习平台选择自己喜欢的课程内容进行自主学习。总之，移动学习终端设备是学生进行个性化、自主性和碎片化学习的必备条件，也是智慧教学模式开展的基础。

2. 智慧学习环境

智慧学习环境是智慧教学模式实施的基础条件，要想开展智慧教学，首先得有智慧环境做保障。本研究主要将学习环境分为物理环境和线上学习空间两部分。物理环境主要是指智慧教室，线上学习空间指线上教学平台。由于在建设智慧课堂时需要投入的资金较大，因此很多学校建设的都属于基础型的智慧教室，能够满足基本智慧教学的开展。智慧教室主要由硬件和软件构成，硬件指多媒体设备、空调、桌椅板凳等基础设备，软件主要指网络教学管理平台、智慧教室管理系统、数据分析系统等。智慧教学平台是教师推送学习资源、发布主题讨论与通知、进行互动交流的主要软件工具，通过该平台，可将线上和线下学习结合起来，可以了解学生的学习情况、通过智能分析技术还可以给学生推送自适应学习资源，为学生提供有效的学习策略等。目前常用的网络教学平台有超星学习通、雨课堂、微助教、蓝墨云班课、Nearpod 等。

3. 智慧学习资源

智慧学习资源是指在智慧化学习环境中，为了满足学生个性化学习和深度学习的需要，能够支持智慧学习发生的一切可以利用的有效的新型数字化资源。它具有动态再生性、个性化自适应推送、强交互与共享和智能化等特点，学生可以利用智慧学习资源进行个性化自主学习。

智慧学习资源又分为预设性学习资源、生成性学习资源和适应性学习资源。预设性学习资源是教师根据学生的学习需求预先设计好的推送给学生的相关学习资源；生成性学习资源是学生在学习过程中通过与教师和学习伙伴等在交流互动中所生成的学习资源，其典型特征在于过程性和个性化，不是预先设计好的；适应性学习资源是智慧学习资源呈现的表现形态要具有适应性，同时适应性地呈现个性化的资源，以满足学生的个性化学习需求。适应性学习资源首先要适应学生，其次要适应学生所在的学习环境。智慧学习资源设计相关内容的详细介绍在前面章节已有详述，本部分不再赘述。

4.智能学习技术

智慧课堂的主体是学生，教师利用智能技术变革教学内容和方式，进而开展教学活动，促进学生智慧的生成。在智能时代，智能技术和大数据技术是开展智慧教学的关键要素，对学生学习数据的收集与分析，了解学生的学习情况等都离不开学习分析技术的支持。学习分析技术是对学生在智慧课堂学习过程中的学习数据进行可视化的分析与呈现，以便于教师根据数据分析结果，了解学生的优势与不足，进而调整教学安排，做到因材施教。

6.3.4 教学过程

教学过程是为了完成教学目标，在一定条件的支持下所开展的教学活动的程序，是智慧教学模式的核心，如教学过程分为课前、课中和课后三个阶段，在这三个阶段中又包含教师的活动、学生的活动两个方面，每个阶段的设计都要围绕"以学生为中心"的理念进行。

1.课前

（1）前期分析。智慧教学是以学生为中心，因此在进行教学设计的时候先要进行前期分析。其主要包含学生需求分析、学生的内容分析和学生特征分析，这是为后面教学目标的制订和教学策略的选择做准备。学生需求分析是学生目前的学习状况与期望达到的状况之间的差距，一般是根据课程教学大纲或者学科课程标准进行，可以通过访谈、问卷调查等方式来进行分析。学生内容分析是学生为了完成特定的教学目标所必须学习的知识与技能，主要是对学生需要学习的内容结构及学习内容的内容属性进行分析，分析学习内容的结构是为了厘清知识点及知识点之间的关系，分析学习内容属性是为了确定学习内容的目标属性，为后续教学目标的确定奠定基础。同时在学习内容分析的基础上，确定学习内容的重点和难点，进而明确教学目标。学生特征分析是对学生的认知特征、初始能力和学习风格与习惯进行分析，通过了解学生的特征，设计出最优的教学活动过程，以促进学生的学习效果。

（2）发布学习任务清单。前期分析设计完后，依据教学目标需要，结合内容分析和学生学情分析，设计学习任务清单。学习任务清单一般包含学习目标、导学案、学习任务、学情反馈等。学习目标一定要用具体、清晰明确的行为动词编写，越清晰明确，学生在进行自主学习的时候越能够明白自己的学习方向，就像大海中的灯塔一样指引着船航行，更好地引导学生进行自主学习。导学案包含学生完成学习任务时需要使用的方法、学习路径等，通过给学生提供一定的学习资源，能够快速地引导学生完成学习目标，引导学生高效深入地进行学习。学习任务是学生完成学习目标的重要保障，课前学习任务一般包括视频资源学习、主题讨论、学习检测、作业及反馈交流等，学生通过完成学习任务或者解决学习中遇到的困难及问题来实现教学目标。学情反馈是学生对课前学习情况的反馈，是学生对学习内容、学习任务完成过程中遇到的问题、收获等的交流反馈。通过交流反馈，教师了解学生的学情，为后面线下课堂教学的设计提供依据。学生通过自主学习，其自我学习能力、交流能力、解决问题的能力和思维能力得到锻炼。

在课前学习阶段，教师还有个重要的任务，就是提供学习资源，目前提供的学习资源有自制视频资源、优秀网络学习平台的学习资源、学习检测题等。无论是自制视频资源，还是网上选择的视频资源，只要能够满足学生的需求都可以。对于检测题目来说，可以设置成主观题、主题讨论或者客观题，教师通过学习平台推送给学生，学生自主进行学习，教师可以随时了解学生的学习情况、学习进度，还能通过互动区域对学生遇到的问题答疑解惑，为后续的线下课堂教学设计提供依据。

2. 课中

传统的课堂教学模式是教师讲、学生听，教师是课堂的主体，学生只能被动学习，缺乏对能力的培养，因此在智慧课堂中，教师要根据课前学情交流反馈的情况和学习任务完成情况，掌握学生课前自主学习的效果，调整教学活动设计。教师可通过创设情境导入新知，通过引导、启发学生思考设计的问题，组织学生进行重难点知识的消化与吸收，在这个过程中可以采取小组探究式教学、启发式教学和任务驱动式教学，让学生在探究中学会发现问题、解决问题，在与教师和学习伙伴的协作交流中培养自身的思维能力。

（1）创设情境阶段。教师根据课前学习情况创设情境，引导学生进行学习探究，激发学生的学习兴趣和动机。

（2）小组合作探究阶段。教师在讲授新知的过程中，可以利用学习平台布置小组任务，引导学生进行学习探究，通过小组合作探究，培养学生发现问题、分析问题和解决问题的高阶能力。同时，教师也可以利用学习平台组织课堂讨论，激发学生的创新思维。

（3）成果展示与汇报阶段。学生在探究学习的过程中，可通过教师发布的学情问卷说出学习中遇到的困惑和问题，教师通过汇总，对学生的共性和个性问题进行选择性讲解。学生完成小组任务后，可以将学习成果上传至学习平台，还可以派代表进行成果汇报，小组成员也可以对自己在小组协作任务中的表现及贡献进行自评，也可以对其他成员和小组的作品进行打分与点评。在这个过程中，学生不仅可对知识进行内化，还促进了批判性思维能力的发展，进一步提升了学生的学习能力。在汇报完成之后，教师对刚才小组汇报的情况进行实时总结点评，使学生的学习都能够得到及时的反馈。

（4）随堂检测阶段。教师还可以利用学习平台随时发布检测题目和调查问卷，通过对学习平台数据的分析，及时了解学生的学习情况，分析学生存在的问题及原因，进而调整、完善教学设计方案。

（5）归纳总结阶段。在知识小结阶段，教师进行知识的总结，引导学生对知识的结构建立逻辑关系，帮助学生完成知识的建构。

3. 课后

课后阶段是总结拓展阶段，在这一阶段，教师可布置学习任务、提供拓展学习资源和总结反思，对于拓展性材料的选择要与本节课的内容相关联，是对本部分内容的延伸，以此丰富学生的知识体系；学生则是观看教师提供的拓展资源、完成学习任务和反思总结。该阶段是教师和学生共同提升的阶段，教师通过总结反思优化调整自己的教学，反思教学活动的开展是否体现了学生的个体特征，创设的情境是否为学生的深度学习提供了帮助，课堂学习任务的设置是否能促进学生的深度互动，是否能够达成课堂教学目标等，以此优化调整自己的教学设计。学生通过总结反思自己是否完成了学习目标，是否实现了学习内容的掌握等，以优化自己的学习策略与方法，这样有利于学生进行自我认知的培养，提高学生的自我认同感，促进学生内部学习动机的生成。

教师和学生通过反思，分别对自己的活动进行调整，教师可以优化改进教学设计，积累的教学经验、方法可以运用到后续的教学中，以更好地进行教学，同时提升自我效能感；学生可以优化自己的学习策略与方法，可以运用已有的认知与思维来进行后续的学习，为终身学习能力的培养奠定基础。

6.3.5 教学评价

教学评价是围绕着教学目标，对教师的教学效果、学生的学习过程与效果进行的评价，对教学活动具有调整作用。教学评价作为教学模式的一个重要环节，其评价的好坏直接影响着后续教学活动的开展。

教学评价是在教学模式实施后，判断教学模式的实施是否能达成教学目标及实施程度。由于不同的教学模式具备的教学目标、实现条件、教学过程等不同，故需要不同的评价方法和标准。传统的评价方式比较单一，注重对学生学习结果的评价，一般是以学生的学习成绩来进行衡量，平时主要以考勤等进行评价，期末考核的比例占比较大，因此造成学生在考前认真复习，平时课堂学习效果不佳的现象。智慧教学模式的评价一定要围绕"如何促使学生的智慧生成"来进行，评价中要体现学生的主体地位。根据评价的功能，分为过程性评价和总结性评价，智慧教学评价中应采用自评、互评和教师评、过程性评价和总结性评价相结合的方式进行。形成性评价主要来自平时的考勤、随堂测验、平时作业、主题讨论、分组任务、课堂参与度等，它基于智慧教学平台的数据分析技术，对学生的课前、课中和课后三个阶段的学习数据进行跟踪记录，并形成学生情况和教师情况，让教师通过反思优化教学活动，学生通过反思自身学习中的问题和不足，进而调整学习策略。总结性评价是学期任务完成之后对学生所采用的评价方案。通过多主体、多元化的评价方式，可弥补传统评价方式中评价主体和方式单一的弊端。好的评价方式和标准能够帮助教师了解教学情况，反过来可以调整教学模式、优化教学过程，从而取得更优的教学效果。

6.4　智慧课堂教学模式应用

本研究以平顶山学院的现代教育技术课程为例进行智慧教学模式的应用研究。该课程是师范生的必修课，研究对象为 2019 级小学教育专业的学生。

6.4.1　课程分析

1. 课程简介

现代教育技术（Modern Educational Technology）是小学教育专业的一门教师教育必修课程，支撑学科素养、教学能力、学会反思三项毕业要求。围绕小学教育教学领域，通过现代教育技术概述、信息化教学设计、多媒体素材的获取与处理、多媒体课件设计与制作和新技术及其教育应用等相关知识的学习以及相应技能的训练，学生具备在信息化环境下进行系统的教学设计、评价与反思的能力，具备多媒体素材、多媒体课件和微课等教学资源的设计与制作能力，为以后在教学中实现信息技术与学科的深度融合奠定基础。

2. 课程的教学目标

通过课程学习，达成以下具体目标。

课程目标1：能够诠释和运用现代教育技术理论，界定、细分和学习信息技术知识与技能、多媒体素材、信息化教学资源、教学设计方法、教学模式、教学评价的技术与方法等教育技术基本知识。

课程目标2：能够进行信息化教学设计模式的构建及教学应用，具备对教学所需的资源进行获取、设计与制作的技术与能力，能够在教学中实现信息技术与学科的深度融合。

课程目标3：能够意识到现代教育技术在教学中的重要性，能够在教学实践中运用所学现代教育技术理论探究与评析教学活动，具备主动运用信息技术进行自我反思与发展的意识与能力，以促进自身的终身学习与专业发展，未来更好地成为德才兼备、全面发展的教师。

3. 该课程在传统教学中存在的问题

现代教育技术课程是为培养师范生信息化教学能力而开设的，但是目前传统的授课方式存在一定的不足，具体体现在以下四个方面：①传统的授课形式还是以教师为主导的"满堂灌"课堂教学模式，教师上课讲，学生被动接受学习，教学形式单一，且理论知识较多，实践相对较少，课堂上学生只用带着耳朵听，听的效果如何，缺乏实时的教学反馈，教师只有在期末考核的时候才能了解学生的学习情况。教学是根据教师的备课进行安排的，没有根据学生的需求进行设计。学生在学习的过程中，教师讲的东西如果想听就听听，听的过程中有问题也不会主动询问教师。这样的教学模式激发不了学生的学习兴趣和动机，使学生被动地接受知识。②课程的定位有偏差，过分注重理论、忽视实践。该课程不仅要培养师范生掌握基本理论、基本技能，还要让其具备在新技术环境下利用理论来对学习过程和资源的设计、开发、运用和评价进行指导的能力。③教学评价单一。由于公修课上课人数过多，所以教师很难掌握每个学生的学习情况，且教学评价方式单一，主要是靠学生提交的作业和期末考核作品进行评价。④学习资源不能满足智慧学生的学习需求。传统的资源相对比较单一，主要是教师上课的课件、案例等资源，学生得不到拓展性和个性化的学习资源，难以满足学生个性化、自主化、智能化和泛在的学习需求。随着信息技术的发展，需要的是创新型的智慧型人才，在这样的模式下，很难促进学生智慧的生成，因此要引入智慧课堂教学模式，改变传统的学习效果不佳的状态。

4. 解决途径

本课程拟通过改变整体教学思路，以项目为驱动，采用模块化教学，注重实践，提高学生就业竞争力。根据师范生培养要求，加强元认知培养，加强课程理念引导和学生思辨能力的培养，以适应信息时代人才培养和终身学习的需要。

（1）课时调整。现代教育技术课程总学时 36 个，一般在大二的下学期（第四学期）进行上课，每周 2 学时。在实际的教学过程中，结合其他课程的安排，该课程的学时由以前的 36 个纯理论学时逐步发展到 18（理论）学时 +18（实践）学时，到最后定为 14（理论）学时 +22（实践）学时。这样安排的原因在于，针对教育技术的理论基础部分，大部分师范类专业都开设了教育学和教法课，学生对理论部分已掌握得比较牢固，故本课不再详细赘述，而让学生通过线上网络课程结合自己前期的知识经验进行自主学习。通过课时比例调整，增加了学生实践锻炼的机会，学生的学习积极性有所增强。

（2）优化教学内容。依据《中小学教师信息技术应用能力标准（试行）》及《师范生信息化教学能力标准》重构教学内容体系，与学生专业接轨，以更适合智慧学生的学习和未来就业。

（3）教学模式调整。在现代教育技术课程中，利用超星学习通平台，采用线上线下混合式教学，充分利用课前、课中、课后三个阶段引导学生对知识进行掌握，以期通过将前面搭建的智慧教学模式应用在实际的课程教学中，一方面验证智慧教学模式是否有效，另一方面为智慧课堂的教学模式改革积累经验。课前以基础知识学习为主，教师还可以发布相关测试来了解学生对基础知识掌握的情况，同时可以通过平台与学生及时进行交流反馈。

课前（知识获取的过程），教师根据教学目标，给学生布置相应的学习任务，学生利用超星网络学习平台上的相关资源开展自主学习。

课中（知识内化的过程），教师针对学生在完成任务过程中存在的共性与个性问题，采用面对面集中讲授的方式进行重难点的答疑解惑和点评。在解决个性化问题时，根据不同的探究问题，让学生分小组进行交流讨论和汇报，提高学生学习的参与性和综合素质。课中阶段的师生互动和课堂作业可通过线上平台和其他互动平台进行。

课后（知识的深化拓展阶段），学生根据教师和其他同学的建议，修改、完善、提炼自己的学习成果并进行反思总结，遇到不懂的问题，可以去超星学习平台反复观看教学视频资源，或与同学在平台上进行交流互动。同时，教师可提供拓展性学习资源，以深化拓展学生的学习体系。

6.4.2 超星学习通平台及资源

1. 超星学习通平台简介

（1）超星的"一平三端"智慧教学系统。超星学习通是面向智能手机、平板电脑等移动终端的移动学习专业平台。超星的"一平三端"智慧教学系统是以在线教学平台为中心，涵盖课前、课中、课后的日常教学全过程，融合教室端、移动端、管理端各类教学应用于一体的信息化教学系统。超星"一平三端"智慧教学系统融入"互联网+"思维，充分借鉴大脑管理神经行为的机理，打造出承载"教学资源+教学数据+智能分析"的强大"云端大脑"。"一平三端"将课前建课、备课和学生预习、课中课堂教学和实践操作、课后复习考核和教学评估等整个教学过程融会贯通，实现对"线上+线下"教学全过程的即时数据采集、云端分析处理和即时结果反馈，促进学校教学模式、组织模式与服务模式变革，协助学校构建"互联网+"下完整的教学生态体系。

（2）功能。超星智慧教学系统分为电脑端（超星云平台）和移动端（学习通）。不管是哪一种端口，它们的数据都可以同步进行。

课程建设功能：超星网络教学平台提供便捷易用的课程编辑器，支持添加图片、文档、音视频、动画、网页链接、问卷、测验等，同时支持调用超星备课资源库中的图书、报纸、知识点、学术视频、期刊论文等海量资源。

课程资源建设：超星网络教学平台的资源建设，以课程为中心，整合教师的自有资源、学校的现有资源、超星集团的教学资源和网络公开资源，强化应用功能和共享机制设计，包括课程资料库建设、题库建设、作业库建设、试卷库建设。而资源为开展教学活动提供了保障。

超星网络教学平台的教学活动开展：以移动端或 PC 端的各个教学应用为抓手，实现资源收集、课前备课、课程督学、课堂考勤、课堂教授、课堂讨论、课堂练习、学习反馈、学习记录、课程回顾、课程评价的全流程教学过程的开展，实施线上课程与线下教学相结合的翻转课堂教学模式、混合式教学模式等新兴教学方式，推进以"教"为中心到以"学"为中心的转变，增强课堂的互动交流，开展过程性的考核与评价，促进信息技术与教育教学的深度融合，推动课堂教学改革。

教学运行管理：超星网络教学平台的教学运行管理的设计围绕教学这一中心，提供了课程运行管理、课堂管理、班级管理、教师团队管理、助教管理等运行模块，保证教学工作的稳定运行和教学质量的提高。

教学数据分析：超星网络教学平台即时收集每个教学班级的教学过程数据，教师可基于移动端或 PC 端查看课程统计、学生学习情况统计、课程讨论、课程内容统计、作业统计、课堂积分、课程学习访问量、成绩统计等课程数据。这样可以帮助教师更加全面地了解学生的学习情况，并且有效调整教学策略。

超星学习通平台有强大的功能，可以从课程资源、课程教学活动开展、教学管理及教学数据分析等方面全方位地保障教师进行教学改革。

2. 课程资源

一方面，课程团队利用超星平台建设了现代教育技术网络课程，该课程成功申报为省级线上线下混合式一流课程，具有丰富的资源，可供学生学习使用；另一方面，国内知名 MOOC 平台也有丰富的学习资源，可供学生学习使用。

6.4.3 实施过程

1. 前端分析

前端分析是在教学活动开始之前的分析，是整个教学设计活动开展的基础，主要明确"教什么"和"如何教"的问题，包含三个方面内容：学习需求分析、学生特征分析和学习内容分析。在前端分析阶段，可以利用信息化工具与手段进行分析，比如通过思维导图的形式对学习内容进行分析，形成知识地图。

（1）学习需求分析。学习需求分析指学生目前的学习状态与期望达到的状态之间的差距。针对本门课来说，主要是根据师范生信息化能力标准、中小学教师教育技术能力标准及小学教育专业毕业要求等进行需求分析，通过分析形成该课程的课程教学大纲。这是从教师角度所认为的学习需求，和学生本身的需求角度不同，最终的设计会根据外部需求和学生的内部需求综合考虑。

（2）学生特征分析。学生作为智慧课堂活动的主体，在进行教学设计的时候，是首要考虑的因素，其直接影响着教学设计的实施效果。通过对学生的认知能力特征、初始能力、学习态度等进行分析，了解其学习动机与风格，有助于后续智慧教学活动的设计与开展。现代教育技术课程本学期（大二下学期）开课对象为2019级小学教育专业的学生，该班共有学生50人，其中女生42人，男生8人，该阶段的学生学习能力强，喜欢接受新事物。

本研究为了验证智慧教学模式实施的可行性，对该班的50名学生进行了问卷调查，在学期初通过问卷星进行发放，一共发放问卷50份，回收50份，有效率100%。

一般特征：该班学生作为信息化时代下成长的"数字土著民"，对信息技术的操作能力很强，很乐意接受新事物，且思维活跃，自主学习效果良好。

初始能力：该专业学生在大一和大二上学期均已修过计算机文化基础、教育学和心理学等课程，已经具备一定的计算机文化素养和相关的理论基础。通过调查发现，90%的学生对学习理论和教学理论的理论基础已有掌握，但是对素材的获取与处理等知识掌握的学生只占总数的8%；84%的学生对PPT有一定的了解，但是对如何运用该软件去制作多媒体课件不太了解，通过对学生初始能力的分析，可以为后面内容的选择提供参考。

学习动机：通过调查发现，70%的学生认为该课程是师范生的必修课，是学校安排的教学任务，为了取得学分不得不学；有12%的学生认为是出于未来工作的需要而进行学习的；还有18%的学生是因为对该课程比较感兴趣。从中可以看出，只有18%的学生是因为内部动机想学习。详情如图6-2所示。

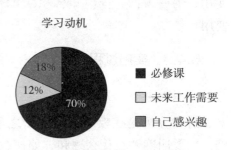

图6-2 学习动机统计图

学生学习需求：通过统计发现，26%的学生偏重理论的学习，48%的学生偏重实践的学习，他们认为应该多安排些信息化工具在教学中应用的实践内容，还有26%的学生认为理论与实践同样重要，实践的开展需要理论的指导，只有理论掌握好了，才能更好地实践。另外，通过统计发现，学生希望在课堂上有更多的互动，希望提供自主学习机会以及教师借助信息技术开展形式多样的教学等。学生还乐意教师尝试新型的智慧课堂教学模式，认为原有的教学模式都是教师在讲，学生被动接受知识，即使在课堂教学中有疑问，也没时间与教师进行交流。比如，在问到你希望在学习的过程中得到教师和学习伙伴的帮助吗？（图6-3）有63%的学生都希望得到帮助，仅有15%的学生感觉到无

所谓。在问到你希望在学习过程中与你的同伴进行交流吗？（图 6-4）有 52%
的学生非常希望与同伴交流，有 40% 的学生希望进行交流。还有大部分的学
生希望教师提供丰富的学习资源，自己先学，不会的或者有疑问的教师再进行
讲授。

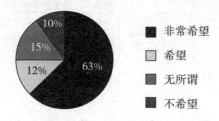

图 6-3 是否希望得到教师和学习伙伴的帮助

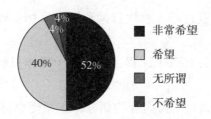

图 6-4 是否希望与教师和学习伙伴交流

（3）学习内容分析。结合前期学习需求调查分析，该课程为理论与实践并
重的课程，采用模块化教学，理论部分分为四个模块，主要是让学生了解学习
现代教育技术的意义及新时代对教师提出的要求，然后利用理论基础进行信息
化教学设计；实践部分分为六个模块，是根据教学设计方案对需要的资源进行
获取与加工、微课的设计与制作以及新技术在教育中的应用，为开展信息化教
学提供资源与技术支持。理论部分中信息化教学设计模块为重点内容，实践部
分中多媒体课件设计与制作、微课设计与制作是重点内容。现代教育技术课程
内容框架如图 6-5 所示。

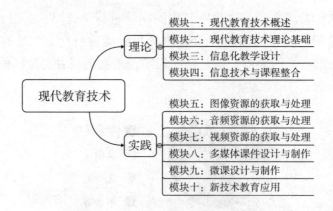

图 6-5　现代教育技术课程内容框架

2. 学习目标分析

学习目标又分为课程目标、模块目标和课时目标，现代教育技术课程三个目标的具体内容如下。

课程目标：本课程共有三个课程目标（至于具体目标内容，本章节前面已有介绍，此处不再赘述）。

模块目标：根据前面对学习内容的划分，在课程总目标下，又分为 10 个模块目标，每个模块下面又有课时目标。以模块九"微课设计与制作"为例，模块目标如下：①能够说出微课的定义、类型、制作流程、录制方式与方法、选题原则和评价标准等基础知识；②掌握每种类型微课的特点与制作方式，并能够根据教学的需要选择合适的制作方式与软件工具设计与制作微课视频资源；③能够熟练操作微课制作工具 Camtasia Studio 制作微课；④通过微课作品鉴赏与制作，提升学生的审美能力和分析问题的能力。其共分为 3 个课时进行教学。

课时目标：具体课时目标内容如表 6-1 所示。

表 6-1　课时目标

课　时	教学内容	课时目标
课时 1	微课的定义、分类、制作流程、录制方式与方法、选题等基础知识；录屏型微课、拍摄型微课和创作型微课的制作工具及方法	（1）能够说出微课的定义、类型、制作流程、录制方式与方法、选题原则和评价标准等基础知识 （2）掌握每种类型微课的特点与制作方式，并能够根据教学的需要选择合适的制作方式与软件工具设计微课

续　表

课　时	教学内容	课时目标
课时 2	用喀秋莎软件制作录屏型微课	（1）学会使用喀秋莎软件进行录屏 （2）学会使用喀秋莎软件进行视频剪辑、声音处理等
课时 3	用喀秋莎软件制作融合式微课	（1）学会使用喀秋莎软件进行视频抠像 （2）学会制作融合式微课视频资源

3.教学过程

根据前面设计的智慧教学模式，对现代教育技术课程进行线上线下混合式教学设计，教学实施过程分为课前、课中、课后三个阶段。以模块九"微课设计与制作"为例进行展示。

（1）课前（知识获取）阶段。该阶段是课程教学团队共同研讨、制订教学设计方案，同时准备学习资源并设计学习任务清单的阶段。准备的学习资源主要包括微课视频资源、学习任务清单、导学案、PPT 课件等。下面详细介绍学习任务清单和微课视频资源。

学习任务清单：学习任务清单以思维导图的形式，通过超星平台的通知功能发给学生，教师可以及时看到学生收到情况。在上课之前，教师可以通过超星平台的通知功能给学生发布课前学习任务清单，还可以在后台观看学生完成预习的数据。通过数据分析为后续教学安排提供依据，做到以学定教，如图 6-6、6-7 所示。

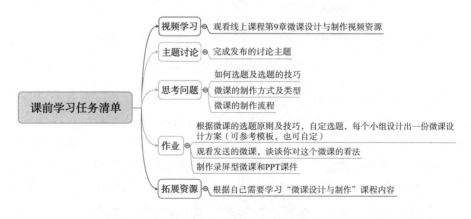

图 6-6　课时 1 课前学习任务清单

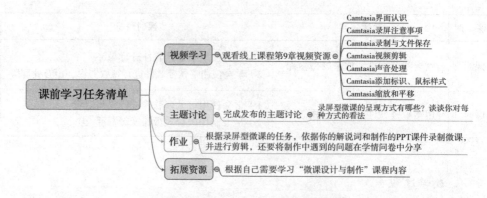

图 6-7　课时 2 课前学习任务清单

微视频学习资源：根据学习内容，将本模块知识划分为一个个小的知识点，每个知识点相对独立，但从模块来看又有一定的逻辑联系。本模块微视频学习资源如图 6-8 所示。

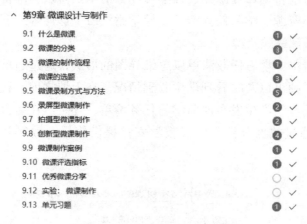

图 6-8　本模块微视频学习资源

课前，学生根据学习任务清单进行自主学习，教师在超星平台上通过学情调研问卷等了解学生的学习情况。同学之间可以通过讨论主题进行交流，也可以通过手机端（学习通）和学习伙伴进行交流。教师可以在后台观看到学生收到课前学习任务的通知情况，对没有收到的学生及时进行提醒。同时，通过后台数据了解每个学生观看的视频完成度还有主题讨论参与的情况，重点关注没有参与主题讨论的学生，了解其不参与的原因并有针对性地进行引导。

（2）课中（知识内化）阶段。课程导入：在上课时，通过"平顶山市最佳红色宣讲员评选活动"视频类型引出本节课，提问学生"如果你参加本次活动，你会选择什么类型的制作方式？"学生通过观看视频思考自己的选择，并回答为什么。在这个过程中，教师一步步引导学生对每种类型的微课进行分析。通过红色教育的引入，一方面与思政课程紧密融合，另一方面激发了学生的学习兴趣，如图 6-9 所示。

图 6-9　课程导入截图

课中答疑：针对学生课前学习任务中存在的疑惑或者问题进行解答。通过答疑告知学生喀秋莎软件的优势，录屏时声音设置的注意事项及如何调整声音的大小，加深学生对相关知识的理解。

小组协作探究：教师将重难点及学生存在的疑惑解答后，为了引导学生进行探究，将录屏型微课的三种制作方式设计为小组探究任务，让学生探究"对三种不同类型的录屏型微课的看法，思考哪种类型最好，并说出理由"，小组成员先进行交流，后形成小组的成果。

成果汇报：每个小组推荐一名成员代表本小组，将本小组的最终成果展现给全班同学，其他小组对其汇报的情况进行提问并打分。在这个过程中，小组成员先进行自评，教师则根据小组的汇报情况及小组协作情况进行打分。等最终汇报完成后，教师统一进行点评，引导学生明白没有哪种效果是最好的，方式的选择要根据自己的选题、自身的特点、教学内容及自身的信息素养等几方面综合考虑。

新课讲授：根据小组汇报情况，大部分小组认为画中画型（图 6-10）效果好，认为这种微课类型有在课堂中上课的感觉。基于此，引出本节课的重点内容：喀秋莎中多轨道编辑。"根据图 6-11 中的画中画案例，分析画中画效果是如何呈现的，需要几个画面？"，引导学生明白是由三个画面组成的，这三个画面分别占据不同的轨道，并且轨道上面的画面会遮挡下面的画面，在编辑的时候要注意轨道的顺序，并强调画中画效果比 PPT 课件制作效果要好。

罗晓雨
01-05 17:18
　0　👍　💬　≡

第一个是画中画，教师会出现在画面里，让学生有一种亲切感。第二个是全屏都没有老师出现的，像这种授课方式对我们的PPT制作嗯，要求很高，要更加的精美吸引学生的注意力。第三种就是教师在需要出现的时候出现，这种的话有利于集中学生的注意力，并且有利于加深学生对重点的掌握。我个人更偏向于人在需要出现的时候出现，这样就有利于加强重点，突出重难点。

叶舒淇
01-05 16:04
　0　👍 0　💬　≡

①画中画有教师出现模拟一对一教学场景，使学生仿佛在现场上课一般，会更愿意去学习。但在制作PPT时要留是人像的位置，同时注意视觉审美等方面。
②全录屏没有教师出现，对PPT制作的精美度要求较高，但也能有效防止学生注意力分散。
③人与录屏型在需要教师时教师才会出现，重点突出，有利于学生集中注意力到学习内容上。
④每种方式各有千秋，难度也有所不同，考验制作者的能力，制作者需要按照知识内容等去选择。

图 6-10　学生对三种类型微课的看法

案例讲解

图 6-11　画中画类型案例

　　总结反馈：针对本节课中的知识点进行总结，进一步帮助学生优化认知结构，同时对学生学习过程中的重点及难点进行强调，为后续知识的学习做好铺垫衔接。

　　（3）课后（知识的拓展）阶段。课后通过布置作业和总结反思进行知识的拓展与优化。本节课的课后作业为"根据课上所学画中画类型微课的制作方式，结合自己的设计方案，每人制作一个 3～5 分钟的微课"，作业通过超星平台进行提交。通过完成作业，学生对学习内容的掌握程度加以提高，同时为学生提供相关拓展学习资源，如中国大学慕课中的"微课设计与制作"课程。

教师通过查看超星平台对学生的数据进行分析与总结。教师从中找出教学过程中需要优化的地方和学生存在的问题，在后面的教学中进行调整和积累教学经验。学生通过对自己学习情况的了解，找出自己学习中存在的问题，然后调整自己的学习方法，优化自己的学习策略。

6.4.4　智慧教学模式应用情况分析

学习结束后，通过调查法、访谈法对学生应用智慧教学模式的学习效果进行分析。对该班的 50 名学生通过问卷星发放《基于超星学习通的智慧课堂教学模式应用效果问卷》进行调查，并从中随机抽取 6 名学生进行访谈，了解学生对智慧教学模式的学习体验及满意度。

1.学生模式应用问卷调查分析

在该学期快结束的第 17 周，对本学期（大二下学期）使用智慧教学模式的学生进行调查，本次共发放学习问卷 50 份，回收 50 份，有效率为 100%。

（1）智慧课堂教学模式认同度。通过调查发现，学生在被问到是否赞同教师在课堂上使用智慧课堂教学模式时，有 64% 的学生表示非常赞同，有 20% 的学生表示赞同，有 12% 的学生表示无所谓，有 4% 的学生表示明确不赞同。此外，有 56% 的学生表示非常适应这样的学习模式；58% 的学生表示希望在以后的教学中教师也采用智慧课堂教学模式；72% 的学生赞同智慧课堂教学模式能够弥补传统教学模式中的不足。以上的调查结果与后面访谈的结果相吻合，有部分学生不赞同使用新型模式的原因在于该模式加重了他们的学习负担，传统的课堂教学只用带着耳朵听听就可以，智慧课堂教学模式中还需要思考，故他们不喜欢。具体如图 6-12 所示。

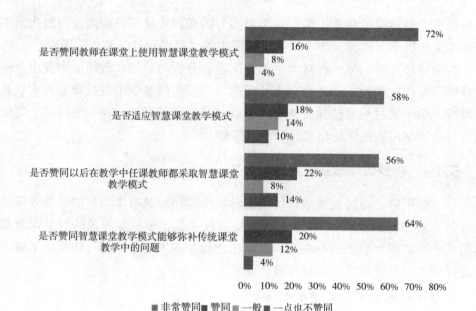

图6-12　智慧课堂教学模式认同度

（2）学习满意度。学生喜欢在课堂学习中使用智慧课堂教学模式。调查发现，有68%的学生认为超星平台的学习资源很丰富，有助于他们课前进行预习，并且有60%的学生喜欢采用超星学习通平台进行课前学习（图6-13）。有34%的学生非常赞同和50%的学生赞同智慧课堂教学模式激发了他们的学习兴趣，有30%的学生非常赞同和48%的学生赞同智慧课堂教学模式增强了他们的课堂参与度，还有26%的学生非常赞同和48%的学生赞同智慧课堂教学模式加深了他们对课堂知识的掌握（图6-14）。通过以上调查发现，大多数学生对教师采用智慧课堂教学模式进行教学还是比较满意的，智慧课堂教学模式激发了他们的学习兴趣、提升了他们的课堂参与度和加深了他们对课堂知识的掌握，进而提升了学生的学习效率，体现了以学生为中心的教学理念在课堂教学中的实现。虽然大多数学生对此模式满意度比较高，但是也有一部分学生不喜欢将该模式应用到学科教学中，认为这些模式没有传统模式合理有效。

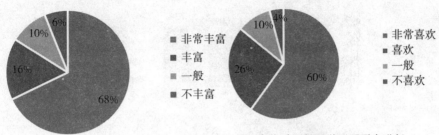

超星学习通平台上的学习资源是否丰富　　　　是否喜欢采用超星学习通平台进行课前学习

图6-13　学生对学习平台和学习资源的满意度

图6-14　学生对模式的满意度

（3）学习效果。针对课前学习中遇到的问题或者困惑，有48%的学生通过与学习伙伴交流进行解决，有62%的学生通过与教师交流进行解决，他们认为教师更可靠些，有60%的学生选择自己查资料进行解决，有72%的学生选择反复观看教师提供的学习资源进行解决，仅有8%的学生认为发现问题可放任不管，还有14%的学生会选择其他途径解决（图6-15）。这与后面学生的自主学习能力、交流能力、批判性思维能力和反思总结能力的调查结果一致。

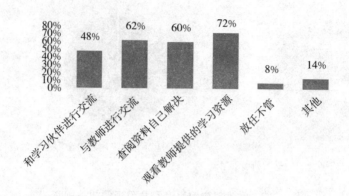

图6-15　课前学习中遇到问题或者困惑的解决途径

对于智慧课堂教学模式是否提升学生的学习效果，通过调查分析发现，该模式有助于提升学生的自主学习能力、协作交流能力、分析问题和解决问题的能力、批判性思维能力和总结反思能力。有些学生认为提升效果一般，原因在于刚开始采用此模式，感觉成效不是那么明显，需要长期坚持使用。具体内容如表6-2所示（智慧课堂教学模式简称为"模式"）。

表6-2　学习效果

选　项	非常赞同	赞同	一般	一点也不赞同
在该模式下，通过课前的自主学习，自主学习能力提升了	32%	44%	8%	4%
模式有助于提升小组协作和交流能力	40%	38%	16%	8%
模式有助于提升分析问题和解决问题的能力	28%	48%	14%	8%
该模式增加了我与同学及教师的交流互动，提升了批判性思维能力	22%	42%	20%	16%
模式有助于提升总结反思能力	36%	40%	16%	8%

为了了解学习效果的影响因素，为了后续优化提升学习效果，针对采用智慧教学模式影响学习效果的因素进行调查，调查发现，有72%的学生认为学习资源是否丰富是影响学习效果的因素，因此教师要给学生提供丰富的学习资源，以保证学习效果；另有46%的学生认为教师教学活动设计是否合理影响自身的学习效果，在智慧课堂教学模式应用中，教师的设计能力需要加强，如何

设计符合学生学习特征和课程性质的课堂显得尤为重要；还有 30% 的学生认为自主学习能力和自律性也是影响学习效果的因素之一；还有 32% 的学生认为教师监督是否到位也影响着学生的学习效果，尤其是在课前学习阶段，有效的监督能够保证学生的学习效果；只有少数学生认为学习评价和课前学习任务是否合理影响学习效果。具体内容如图 6-16 所示。

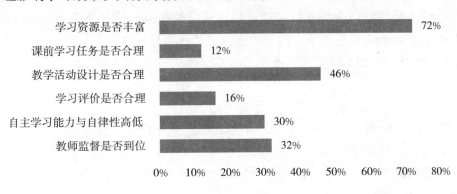

图 6-16　影响学习效果的因素

2. 学生访谈调查分析

学生在回答调查问卷时，由于个人理解不同，所以会导致调查存在一定的不足。为了进一步保证调查研究的客观性，选取 9 人面对面进行访谈，共设计 3 个问题，具体内容如下。

（1）你觉得智慧课堂教学模式怎么样？它与传统课堂教学模式相比，有什么优缺点

学生 1：我认为智慧教学模式很好，首先可以让我做到随时随地进行学习，课前对一些基础的知识进行学习，遇到的问题还可以通过各种方式进行解决；课上老师针对大部分学生不会的问题进行答疑，提高了学习的针对性，不像以前学生有问题得不到及时的回应。总之，我喜欢这样的模式，课堂上我需要开动脑筋才行，传统课堂带个耳朵来听课就行，需要动脑筋的机会不多。

学生 2：我还是比较认可这样的模式的，它与传统课堂教学相比，最大的优势是学生在课堂上的参与度提升了，课堂上的交流互动多了，不那么容易跑神了，时刻注意听讲，要不等老师提问时候害怕回答不上，还让我意识到学习不是在期末考试时突击一下，而是功夫要下在平时，但它也存在不足，如由于惰性，课前学习有时候会完不成，学习效果就不太好，需要老师加强监督。

对于自学能力要求高，如果自己不会学习，学习过程中就容易产生不想学的想法。

学生3：老师让我们自己采用超星平台学习基础知识，对于不懂的我们可以反复观看，而不像传统课堂上，老师讲的当时没听懂就过去了。通过线上和线下混合的教学模式，课堂老师不是满堂灌了，而是根据课前我们学习中遇到的问题或者疑惑进行讲授，针对性更强，同时教师讲别的同学遇到的问题时，我也会考虑这个问题我是怎么理解的。总之，我很喜欢这样的模式。不足之处就是刚开始接触这样的模式，还不太适应，学习起来有点吃力，但是长久来看，肯定对个人发展好。

（2）智慧课堂教学模式提升了你哪方面的能力

学生4：相比以前的传统课堂，采用此模式进行教学，课堂上的互动多了，需要我回答问题的次数多了，我的表达能力和与其他小组成员的交流能力强了，知道如何表达自己的想法。另外，通过老师布置的课后反思，使自己不断总结学习中的问题，提升了学习效果。

学生5：我认为采用该模式进行教学，老师会发布一些主题讨论，我通过表达自己的见解培养自己的思考能力，通过倾听别的同学的回答，思考其为什么会这样思考，他的说法是否正确，这样培养了自己的思辨能力。同时，在这样的课堂上，与老师和同学的交流机会多了，通过交流讨论，加深了对知识的理解。

学生6：在该模式下，我感觉激发了我学习的主动性，以前都是教师讲自己听，然后课后完成作业，现在是老师布置一定的任务，自己主动地去完成，在学习中自主学习的能力增强了，同时在课上通过老师的提问，慢慢地我知道如何回答老师提出的问题，回答的过程也是我知识深化的一个过程。

（3）在使用超星学习通平台学习的过程中，您觉得效果如何？有什么建议吗

学生7：感觉使用超星学习通平台进行学习还是不错的，通过平台进行课前的预习，有问题能及时和老师进行交流，而且通过平台提交作业，比传统的方式方便高效，老师给的意见也能及时接收到。超星平台的不足是电脑端没有聊天功能，只有手机端有，建议优化这个功能。

学生8：感觉挺好，尤其上课时老师组织的选人、抢答等活动，激发了自己学习的积极性，另外就是主题讨论和分组任务，在这里可以看到其他同学的想法，在小组任务中可以根据老师给定的标准进行自评、互评和老师评，不像

传统的评价只有老师评。通过平台也可以及时了解自己的学习情况，看到哪一块薄弱，可以及时加强。总之，我很喜欢使用这个平台进行学习。

学生 9：总体上效果还是挺好的，由于刚接触这样的模式，在学习中会存在惰性，有时会影响学习效果，建议老师加强督促，及时关注学生的学习情况，同时在进行小组任务时，分工要明确，免得有些小组成员过度依赖别的同学。

6.4.5　研究结论及改进策略

通过实践研究发现，智慧课堂教学模式相比传统教学模式，对学生能力的发展有着很大的优势，提升了学生的自主学习能力、协作交流能力、发现问题及解决问题的能力和总结反思的能力，体现了以学生为中心的教学理念，具体内容如下。

1. 研究结论

（1）该模式提升了学生学习的积极性和主动性。智慧课堂教学模式要求学生课前自主进行学习，自主完成学习任务，提升了学生自己解决问题的能力，课上通过互动交流提升了交流协作的能力，课后通过总结反思，提升了反思的能力。在这样的教学模式中，学生通过教师布置的任务和组织的课堂活动，提高了学习积极性。

（2）该模式适合当今时代的学生。作为在信息化时代成长起来的学生，对信息化工具的接受能力很强，通过超星平台进行学习，学生提升了学习效率，同时通过数据分析，教师能够及时地掌握学生的学习情况，并及时做出调整，提升了教学效果。同时该模式有助于学生个性化学习，可以自定步调进行学习，对于会的内容可以快速浏览，对于不会的内容可以反复观看，真正实现了个性化学习。

（3）该模式与传统的模式相比，有助于高阶能力的发展。在以前的课堂上，老师讲、学生听，学生很少有机会进行思考，而在该模式下，课前学生对基础知识进行学习，课上学生通过教师布置的探究任务，培养自身运用所学知识解决问题的能力。

2. 改进策略

（1）从学生的角度进行活动设计。制订智慧教学模式是为了促进学生的学习，因此要站在学生的角度进行活动设计，一切围绕着学生来进行，充分考虑学生的需求、学习特征和学习习惯等。同时，在设计时给学生制订合理的学习任务清单和学习路径，尤其是对刚接触新型教学模式的学生来说，自主学习是一个不小的挑战，需要教师前期加强监督。此外，还要给学生提供丰富的学习资源，以供学生自主探究时使用。在课中，课堂活动设计要合理有效，内容的选取要恰当，学生提出的问题要及时给予回应。只有从学生角度出发，才能取得好的效果。

（2）培养学生对智慧教学模式的适应性。对于学生来说，刚开始接触新型的教学模式，由于其长期适应了传统的教学，个别学生的自主性和自律性不足，课堂上不乐意与同学和教师进行交流，所以就需要在课堂上加强学生对新型模式使用的培训与指导。同时，在课堂上多给予鼓励，帮助他们适应智慧课堂教学模式。

（3）提升教师智慧教学的能力。新型的教学模式对发挥主导作用的教师来说也是不小的挑战，因此教师应该在理念上转变传统课堂的思维模式，重视课前、课上和课后三个阶段活动能力的设计和实施。尤其是对课堂的把控能力，在提升自己专业素养的同时，也要提升自己的信息化素养，加强教学改革的研究。

第7章 智慧学习空间应用效果评价

评价从本质上说就是一种认识活动，包括人们对事物间存在的价值关系的认识或反应，它是一种衡量或判断人或事物的价值的过程，通常表现为以人为主体，以价值关系为客体的一种主客体之间的新型关系。美国教育评价专家古贝和林肯在《第四代评价》这一著作中指出，评价的本质是一种心理构建，是指人对被评价的事物赋予的价值。因此，可以看出评价所反映的并不是事物的客观状态，而是评价者对被评价者的一种主观性认识。

智慧学习空间应用效果评价是指评价人员通过综合考虑，分析影响智慧学习空间应用效果的多方面因素，设计科学、全面、系统的评价指标体系并构建普适性、操作性较强的评价模型，最终对智慧学习空间的应用效果做出综合判定的过程。本章通过分析学习空间评价、智慧学习空间评价的特点及研究现状，以促进学生高阶思维能力提升为目标，分析影响智慧学习空间应用效果的各方面因素，基于杨宗凯提出的技术赋能的教育空间拓展为物理空间、资源空间和社区空间的多空间融合理论，从智慧教室（含智慧实验室等）、资源平台和社交空间三个维度出发，设计智慧学习空间应用效果评价指标体系，建构智慧学习空间应用效果评价模型，并以某学院的"智慧教室—资源平台—社交空间"三位一体智慧学习空间为例，进行智慧学习空间评价模型的实践验证研究。

7.1 学习空间评价

学习空间是支撑教与学活动的场所，按场所的虚实可分为物理空间和虚拟空间，物理空间按位置又可分为正式学习空间和非正式学习空间。正式学习空间包含教室、实验室等，非正式学习空间主要为图书馆、室外学习区域等。网络学习空间是在某支撑服务平台上实现的，面向的是正式与非正式学习的虚拟空间，它能够记录学生的学习路径、行为、过程等数据，还可通过大数据分析技术进行学习评价。学习空间评价是指基于一定的评判标准、评价指标体系、学生对物理空间和虚拟空间的环境感知、情境感知数据以及学生的学习行为数据，综合评判学习空间中各要素对学生学习效果影响程度的系统化过程。科学、系统、有效的学习空间评价有助于教师精准掌握教学过程，改进教学策略，提升教学效果；有助于学生科学把握自我认知状态，增强反思意识，优化学习路径。

近年来，学习空间评价研究成为众多学者关注的焦点。国内学者主要集中在物理空间和虚拟空间对学生学习效果影响方面的评价研究。尹合栋等人运用德尔菲法和层次分析法，构建了智慧教室评价指标体系，从 7 个维度构建了 26 个二级评价指标。叶伟剑等人从学生的空间感知、学习行为、价值感知、满意度和抱怨度五个维度，建构了新型学习空间下学生的学习满意度结构方程模型，以评估新型学习空间对学生学习的影响。梁云真基于网络学习空间中的交互系统，建构了融合过程与结果评估维度、综合定量与定性评估方法的二维度多层次交互评估框架，对网络学习空间中学生的交互进行评估。朱珂在远程学习教学交互模型的基础上，从操作交互、信息交互和概念交互三个维度提出网络学习空间中学生交互分析模型，并对模型的参数进行了度量。姜强等人基于自我决定理论，利用 AMOS 从教师激励风格、内部动机与外部动机层面，构建网络学习空间中影响学习投入的结构方程模型，评估网络学习空间中教师激励风格对学习投入的影响。吴林静等人将网络学习空间中的在线学习行为分为四类：独立学习行为、系统交互行为、资源交互行为和社会交互行为，基于此四类行为，提出了一种基于数据挖掘技术的在线学习行为分析模型，对网络学习空间中学生的在线学习行为与学习成绩的关系进行评估和分析。

国外学者苏格（Law）等人采用问卷调查、学习分析以及定性与定量相结合的混合方法，通过跨案例分析来构建个人学习环境的多维评估框架模型。哈穆·托格鲁（Hamutoglu）等人设计了涵盖贡献、满意度、沟通三大维度的量表，旨在衡量虚拟学习环境在高等教育中对学生学习效果的影响。利诺（Lino）等人使用贝叶斯正则化算法优化人工神经网络，构建虚拟教学与学习环境的自动评价模型，对交互式环境进行案例分析，并与 L-M 算法优化人工神经网络模型、量化共轭梯度法优化人工神经网络模型进行对比，得出该模型有较好的预测结果，能模拟专家评分。

从当前国内外对学习空间评价的研究情况来看，大多数研究都集中于探究某一类学习空间的指标体系设计、量表开发、模型建构方面，对基于智能技术手段，将物理空间、资源空间和社交空间等多空间协同融合的智慧学习空间来说，尚缺乏统一、系统、全面的评价指标体系。随着智能技术赋能教育教学工作的逐步推进，智慧学习空间建设和应用效果评价成为智能时代众多学者关注和探究的另一焦点。

7.2　智慧学习空间评价

智慧学习空间具有多个不同学习空间高度融合的整体性特征，学习环境感知、学习情境感知和教学行为感知的智能性特征，信息资源丰富多样、开放共享的开放性特征，空间中各要素互利共生、动态调控、自我完善、协调稳定的生态性特征。它依托智能化设备或智慧云平台，方便、准确、详细地记录学生学习过程中的各个学习环节，全面系统地采集学生的认知特点、学习习惯、学习行为和情感态度等学习数据，并通过分析技术进行智能化处理，为学生提供最佳的学习路径、推荐个性化的学习资源，为教学效果评价提供有力的依据，为教师提供精准、详细、全面的学情分析和教学反馈，为教学管理者的决策提供依据。

相对于"经验主义"的评价模式，智慧教育的学习评价思想是基于数据的评价，利用云计算和大数据技术，采集、存储、分析学生的学习行为数据，建立科学的评估模型，以记录学生的学习轨迹，对学生当前的学习状况进行及时的干预和预警，同时对学生未来的学习发展情况进行推断和预测，为学生的有效学习和教师的精准教学提供了科学依据。

国内外有关学习空间的定义都是以促进学生的高阶能力发展为取向，以建构主义为理论基础，包含情境、资源、工具和支架等可以支持高阶思维发展的共性要素。而智慧学习空间在原有学习空间的基础上融入了技术要素，更加关注高阶思维能力的培养。因此，在智慧学习空间评价中，不仅要关注学生的学业成绩，而且要更加关注学生高阶思维的培养，及时、准确地了解学生的发展需求，发现和发展学生多方面的潜能，促进学生综合能力的提升，培养适应智能时代社会发展需求的创新型、综合型人才。

苏珊从课堂实践角度考虑，认为高阶思维应包含国家内容标准和课堂学习目标，迁移、批判性思维、问题解决应作为高阶思维定义的三个重要范畴，应从"分析、评价、创造""逻辑与推理""判断力""问题解决""创造力与创造性思维"五个方面对高阶思维课堂行为特征进行评价。姜玉莲认为，高阶思维结构是高阶思维发展研究的基础，高阶思维发展的过程其实就是高阶思维结构的活动过程。对此可采用因素分析法，通过对课堂情境中高阶思维过程、策略与问题的行为表征、状态描述等直接观测指标的设定，萃取出能反映出高阶思维结构要素之间的内在联系、本质特征的潜在变量。通过建构结构方程模型、路径分析、结构效应分析和影响效应分析等，构建高阶思维发展模型，对技术丰富课堂环境下高阶思维能力的培养进行评估。于淼楠把学生高阶思维的发展界定为如果学生发生高阶学习过程，体现出高阶学习过程的特征，则认为学生发展了高阶思维。高阶学习是指学生运用高阶思维能力来发生的有意义学习。高阶思维是大脑内部的思维逻辑特征，高阶思维能力是其外在的具体体现，是促进学生真正发展的核心所在，高阶学习则是发展高阶思维和培养高阶思维能力的有效路径。从"教"和"学"两个维度，构建了由 3 个一级指标、13 个二级指标组成的智慧学习环境下高阶思维发展的评价指标体系，对智慧学习空间下学生的高阶思维发展情况进行评估。彭常玲等人基于杨俊锋等人开发的，由物理环境、社会心理环境 2 个一级维度和 10 个二级维度构成的"教室环境评估量表"和"互联网自我效能感量表"对智慧教室环境下大学生环境感知与互联网自我效能感之间的关系进行评估。冷静等人运用视频分析法，对智慧教室中不同学科课程视频的学生课堂学习投入度进行编码分析，探究在不同教学环节、技术功能、教学组织形式等教学活动类型相关要素的影响下学生主动学习投入、被动学习投入、互动学习投入和非投入行为的分布特点，并对智慧教室中学生的课堂学习投入度情况进行评估，得出技术的使用能够促进学生主动学习投入的结论。江毅等人采用 ITIAS 编码系统和滞后序列分析法，对智慧教室环境中的师生行为比率、教师提问与学生发言、教师言语作用、技术使用行为、师生互动类型、异常行为处理进行分析。胡永斌等人从刺激对象的视角确定了智慧学习环境学习体验的构成要素，使用量表编制法，开发了具有较高信度和效度的智慧教室学习体验评测量表。在智慧教室建设方面较为成熟的顶层指导性文件，是 2018 年广东省教育厅印发的《广东省中小学智慧教室建设指南（试行）》，其关于智慧教室评价指标的内容如表 7-1 所示。

表 7-1　《广东省中小学智慧教室建设指南（试行）》中智慧教室评估指标表

一级指标	二级指标
标准化考点	考点系统；教务管理系统
设施设备	网络系统；教学终端；录播系统；多媒体设备
管理平台	设备管理平台；数字化教育资源管理平台；应用系统管理平台
应用系统	备课系统；授课系统；在线学习系统；教学评价系统；即时反馈互动系统
教学资源	数字化教材资源；数字化图书资源；数字化教学资源；数字化校本特色资源
空间环境	教室；桌椅；讲台；智能黑板；采光；照明；温度；空气；色彩；布线

基于当前智慧学习空间评价研究成果可知，大多研究主要集中于智慧学习空间的物理空间、资源空间、社交空间某一单一维度对学生的学业成就或高阶思维的影响评估，缺乏对物理空间、资源空间和社交空间三类空间的协同融合对学生高阶思维培养影响效果的系统评估。

7.3　智慧学习空间应用效果评价模型构建

借鉴已有智慧学习空间、智慧教室、数字化资源和教学交互相关评价研究成果，分别从智慧教室、资源平台和社交空间三个维度开展面向高阶思维能力培养的智慧学习空间应用效果评价。

7.3.1　智慧学习空间核心评价要素分析

本研究中的智慧学习空间核心评价要素主要包括以智慧教室为代表的物理空间、以资源平台为代表的资源空间和以师生互动、生生互动、人机互动、人与资源互动为特征的社交空间。

智慧教室是传统意义上的物理学习空间，是智慧学习环境下开展正式学习的重要场所，良好的智慧教室设计可以提升学生的学习参与度，激发学生的课堂学习兴趣，增加学生的学习投入，提升学生的学习效果。黄荣怀等人指出，智慧教室的智慧性应体现在内容呈现（showing）、环境管理（manageable）、资源获取（accessible）、及时互动（real-time interactive）、情境感知（testing）

五个方面。聂风华等人构建了智慧教室"iSMART"模型，提出智慧教室由基础设施（infrastructure）、网络感知（network sensor）、可视管理（visual management）、增强现实（augmented reality）、实时记录（real-time recording）、泛在技术（ubiquitous technology）六大系统组成。作为智慧学习环境的重要组成部分，智慧教室具有与智慧学习环境相关的"记录学习过程、识别学习情景、连接学习社群、感知物理环境"等技术特征。刘凤认为，从组成要素来说，智慧教室包括基础设施、智慧教学设备、网络环境及智能感知设备等。基础设施主要包括教室内的空间布局以及桌椅、通风照明、供电配电等。智慧教学设备主要是实现智慧教学过程中的教学内容呈现、沟通协作、知识传授等功能的设备，如智能显示设备、智能终端、VR/AR/MR设备、音视频采集设备等。网络环境为智慧学习环境的内外交流和通信提供支撑服务。智能感知设备是智慧学习环境中获取数据的主要渠道，通过ZigBee、RFID、RS-485/232等通信方式感知、识别、采集环境中各类数据。基于已有的研究，将智慧教室要素主要概括为基础设施、环境与布局、智能教学设备、智能感知设备四个组成部分。其中，基础设施主要包括教室内的灯光照明、网络设施、供电设施、通风空调和视音频处理系统等；环境与布局主要包括桌椅讲台布置、墙面地面设置、色调与布局、窗帘设计等；智能教学设备主要包括支持内容呈现、活动开展、团队协作和灵活交互的智能化设备，如显示设备、智能工具、移动终端和多屏互动设备等。

资源平台是资源整合与呈现的主要载体，是实体空间环境的延伸，可以满足学生个性化的学习诉求，是实现学生任意时间、任意地点借助智能设备开展自主学习愿望的虚拟学习空间。资源平台集成了多种数字化资源，如多媒体课件资源、视音频资源、图片资源、文本资源等，以及形式丰富的数字化课程、各类学科工具资源、各类学习活动或学习任务产生的过程性、结果性学习数据等，同时具有较强的交互功能，为师生、生生、人与数字化资源之间的互动提供友好的互动空间。

社交空间是智慧学习空间中各主体之间关系的总和，主要通过各种学习活动和主体之间的交流建立，由线上资源平台（虚拟空间）互动和线下智慧教室（物理空间）互动组成。线上资源平台互动主要通过网络学习平台讨论模块、虚拟学习社区、PBL（基于项目的学习）分组任务、视音频学习与章节测试任务点完成、课堂抢答、课堂选人等活动开展；线下智慧教室互动主要指教师、学生、学习资源之间通过实体环境进行的交互活动。

7.3.2　常见的评价方法介绍

1. 层次分析法

层次分析法（Analytic Hierarchy Process，AHP）是一种定性与定量相结合的决策分析方法，在深入分析问题的影响因素、内在联系之后，将归属完的因素自上而下建立一个层次结构模型，通过对同一层次的因素进行两两比较，确定出相对重要性权值，使决策思维过程数学化。鉴于层次分析法的理论特征，本书采用层次分析法对影响智慧学习空间应用效果的各因素进行分析，并建构了智慧学习空间应用效果评价模型。

2. 德尔菲分析法

德尔菲（Delphi）分析法是一种结构化的决策支持技术，其目的是在信息收集过程中，综合多位专家的反复、独立的主观判断，获取相对客观的信息、意见和见解。它最早于 1964 年由美国兰德公司提出，目前已被多个领域广泛应用于综合评价与实践中。德尔菲（Delphi）分析法的核心是通过匿名方式多轮征求专家意见，然后经过汇总分析来拟定一个综合的结果。其具有匿名性、反馈性和统计性特征。一般而言，采用德尔菲分析法进行综合评价主要包括五个环节：第一，确定评价目的；第二，确立评价指标体系；第三，确定评价方法、模型和权数；第四，搜集数据，实施综合评价；第五，对评价结果进行评估检验。

3. 模糊综合评价法

模糊综合评价法（Fuzzy Comprehensive Evaluation，FCE）是基于模糊数学隶属度理论，采用隶属函数和模糊统计方法，使定性和定量方法有效结合，应用模糊关系合成原理，将主观的定性评价转化为客观的定量评价，能有效地解决边界不清晰、难以量化描述的非结构问题，使评价结果简洁、清晰地呈现出来。

7.3.3　智慧学习空间评价指标体系的初步设置

评价指标体系是指在评价一个事物过程中，被评价的所有方面的集合。要想知道是否能够达成预期的评价目的，可以通过构建评价指标体系来检验。具体来说，评价指标体系是一个全面系统的整体，它由若干个指标项构成，而这些指标项用来说明被评价对象的各方面特点，评价指标体系的内部结构是否完整，各指标项的评价目的是否一致，构建依据是否科学，这些因素都影响着评价结果的可信程度和稳定性。

1. 评价指标体系的构建原则

评价指标体系是保证评价工作正常开展的基础，评价指标选取的合适与否将直接影响到最终评价结果质量的高低。因此，在建立评价指标体系时，应遵循相应的原则，以保证评价工作的科学性、合理性和有效性。

（1）系统整体性原则。系统整体性原则是指构建的评价指标体系要具有系统性、整体性，即选取的各指标维度要能够符合广泛性、综合性和通用性特征，全面系统地反映智慧学习空间应用效果的综合情况，并且能够简化影响智慧学习空间的各因素，抓住主要因素，将其在指标的各维度中体现出来，同时要注意避免各维度间的重复交叉，保证各指标维度既相互独立，又能相对全面地反映智慧学习空间的应用效果水平，以保证评价的科学性和全面性。

（2）科学客观性原则。科学客观性原则是指构建的评价指标体系要具有一定的科学性和客观性，即所选取的各指标维度要能够客观真实地反映智慧学习空间的应用情况，指标设计要遵循科学的理论原则，尽量多次征求多位专家的意见，反复修改完善，保证每一指标维度和评价目标相统一，每一指标维度都能够进行量化计算，以保证评价结果的科学性和客观性。

（3）典型代表性原则。典型代表性原则是指构建的评价指标体系要具有一定的典型性和代表性，即所选取的各指标维度是经过对智慧学习空间各影响要素的全面深入剖析而提炼出的核心指标，同时兼顾各指标数量的合理性和各指标内容的典型性、代表性，以保证尽可能准确、科学地反映智慧学习空间的典型应用特征。

（4）简明可测性原则。简明可测性原则是指构建的评价指标体系要具有简明性和可操作、可测量性，即选取的各指标维度的描述要尽可能简洁易懂，在满足评价需求的情况下，尽可能减少指标的数量，凝练指标的表述语言，重点突出关键指标维度。同时，各指标维度的设计过程中要保证评价数据来源的易获取性、可测量性，数据搜集方式的便捷性等。此外，还要兼顾评价方法的可实施性，以保证评价指标体系的实用性。

2. 评价指标体系的构建过程

构建一个完整、全面、系统、合理的智慧学习空间评价指标体系，需要经历发散、收敛和实验修订三个阶段。

（1）发散阶段。发散阶段的主要任务是根据智慧学习空间应用效果评价的目的，结合已有的智慧学习空间评价指标体系，构建该评价指标体系的评价维度，然后再对各个维度进行细化，构建评价量表，并且初步提出智慧学习空间应用效果评价模型。在初步设置指标项时，一般先召集智慧学习空间研究领域的专家与应用智慧学习空间的一线教师进行集思广益，根据对智慧学习空间应用效果评价的理解，列出一级评价指标项，再根据不同维度对智慧学习空间应用效果的不同表征，将一级评价指标项细化分解成若干二级评价指标项，再将二级评价指标项具体描述为可实施、可操作、可量化的三级评价指标项，从而初步构建智慧学习空间应用效果评价指标体系结构表。

（2）收敛阶段。收敛阶段是指通过问卷调查法或访谈法，与相关领域专家进行沟通交流，通过对收集的问卷数据和访谈数据进行处理分析，对已经建构的评价指标体系中的各个指标项进行筛选和凝练，通过对各指标项的必要性和相关性进行对比分析，删除、修改、完善评价指标体系中的各指标项，以保证评价指标体系的合理性、科学性和可行性。

（3）实验修订阶段。实验修订阶段主要是指将构建好的智慧学习空间应用效果评价指标体系运用到真实的课堂教学实践中去，通过向教师和学生发放调查问卷的方式，收集数据并进行探索性因素分析，验证各指标项的合理性和相关性，然后对各指标项进行修改完善，最终形成正式的智慧学习空间应用效果评价指标体系。

3. 智慧学习空间评价指标体系的维度确定

基于智慧学习空间核心评价要素的分析，本书将智慧学习空间的评价指标体系分为智慧教室（含智慧实验室等）、资源平台和社交空间三个维度。在"智慧教室"维度中，主要通过学生对教学活动开展的主要场所——物理空间（含智慧教室和智慧实验室）的显示设备、多媒体教学设备、录播系统、终端设备、声音、照明、采光、座椅、讲桌及讲台布置、室内温度、布线等设施的利用与接受程度、体验感、满意度等进行评估；在"资源平台"维度中，主要通过学生对资源平台中所呈现内容的类型是否多样化、内容质量如何、内容获取难易程度如何、内容数量是否合理、内容的排版是否合理、内容是否面向所有学生开放、内容是否可以跨平台使用、资源平台的安全性如何等进行评估，在"社交空间"维度中，主要通过教师和学生对智慧学习空间的接受程度，智慧学习空间是否促进了师生、生生和人机之间的交互活动，教师是否能够依据教学需求提供丰富的课程信息资源，学生的学习主动性、学习兴趣、学习参与度和学习投入度是否得到提升等方面进行评估。

7.3.4　智慧学习空间应用效果评价模型的构建

层次分析法（Analytic Hierarchy Process，AHP）是对问题本质和重要因素进行剖析，这样可以有效地将决策思维过程数学化。本书以层次分析法的相关理论为依据，基于已有的智慧学习空间评价理论基础、核心要素分析、评价指标体系维度介绍以及初步形成的评价指标体系，以学生的高阶思维培养为核心目标，初步构建了由目标层、一级评价指标维度和二级评价指标维度构成的智慧学习空间应用效果评价模型（图7-1）。

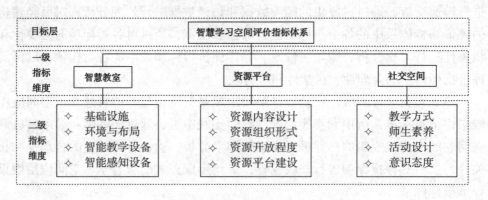

图7-1　智慧学习空间应用效果评价模型

由图7-1可知，初步建立的智慧学习空间应用效果评价模型主要由三个层级构成，第一层是目标层，即评价模型以智慧学习空间评价指标体系的构建为最终目标，该目标面向学生高阶思维的培养。基于最终目标，通过对已有文献的分析，初步形成了一级指标评价维度和二级指标评价维度。其中，一级指标主要包括智慧教室（含智慧实验室）、资源平台和社交空间三个评价维度。二级指标分别对一级指标进行了细化，其中智慧教室（含智慧实验室）维度主要包括基础设施、环境与布局、智能教学设备、智能感知设备四个子评价维度；资源平台维度主要包括资源内容设计、资源组织形式、资源开放程度和资源平台建设四个子评价维度；社交空间维度主要包括教学方式、师生素养、活动设计和意识态度四个子评价维度。

7.4　智慧学习空间评价指标体系的建构过程

7.4.1　智慧学习空间评价指标体系的构建方法与实施步骤

德尔菲分析法是构建评价指标体系和确定具体指标的最佳方法，因此本书采用德尔菲分析法对智慧学习空间应用效果评价指标体系进行论证。基于德尔菲分析法的具体定义和具体实施过程的相关研究，结合本章节所要建构的智慧学习空间应用效果评价指标体系，制订出使用德尔菲分析法论证注重学生高阶思维培养的智慧学习空间应用效果评价指标体系的具体实施步骤，具体内容如下。

第一步，明确智慧学习空间应用效果评价指标体系构建的具体目标，根据目标涉及的知识领域，选择合适的评价指标论证专家，专家选择时要注意人员数量是否合适，行业来源是否全面，职称、学历、职务等结构是否合理。总之，评价指标论证专家的选择要有明确的依据。

第二步，将智慧学习空间应用效果评价模型中初步设置的评价指标体系制作成调查问卷的形式向所有专家发放，同时附上相关的背景材料，征求专家意见并请专家提出需要修改、完善的材料或需要补充的指标项。

第三步，各位专家结合自己的研究特长及知识经验，认真阅读所收到的材料，填写调查问卷，提出自己的看法和意见，并详细说明自己判断的理由和依据，以保证意见和观点的合理性和科学性。

第四步，收集并整理各位专家返回的调查问卷数据，汇总各位专家的判断意见和看法，再次发放给各位专家，请各位专家比较自己与其他专家的不同意见，并修改、完善自己的判断意见和看法。同时，也可以将各位专家的判断意见和看法汇总、整理后，发送给权威性更高的相关专家进行点评，然后再将这些判断意见再次发送给各位专家，请各位专家参考并修改、完善自己的意见。

第五步，专家根据第一轮问卷调查的结果及相关征询数据，修改、完善自己的判断意见和看法，并详细说明修改、完善的理由和依据。

第六步，按照上述征询步骤，逐轮征求专家的判断意见和看法，收集、汇总、整理相关信息，及时反馈给相关专家。在向专家反馈信息的时候，只说明反馈意见，并不透漏发表意见的专家信息。重复此过程，直至所有专家不再更改意见为止。

7.4.2 智慧学习空间应用效果评价指标体系的初步建构与验证

1. 智慧学习空间评价指标的初步设置

评价指标是指评价的具体维度，根据本书中智慧学习空间的概念界定、特征及面向学生高阶思维培养的建设目标，初步设定了智慧学习空间应用效果评价指标体系的一级指标和二级指标。

（1）一级评价指标。构建智慧学习空间应用效果评价指标体系，不仅要考虑智慧学习空间要素的复杂性和整体性，而且要兼顾评价指标的可操作性，即要多角度、多层面，系统、全面、科学、客观地对智慧学习空间的应用效果进行评估。基于学者对智慧学习空间的理论研究成果，借鉴已有的智慧教室、数字化资源、智慧学习平台、社交空间等应用评价体系，以智慧学习空间核心评价要素为评价维度，设置评价指标体系中的一级评价指标。

（2）二级评价指标。智慧教室（含智慧实验室）是教育教学活动开展的正式场所，是教师和学生进行线下交互的重要物理空间。智慧教室（含智慧实验室）主要由教学基础设施、教室环境与教室布局、各种智能教学设备和感知设备组成。借鉴智慧教室的已有研究成果，建构智慧教室一级评价指标下的二级评价指标，具体包括经济性、布局性、人性化、多元性、设计感、感知化、多样化、智能化、易获取九个评价指标项。资源平台是实现智慧学习空间实体空间和虚拟空间有效融合的重要依托，由网络平台和丰富的数字化资源构成，是智慧学习空间构成中重要的资源空间。资源平台兼具网络平台和数字化资源的双重特点，其评价维度的设置借鉴网络平台评价和数字化资源评价的相关文献中提出的评价指标维度，凝练核心指标点，进行改造或重组，设置资源平台一级评价指标维度下的二级评价指标子维度，具体包括准确性、创新性、易用性、艺术性、兼容性、稳定性、安全性、适量性、共享性、技术性和可访问性十一个评价指标项。社交空间是师生、生生、人机进行互动交流的主要载体，以学生为中心，充分关注和考虑学生在智慧学习空间中的学习体验和高阶思维培养，设置社交空间一级评价指标维度下的二级评价指标子维度，具体包括语言表达、教学方式、教学素养、设备操作、互动能力、学习兴趣、课堂表现、应用意识和认知负荷九个评价指标项。最终完成了由三个一级评价指标项、二十九个二级评价指标项构成的智慧学习空间应用效果评价指标体系的初步设置。

2. 评价指标论证专家的选择

智慧学习空间评价指标体系的初步验证是指科学选择相关领域的专家、学者，对初步拟定的评价指标体系进行评估。

专家的选择是决定德尔菲分析法结果准确度的关键环节，根据评价所需要的知识范围，选择合适的专家、学者和专门人员是保证评价效果的前提。专家人数的多少，可根据研究项目的大小和涉及面的宽窄而定，一般以 8 ～ 20 人为宜。文森特·W. 米切尔（Vincent W.Mitchell）认为，德尔菲分析法中专家人数达到 13 人以上，误差降幅不明显。因此，本书采用主观抽样法，选择了智慧学习空间研究领域的 15 名经验丰富人员组成专家咨询小组，其中智慧教育行业专家 9 人，企业资深技术专家 3 人，智慧教育一线教师 3 人，具体专家构成情况如表 7-2 所示。

表 7-2　智慧学习空间评价专家选择信息表

专家编号	专家来源	选择依据	职称 / 学位
P1	智慧教育行业专家	有 5 年以上智慧教育研究经验	教授 / 博士
P2	智慧教育行业专家	有 3 ～ 5 年智慧教育研究经验	副教授 / 博士
P3	智慧教育行业专家	有 2 ～ 3 年智慧教育教学研究经历	副教授 / 博士
P4	智慧教育行业专家	有 1 ～ 2 年智慧教育教学研究经历	讲师 / 博士
P5	智慧教育行业专家	有 3 年以上智慧教室或智慧教学平台管理经验	教授 / 博士
P6	智慧教育行业专家	有 2 ～ 3 年智慧教室或智慧教学平台管理经验	副教授 / 博士
P7	智慧教育行业专家	有 1 ～ 2 年智慧教室或智慧教学平台管理经历	讲师 / 博士
P8	智慧教育行业专家	组织过智慧教室或资源平台的建设	助教 / 硕士
P9	智慧教育行业专家	参与过智慧教室或资源平台的运营	助教 / 硕士
P10	企业资深技术专家	指导或参与过 5 个以上智慧教室或资源平台建设	正高级职称 / 博士
P11	企业资深技术专家	指导或参与过 3 ～ 5 个智慧教室或资源平台建设	副高级职称 / 博士

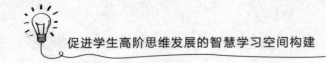

续 表

专家编号	专家来源	选择依据	职称 / 学位
P12	企业资深技术专家	指导或参与过 1～3 个智慧教室或资源平台建设	中级职称 / 硕士
P13	智慧教育一线教师	有 5 年以上智慧教学空间运用经验	正高级职称 / 博士
P14	智慧教育一线教师	有 3～5 年智慧教学空间运用经验	副高级职称 / 硕士
P15	智慧教育一线教师	有 1～3 年智慧教学空间运用经验	中级职称 / 硕士

其中，专家筛选严格遵循以下标准：第一，长期关注智慧教育、智慧学习空间等领域或在这些领域具有一定的学术影响力；第二，对智慧学习空间评价有较深入的了解和丰富的经验，是本领域的学术权威；第三，具有较强的责任感和充裕的问卷作答和咨询时间；第四，既是智慧学习空间研究领域的理论研究者，又是本领域的实践工作者，具有丰富的实践经验。为集中专家智慧并排除可能存在的权威干扰，在调查期间，专家只与研究者保持联系，不相互讨论（即背对背的通信方式）。经过两轮意见征询和修订，专家意见趋于集中，最后由研究者汇总研究结果。

3. 评价指标专家咨询问卷的设计

借鉴已研究的专家咨询问卷设计特点，基于第一轮次评价指标专家咨询的目标，将初步设置的智慧学习空间应用效果评价指标体系设计成专家咨询调查问卷，并将设计好的问卷匿名发送给各位专家。专家咨询调查问卷首先向各位专家阐述了设计本次咨询问卷的目的，然后主要通过三个模块，围绕各指标项的重要程度和设置合理性咨询专家的判断意见和建议。第一模块主要是对个人基本信息进行统计；第二模块主要是对各指标项进行简介并针对其重要程度及合理性征求专家意见；第三模块主要用来了解专家对各指标项的熟悉程度和判断依据。对于各指标项的重要程度划分为"很重要""比较重要""一般重要""不重要""很不重要"五个等级，分别记 5 分、4 分、3 分、2 分和 1 分。

4. 第一轮专家咨询问卷的发放与统计分析

将制作好的评价指标专家咨询问卷《智慧学习空间应用效果评价指标体系优化专家意见咨询调查表》以微信或电子邮箱的方式发送给各位专家，之后回收各位专家的问卷并汇总反馈意见。第一轮专家咨询问卷共发送给十五位专家，回收有效问卷十五份，问卷的回收率为100%。将所有专家对智慧学习空间应用效果评价指标体系中的一级、二级指标项的判断意见和其对各级指标项的熟悉程度、判断依据等问卷数据进行统计分析，之后主要通过各位专家的积极系数、判断意见的集中程度、判断意见的协调程度和权威程度等进行判断，看其是否符合德尔菲分析法的要求。其中，专家的积极系数通过专家咨询问卷的回收率来体现，而咨询问卷的回收率＝回收有效问卷／发放问卷，专家的积极系数越高，说明各位专家参与本次问卷调查的积极性越高。专家判断意见的集中程度主要是用各指标项重要程度的满分频率和算术平均值来衡量。其中，各指标项的满分频率＝给该指标项打满分的专家人数／给该指标项打分的总人数，满分频率越高，说明给该指标项打满分的专家人数越多，也就是说各位专家对该指标项的认可程度越高，即该指标项相对更重要。各指标项重要程度的算术平均值反映了各位专家打分的分值集中程度，即算术平均值越大，说明该指标项得高分的比例越大，即该指标项的重要程度越高。专家判断意见的协调程度反映各位专家对每个指标项的评分是否存在较大的分歧，通常用变异系数和协调系数来表示。变异系数＝标准差／平均值，多用于表现各位专家对单个指标项评分的协调程度，变异系数的值越小，说明各位专家评分的协调程度越高；而协调系数表示参与评分的所有专家对全部指标项的协调程度，是咨询结果可信度的重要参考指标，一般认为协调系数大于或等于 0.5 时，本轮的专家咨询结果可被接受，再综合考虑是否终止专家咨询。专家权威程度对每一轮的咨询结果都有较大的影响，通常由量化后的各专家对指标项的熟悉程度及判断依据两个因素的算术平均值进行判断，各位专家对指标项的熟悉程度量化标准依据李克特五级量表，"很熟悉""比较熟悉""一般熟悉""不太熟悉""不熟悉"分别对应 5 分、4 分、3 分、2 分和 1 分；各位专家对指标项做出判断依据的量化标准依据李克特五级量表，"实践经验""理论分析""同行了解""直观感受""其他"分别对应 5 分、4 分、3 分、2 分和 1 分。通过各位专家的积极系数、判断意见的集中程度、判断意见的协调程度和权威程度这四个方面对所回收的专家判断意见进行汇总、分析，并根据专家意见修改、完善智慧学习空间应用效果评价指标体系。

7.4.3 智慧学习空间评价指标体系的修改完善

1. 第二轮专家咨询问卷的发放与统计分析

根据第一轮专家咨询所收集、整理的各评价指标项判断意见，补充、修改、完善初步拟定的智慧学习空间应用效果评价指标体系。为保证修改后的评价指标体系能够具有一定客观性和应用价值，将第一轮专家咨询后修改、完善的评价指标项再次制作成调查问卷，即最终版《智慧学习空间应用效果评价指标体系优化专家意见咨询调查表》（见附录四），分别发送给十五位专家，其发放形式、问卷收集和数据统计分析方法均与第一轮次相同，对所收集的专家判断意见进行汇总和处理，发现各位专家的判断意见趋于一致，因此决定不再开展第三轮专家咨询。最终，经过两轮的专家咨询，形成一套较为科学、客观、典型并具有一定应用价值的智慧学习空间应用效果评价指标体系。

2. 第一、二轮专家咨询问卷意见汇总分析与指标项调整

在第一轮的专家咨询调查中，各位专家对智慧学习空间应用效果评价指标体系中一级指标项"智慧教室""资源平台""社交空间"三个维度的意见集中程度较高，普遍认为三个维度的划分较为合理，具有较高的协调程度，并没有给出修改意见。在对"智慧教室"维度下的二级指标项的重要程度及合理性进行判断时，部分专家认为"经济性"指标项在智慧教室应用效果评价方面不具有典型性，建议删除。有部分专家认为"布局性""多元性""设计感"三个指标项的名称覆盖面有一定的局限性，分别建议修改为"结构性""全面性""设计性"。因此，根据多位专家建议，删除"经济性"指标项，分别将"布局性""多元性""设计感"三个指标项的名称修改为"结构性""全面性""设计性"。在对"资源平台"维度下的二级指标项的重要程度及合理性进行判断时，部分专家认为"易用性"和"可访问性"指标项存在内容重复和交叉问题，建议两者合并为"操作性"；还有部分专家认为"适量性""艺术性""共享性"三个指标项的范围有一定的局限性，不能涵盖所有相关方面，建议分别将三个指标项的名称修改为"海量性""编排性""开放性"；还有专家认为"技术性"指标项不太符合指标项构建的可操作性原则，不方便操作，建议删除。因此，根据各位专家的判断意见，分别对"资源平台"维度下的相应二级指标项进行修改。其中，将"易用性"和"可访问性"指标项合并为"操作性"；将"适量性""艺术性""共享性"三个指标项的名称分别修改为"海量性""编排性"和"开放性"，并删除"技术性"指标项。在对"社交空间"维度下的二级指标项的重要程度及合理性进行判断时，部分专家认为"语言表达"指标项在反映社交空间维度方面不具备典型意义，建议删除；还有一些专家认为"教学素养""设备操作""互动能力""学习兴趣"四个指标项涵盖范围不太合适，建议分别修改为"信息素养""技术掌握""交互能力""学习意愿"；另外，还有部分专家认为在社交空间中，教学活动是促进师生、生生和人机交互的重要

依托，因此建议增加"活动设计"指标项。基于各位专家对"社交空间"维度的判断意见，对"社交空间"维度下的二级指标项进行如下修改：删除"语言表达"指标项，分别将"教学素养""设备操作""互动能力""学习兴趣"等四个指标项的名称修改为"信息素养""技术掌握""交互能力""学习意愿"，并增加"活动设计"指标项。第一轮专家咨询各评价指标项修订情况，如表7-3所示。

表7-3 第一轮专家咨询各评价指标项修订详情表

修改前指标项	修改后指标项	修订方式	修订原因
经济性	无	删除操作	不具有典型代表性
布局性	结构性	修改名称	变异系数较高
多元性	全面性	修改名称	变异系数较高
设计感	设计性	修改名称	变异系数较高
艺术性	编排性	修改名称	变异系数较高
适量性	海量性	修改名称	变异系数较高
共享性	开放性	修改名称	变异系数较高
可访问性、易用性	操作性	合并操作	有交叉，合并更合适
技术性	无	删除操作	重要性程度偏低
语言表达	无	删除操作	重要性程度偏低
教学素养	信息素养	修改名称	变异系数较高
设备操作	技术掌握	修改名称	变异系数较高
互动能力	交互能力	修改名称	变异系数较高
学习兴趣	学习意愿	修改名称	变异系数较高
无	活动设计	增加操作	应用效果评价范围所需

通过汇总、整理和分析第二轮专家咨询问卷的调查数据，发现各位专家对各个指标项的重要程度基本达成一致意见，未产生新的修改意见，符合德尔菲分析法的研究要求。因此，不再进行第三轮专家咨询。

7.4.4 智慧学习空间评价指标体系的最终确定

综合第一轮和第二轮专家咨询问卷结果，综合各位专家的判断意见和修改建议，进一步修改、完善智慧学习空间应用效果评价指标体系，最终形成由三个一级评价指标项、二十六个二级评价指标项组成的较为成熟的智慧学习空间应用效果评价指标体系，如表7-4所示。

表7-4 智慧学习空间应用效果评价指标体系

目 标	一级指标项	二级指标项
智慧学习空间应用效果评价指标体系（26个）	智慧教室（8个）	结构性、人性化、全面性 设计性、感知化、多样化 智能化、易获取
	资源平台（9个）	准确性、创新性、编排性 兼容性、稳定性、安全性 海量性、开放性、操作性
	社交空间（9个）	教学方式、信息素养、技术掌握 交互能力、学习意愿、课堂表现 应用意识、认知负荷、活动设计

1. 智慧教室维度

结构性：考查智慧教室（含智慧实验室）物理空间布局的合理性。

人性化：考查智慧教室（含智慧实验室）中桌椅的高度等舒适性以及其升降、位置摆放的灵活性。

全面性：考查智慧教室（含智慧实验室）中基础设施的种类数量。

设计性：考查智慧教室（含智慧实验室）的空间设计及色彩搭配的美观度、墙壁的隔音效果等。

感知化：考查智慧教室（含智慧实验室）对环境的敏感度或感知功能。

多样化：考查智慧教室（含智慧实验室）各类教学设备的配置情况。

智能化：考查智慧教室（含智慧实验室）是否具有智能签到、分组、控制等功能。

易获取：考查智慧教室（含智慧实验室）中的互动教学是否支持移动终端等大众化设备。

2. 资源平台维度

准确性：考查资源平台知识内容的客观性和权威性。

创新性：考查资源平台内容是否独创、新颖且及时更新。

编排性：考查资源的呈现形式、排版等是否生动、美观地表现内容。

兼容性：考查资源平台对不同浏览器、操作系统、终端设备等的兼容情况。

稳定性：考查资源平台无故发生使用异常的情况。

安全性：考查资源平台抵御病毒、清除病毒及保护用户隐私数据的能力。

海量性：考查资源内容的数量及覆盖面情况。

开放性：考查资源对用户的开放程度。

操作性：考查资源平台使用过程中的可访问性及使用便捷性。

3. 社交空间维度

教学方式：考查社交空间中教师的课堂教学形式。

信息素养：考查社交空间中教师和学生的信息化知识储备及信息整合能力。

技术掌握：考查社交空间中教师和学生对信息化设备的操作熟练度。

交互能力：考查社交空间中师生、生生、人机的互动情况。

学习意愿：考查学生在智慧学习空间中对学科内容的学习热情。

课堂表现：考查学生在智慧学习空间中的学习积极性、参与度及抬头率等情况。

应用意识：考查教师和学生对智慧学习空间的接受程度。

认知负荷：考查智慧学习空间的使用是否会增加学生的认知负担，从而影响学生学习效果。

活动设计：考查智慧学习空间中教学活动的设计是否丰富、科学、合理，是否能够促进学生高阶思维的培养。

7.5　智慧学习空间应用效果评价模型验证

在面向学生高阶思维培养的智慧学习空间应用效果评价指标体系的构建过程中，经历了智慧学习空间相关理论分析和专家咨询调查研究，但是对于构建的评价指标体系是否具有科学性、有效性和稳定性，还需要通过实践验证。因此，为保障所构建的智慧学习空间应用效果评价指标体系的有效性，本章节选取合适的研究对象进行实证研究。

7.5.1 评价对象的选择

为验证智慧学习空间应用效果评价模型的有效性，选取某地方应用型本科高校的学生作为研究对象。所选取学生的课堂学习环境为智慧学习空间，包括智慧教室、资源平台和社交空间三个组成部分。他们具有在智慧学习空间学习的经历和较丰富的学习体验，能够利用智慧教室参与各种教学活动，通过资源平台进行自主学习、上网搜索和平台交流等学习活动，同时可以利用线下物理空间和线上虚拟空间灵活进行组内、组间评价，能够跟教师和资源进行及时的互动。

7.5.2 问卷设计与发放

1. 问卷的设计

依据评价指标体系中的评价维度，将二级指标设计成相对应的问卷题目，制作成《智慧学习空间应用效果评价调查问卷（学生版）》（见附录五），并发放给上文所述的具有智慧学习空间学习经历和学习体验的某地方应用型本科高校的学生。学生根据个人的学习体验对每个题目进行认真作答，以获取智慧学习空间应用效果评价的相关数据。本次问卷主要包括个人基本信息、智慧教室应用情况、资源平台应用情况、社交空间应用情况四个部分。其中，个人基本信息部分主要包括学生的性别、年级、接触智慧学习空间的时间、专业所属学科四个题目，主要了解被调查学生的基本信息；智慧教室应用情况部分主要围绕智慧教室的结构性、人性化、全面性、设计性、感知化、多样化、智能化、易获取八个维度展开，主要了解被调查的学生对智慧教室的整体体验与感知；资源平台应用情况部分主要围绕资源平台的准确性、创新性、编排性、兼容性、稳定性、安全性、海量性、开放性、操作性九个维度设计，全面把握资源平台的应用效果；社交空间应用情况部分主要围绕社交空间的教学方式、信息素养、技术掌握、交互能力、学习意愿、课堂表现、应用意识、认知负荷、活动设计九个部分，系统把握学生对社交空间的整体体验。本问卷对智慧学习空间应用效果的评价标准采用李克特的五级量表，"非常同意""同意""不确定""不同意""非常不同意"分别记为 5 分、4 分、3 分、2 分和 1 分,以此对问卷调查的数据进行量化分析。设计问卷之后,分别通过 Cronbach's α 系数一致性检验和验证性因素分析对问卷的信度和效度进行检验,以保证本问卷设计的科学性和合理性。通过对 95 名学生进行问卷预调查,发现本问卷具有较高的信度和效度,可以开展大规模的问卷调查。

2. 问卷的发放

通过问卷星平台或微信群发放调查问卷。通过一定时间的调查,最终收集到调查问卷 315 份,有效问卷 315 份,有效问卷回收率为 100%。调查对象涵盖不同的学科、年级等。最后将收集到的有效问卷数据分别录入 SPSS 软件并进行统计、分析。

7.5.3 数据统计与分析

1. 调查研究对象基本构成情况统计、分析

调查问卷第一部分为被调查学生的基本信息,对基本信息情况的统计、分析有助于全面了解影响智慧学习空间应用效果的基本因素。如表 7-5 所示,通过对问卷第一部分数据的统计、分析,发现本次参与调查的 315 名学生中,男生 89 人,占比 28.25%,女生 226 人,占比 71.75%;其中,大一、大二、大三和大四的学生人数分别占比 10.79%、41.59%、41.27% 和 6.35%;在"接触智慧学习空间的时间"层面,接触时间为"1 年以下""1～2 年""2～3 年""3 年以上"的学生人数占比分别为 23.49%、43.81%、27.94% 和 4.76%;参与问卷调查的学生来自不同的学科,其中"理科""文科""工科"的占比分别为 28.89%、53.65% 和 17.46%。

表 7-5 学生基本情况统计表

单位:%

性别		年级				接触时间				学科		
男	女	大一	大二	大三	大四	1 年以下	1～2 年	2～3 年	3 年以上	理科	文科	工科
28.25	71.75	10.79	41.59	41.27	6.35	23.49	43.81	27.94	4.76	28.89	53.65	17.46

2. 智慧学习空间应用效果情况统计、分析

本次问卷调查主要从智慧学习空间的物理空间（智慧教室）、虚拟空间（资源平台）和社交空间三个层面展开分析，以全面了解智慧学习空间的应用效果。

（1）智慧教室应用情况分析。由表7-6智慧教室应用情况统计表可知，大部分学生对智慧教室的全面性、多样化、智能化和易获取维度的满意度较高，而对智慧教室的结构性、人性化、设计性和感知性维度的感知度较低。数据分析结果表明，大部分学生对智慧教室中的基础设施、多媒体教学设备、智能功能和多终端应用较为满意，而对智慧教室的空间布局、室内人性化设计、空间美感设计及智能化感知等方面不太满意。

表7-6　智慧教室应用情况统计表

问卷题目	各程度分布人数所占比例（%）				
	非常同意	同意	不确定	不同意	非常不同意
我校智慧教室（智慧实验室）的整体空间布局相对合理，有利于开展不同的课堂教学活动	4.76	23.81	14.29	46.03	11.11
我校智慧教室（智慧实验室）的桌椅能根据不同的教学活动形式自由组合，随意调节高度	6.35	22.22	12.70	47.3	11.43
我校智慧教室（智慧实验室）中的基础设施（如网络设备、中控主机、摄像头、话筒、显示屏、桌椅、音响、灯光、空调、窗帘等）配置相对合理且到位	28.89	33.65	19.05	13.65	4.76
我校智慧教室（智慧实验室）的室内空间设计及色彩搭配协调、舒适、美观、大方，隔音效果相对较好	9.84	14.60	27.94	36.51	11.11
我校的智慧教室（智慧实验室）能通过墙壁按键或者智能终端轻松控制灯光、空调、窗帘和通风系统等的启动和关闭	10.16	15.87	18.10	43.49	12.38
我校的智慧教室（智慧实验室）中配置了教学平台控制器、录播设备、触控液晶屏和无线话筒等多媒体教学设备	33.33	36.83	19.05	7.3	3.49
我校的智慧教室（智慧实验室）能实现智能签到、随机分组、资源信息智能推送等功能	28.57	47.94	16.19	4.44	2.86

续　表

问卷题目	各程度分布人数所占比例（%）				
	非常 同意	同意	不确定	不同意	非常 不同意
在我校的智慧教室（智慧实验室）中，能够使用移动 手机、平板电脑等移动终端与教师进行互动	27.94	50.79	14.60	3.81	2.86

（2）资源平台应用情况分析。由表7-7资源平台应用情况统计表可知，大部分学生对资源平台的准确性、兼容性、稳定性、安全性和操作性维度的满意度较高，而对资源平台的创新性、编排性、海量性和开放性维度的满意度较低。数据分析结果表明，大部分学生对资源平台中资源内容的客观典型性，支持多种浏览器、操作系统和终端设备，支持多用户访问，包含用户使用数据和支持学生随时访问等方面表现出较高的认可度，而对资源平台中资源内容的新颖性、独创性、设计感、美观度、丰富度及开放共享性等方面不太满意。

表 7-7　资源平台应用情况统计表

问卷题目	各程度分布人数所占比例（%）				
	非常 同意	同意	不确定	不同意	非常 不同意
资源平台（超星学习通）中所呈现的资源内容能够客 观地反映所属知识点，并且知识内容具有一定的代表 性和典型性	30.16	40.63	19.37	6.67	3.17
资源平台（超星学习通）中所呈现的资源内容较为新 颖且具有一定的独创性，平台的内容能够及时更新	10.79	16.19	14.6	44.13	14.29
资源平台（超星学习通）中资源内容的呈现形式科学 恰当、丰富多样，资源排版美观，能够清晰生动地表 现内容	11.11	15.87	14.29	46.03	12.7
资源平台（超星学习通）能够支持不同浏览器、操作 系统和终端设备等进行访问	36.19	52.38	4.76	2.86	3.81
资源平台（超星学习通）能够支持多用户访问，在运 行过程中不会无故发生使用异常的情况	33.02	53.65	6.03	3.17	4.13

问卷题目	各程度分布人数所占比例（%）				
	非常同意	同意	不确定	不同意	非常不同意
资源平台（超星学习通）使用安全系数高，能够抗病毒感染且能够有效保护学生的隐私数据	30.16	54.92	4.76	7.30	2.86
资源平台（超星学习通）能提供丰富的数据资源，可以满足不同人群的学习需求	10.16	22.54	20.95	35.56	10.79
资源平台（超星学习通）的信息资源能够面向所有学生开放与共享	11.43	23.17	19.05	38.41	7.94
资源平台（超星学习通）支持学生随时访问，并提供良好的交互和便捷的操作界面	33.02	53.97	4.44	4.76	3.81

（3）社交空间应用情况分析。由表7-8社交空间应用情况统计表可知，大部分学生对社交空间的交互能力、学习意愿、课堂表现、应用意识和活动设计等维度的满意度较高，而对社交空间的教学方式、信息素养、技术掌握和认知负荷等维度的满意度较低。数据分析结果表明，大部分学生在智慧学习空间学习过程中，具有较高的交互能力、学习意愿和良好的课堂表现，能够参与教师设计的各种课堂活动。然而，大部分学生认为，过于丰富的资源内容会增加自己的学习任务量，降低其学习效果。同时，大部分学生认为，教师的课堂教学形式较为单一，多采用PPT授课，智慧学习空间应用意识不强，教师和自身的信息素养水平都有待提高，教师和自身都需要提升对信息化设备的操作能力。

表7-8　社交空间应用情况统计表

问卷题目	各程度分布人数所占比例（%）				
	非常同意	同意	不确定	不同意	非常不同意
教师在智慧教室（智慧实验室）上课时，常采用不同的课堂教学形式，并在超星学习通平台上进行课堂互动	8.25	14.29	17.78	40.63	19.05

续　表

问卷题目	各程度分布人数所占比例（%）				
	非常 同意	同意	不确定	不同意	非常 不同意
教师在智慧教室（智慧实验室）上课时，能够很好地融入信息化知识，并且能够利用信息化设备整合各种信息资源	10.79	14.92	16.83	44.76	12.7
在智慧教室（智慧实验室）上课时，教师能够熟练地操作教室中的信息化教学设备开展教学，也能够及时利用相应的信息化教学设备跟学生进行互动	11.11	14.6	16.19	45.4	12.7
在智慧学习空间（智慧教室、智慧实验室、学习通平台）学习时，你与教师、与同学、与设备之间的互动明显增加	41.9	51.43	2.86	2.22	1.59
在智慧学习空间（智慧教室、智慧实验室、学习通平台）学习时，你的学习兴趣提高，旷课率降低，学习主动性提高	30.16	53.97	8.25	4.76	2.86
在智慧学习空间（智慧教室、智慧实验室、学习通平台）上课时，你的注意力提高，抬头率提高，并且积极参与课堂讨论、主动思考并回答问题	31.75	52.7	6.35	6.03	3.17
在智慧学习空间（智慧教室、智慧实验室、学习通平台）上课时，教师经常使用 PPT 上课	33.02	55.56	6.03	3.17	2.22
利用智慧学习空间（智慧教室、智慧实验室、学习通平台）学习时，你认为过于丰富的资源内容会增加你的学习任务量，降低你的学习效果	30.79	60	5.40	2.86	0.95
在智慧学习空间（智慧教室、智慧实验室、学习通平台）上课时，教师经常设计丰富多样的课堂活动，这提升了你的问题解决能力和自我效能感	27.94	59.68	5.40	3.81	3.17

7.5.4　智慧学习空间提升建议

基于对某地方应用型本科高校智慧学习空间应用效果的调查分析，发现智慧学习空间在智慧教室、资源平台和社交空间方面都有一定的提升空间。

1. 智慧教室层面

通过问卷调查数据分析可知，在智慧教室应用层面，大部分学生认为智慧教室的基础设施（如网络设备、中控主机、摄像头、话筒、显示屏、桌椅、音响、灯光、空调、窗帘等）配置相对合理且到位，认为智慧教室配置的教学平台控制器、录播设备、触控液晶屏和无线话筒等多媒体教学设备和智能签到、随机分组、资源信息智能推送等功能，有助于师生之间通过移动手机、平板电脑等移动终端进行互动和各种教学活动的开展。然而，在智慧教室的空间布局、室内人性化设计、空间美感设计及智能化感知等方面，大部分学生表示不太满意。因此，在智慧教室的优化升级方面，要更加注意室内空间布局的设计，增加桌椅的灵活性功能，使学生可以根据个人需求灵活升降或移动组合桌椅，为学生创设舒适的学习环境。同时，注意室内空间设计及色彩搭配要尽量协调、舒适、美观、大方，灯光、空调、窗帘和通风系统等的智能化控制功能要发挥好，为学生创设人性化的物理学习空间。

2. 资源平台层面

通过问卷调查数据分析可知，在资源平台应用层面，大部分学生认为资源平台中所呈现的资源内容能够客观地反映所属知识点，并且知识内容具有一定的代表性和典型性。同时，资源平台提供良好的交互和便捷的操作界面，能够支持多用户随时通过不同浏览器、操作系统和终端设备等进行访问，且运行稳定，使用安全系数高，能够有效保护学生的隐私数据。但是，大部分学生对资源平台中资源内容的新颖性、独创性、设计感、美观度、丰富度及开放共享性等方面不太满意。因此，在资源平台的优化升级方面，要注重所呈现资源内容的新颖性、独创性和更新的及时性。同时，要创新资源内容的呈现形式，丰富资源内容的数量，提升信息资源的开放共享性，以清晰生动、科学恰当的形式表现内容，从而满足不同学生的学习需求。

3. 社交空间层面

通过问卷调查数据分析可知，在社交空间应用层面，大部分学生认为社交空间能够促进自己与教师、同学和信息化设备之间的互动；提升个人的学习兴趣和学习主动性，降低旷课率。同时，社交空间有助于提高个人的学习注意力和抬头率，激发个人参与课堂讨论、主动思考并回答问题的热情。此外，丰富多样的课堂活动，有助于提升个人的问题解决能力和自我效能感。但是，大部分学生认为教师经常使用 PPT 上课，课堂教学形式过于单一；个别教师和部分学生的信息素养水平和信息化操作能力有待提升。同时，过于丰富的资源内容会增加学生的学习任务量，降低个人的学习效果。因此，在社交空间的优化升级方面，要注重师生信息素养水平的提高，增加师生信息化设备操作技能培训，鼓励教师创新课堂教学形式，凝练教学内容，适当减轻学生的认知负荷，以提升社交空间的应用效果。

第8章 智慧学习空间师生信息素养提升

随着互联网、大数据、虚拟现实、增强现实、人工智能、学习分析和混合现实等新兴技术在教育教学中的广泛应用，传统的教学方法和单一的知识传授已经不能适应新的教学需求，学校教育正在发生重大的变革，以适应信息化社会对人才的需求，智慧学习空间的建设和应用已经成为众多学校教育教学改革的重要途径。智慧学习空间的物理空间智慧教室（智慧实验室）是教师和学生开展面对面教学活动的重要场所，它是集智能化教学设备，智能化感知设备，可移动、可升降个性化桌椅，流畅的网络环境等于一体的新形态、智能化、人性化和支持师生友好交互的新型教学空间。智慧学习空间的资源平台是集视频资源、课件资源、音频资源、图片资源、文本资源等静态资源，各种富媒体资料、在线及离线数字化课程、形式丰富的学科工具和教师教学及学生学习过程数据等过程性资源于一体的智慧化学习平台。智慧学习空间的社交空间是教师和学生之间交互、学生与学生之间交互以及师生与各种设备、平台、资源之间交互的重要空间。智慧学习空间各组成部分的内容和特点，对教师和学生提出了新的要求。智慧学习空间给教师和学生提供了智能化的环境、设备、资源和平台，同时促使教师和学生角色发生转变，即教师不再是传统意义上纯粹的知识讲授者，而是转变为各种智能化教学设备的使用者、管理者和维护者，学习资源的设计者、制作者、传播者，学生学习活动的设计者、组织者、管理者、监督者、参与者和评价者等多重角色。学生不再是单一的知识接受者，而是转变成为各种智能化学习终端的拥有者、操作者和维护者，各种数字化学习资源的使用者、选择者和接受者，各种学习活动的参与者、创作者、分享者和反馈者。智慧学习空间中教师和学生的信息素养成为影响其应用效果的核心因素。因此，提高智慧学习空间中教师和学生的信息素养水平具有重要的意义和价值。

本章从信息素养的定义、构成和特点以及师生信息素养的定义及构成要素入手，基于已有的教师和学生信息素养的相关理论研究成果和实践研究框架，设计智慧学习空间教师和学生信息素养调查问卷，对某地方应用型本科院校智慧学习空间应用背景下，教师和学生的信息素养现状进行调查，分析影响智慧学习空间师生信息素养的关键因素并提出相应的策略，以期为智慧学习空间师生信息素养提升的相关研究提供理论参考和借鉴。

8.1　智慧学习空间师生信息素养概述

8.1.1　信息素养概述

1. 信息的定义

信息是一个较为抽象的术语，在众多领域中广为应用。由于不同领域中对信息的理解和应用的侧重点有所不同，因此关于信息定义的界定没有统一的说法。信息作为科学研究对象，最早被应用到通信领域的研究实践中。信息论的奠基之作当推哈特莱的《信息传输》，它将信息理解为选择通信符号的方式。香农在《通信的数学理论》中，提出信息是"两次不确定性的差异"，用以消除随机性或不确定性的东西。控制论的奠基人维纳在《人有人的用处：控制论与社会》中写道："信息就是我们在适应外部世界，并把这种适应反作用于外部世界的过程中，同外部世界进行交换的内容的名称。"在我国，"信息"作为最早的科学术语出现在《信息传输》中："信息是指有新内容、新知识的消息。""信息"在《现代汉语词典》中有两种解释："一是音信、消息；二是信息论中指用符号传送的报道，报道的内容是接收符号者预先不知道的。"各类各级文件和多位教育技术学方面的专家学者都曾对信息进行过界定，但未形成统一准确、全面典型、普适性强的概念。国内学者比较认可 1988 年钟义信教授对信息概念的界定，即"信息是事物运动的状态与方式，是物质的一种属性"。信息的定义受多种因素的影响，其会随着人类社会的发展、科学技术的进步、应用领域的不同和专家学者关注点的不同而不断变换。因此，本书所述的信息特指在人类社会通信系统传输和处理的一切涵盖新内容、新知识、新技术和新对象的消息，强调利用现代化信息技术手段对各种图形图像、文本信息和视音频等内容和资源的获取、整理、加工与处理。

2. 素养的定义

"素养"一词来源于英文"literacy"，而"literacy"一词来源于"literate"。literate 本意是指"受过教育的，有文化的，精通文学和文学创作的"。literacy 的原始含义主要有两层：一是指有学识，有学养，跟学者有关；二是指能够阅读，能够书写，对象是一般的普通大众。在各类字典中，通常将"素养"定义为"修养"。1996 年，《现代汉语词典》（修订本）将"素养"界定为平日的修养；《辞海》（2009 版）将"素养"界定为人经常修习所具有的涵养，如科学素养、文学素养和艺术素养等；百度百科将"素养"释义为通过训练或实践而获得的一种道德修养。可见，一般认为"素养"不是一蹴而就的，而是通过一定的积累，循序渐进，经过大量的训练或不断的实践而形成的成果，是一种从量变到质变不断发展变化的过程。

3. 信息素养的定义

"信息素养"一词的英文为"information literacy"，该词最早出现在 20 世纪 70 年代，但其真正意义上的起源，可追溯到较早的图书馆用户教育活动。图书馆用户教育（library user education）简称用户教育，是文献激增与情报需求矛盾激化的产物。起初的用户教育仅限于图书馆及图书馆研究中使用，它帮助用户提供资源导航服务，帮助用户掌握文献检索能力和与图书馆使用相关的知识和能力，即培养图书馆用户的图书馆素质（Library literacy）。随着社会的发展变化，人们对信息的认识有了进一步的发展，图书馆用户教育的范围由实体图书馆拓展到更广阔的外部社会空间中，为社会、组织和学校提供信息服务。随着信息技术的飞速发展，各行各业都迎来了新的变革，人们进入新的信息服务环境，在图书馆用户教育内涵不断发展的同时，出现了"信息素养"的概念。

"信息素养"一词最早是由美国信息产业协会（the US Information Industries Association）主席保罗·祖科夫斯基（Paul Zurkowski）在 1974 年给美国图书馆与信息科学国家委员会（the US National Commission on Libraries and information Science）的报告中首次提出的，他认为信息素养是利用大量的信息工具及主要信息源，使问题得到解答的技能。多年来，"信息素养"成为国内外众多专家学者研究的重点，但对"信息素养"的定义尚未形成统一的观点。泰斯默（Tessmer.M）在 1985 年提出"信息素养是为特定需求有效获取和评价信息的能力"，并通过详细描述将信息素养的内涵界定为信息意识、信息知识和信息能力三个方面。美国图书馆协会（ALA）在 1989 年提出"信息素养包括能够判断何时需要信息，明确如何获取、评价和有效利用所需信息"。美国图书馆协会也通过语言的描述将信息素养界定为信息意识、信息知识和信息能力三个组成部分。伯恩海因·罗伯特（Burnhein Robert）早在 1992 年就撰文指出，信息素养，是指人通过自身的学习与研究能够明确掌握信息需求，并能做出检索和评价。2003 年 9 月，联合国教科文组织和美国图书情报学委员会在捷克首都布拉达召开信息素养专家会议，并发表了《布拉格宣言：走向信息素养社会》，会议中指出信息的学习是必不可少的并宣布：信息素养是终身学习的一种基本人权。玛丽·F. 莱诺克斯（Mary F·Lenox）认为信息素养是指一个人获取和理解多种信息资源的能力。而迈克尔·沃克（Michael L.Walker）认为，想要实现信息素养，需要遵循以下几点：第一，能够正确地对信息素养进行研究；第二，能够从大量的信息源中找寻方法，使问题的答案更加丰富；第三，无论信息多么冗杂，信息源多么难以辨别，确定了需要找寻的信息，就可以快速找到。多伊尔（C.S.Doyle）在 20 世纪末就曾提出了信息素养的几大建议：想要对信息做出正确的认知，需要对信息进行精准的定位，提供准确的信息来源，对信息的检索制订成功方案，从而获取有效性、有价值的信息，并把信息用于实际学习和生活当中，将新的信息与已有的知识整合，使信息应用在批判性逻辑和问题的解决中。

国内对信息素养的研究开始于 20 世纪 90 年代中期，起步时间相对较晚，但是也取得了不少的研究成果。起初国内的专家学者针对"信息素养"的研究形式主要为翻译、评述国外"信息素养"的相关文献，并在翻译、分析的基础上提出自己的观点和看法。随着国内专家学者对"信息素养"研究的深入，不少专家对"信息素养"的定义进行了较为系统、科学的界定。1997 年，黑龙江大学信息管理学院院长马海群在《论信息素质教育》一文，将信息素养定义为"在信息化社会中个体成员所具有的各种信息品质"。2000 年，谢立虹指出，"信息素质是在各种信息交叉渗透、技术高度发展的社会中，人们所具有的信息意识、信息处理的各种能力或技能"。李艺、张义兵从多重视野对信息素养予以定位，认为从技术视野来看，信息素养应定位在信息处理；从心理学视野来看，信息素养应定位在信息问题解决；从社会学视野来看，信息素养应定位在信息交流；从文化学视野来看，信息素养应定位在信息文化的多重建构能力。2003 年，皮介郑认为"信息素养是信息主体在信息行为中认识和表达信息需求，并利用适当的信息工具从各种信息源查找、获取、组织和利用信息的技能，以及此过程需要的信息观念、信息意识的具备、信息知识的拥有、信息态度的具备、信息习惯的养成以及信息伦理道德的遵循等因素综合所形成一种稳定的能力和品质"。陈维维等人认为，"信息素养"是指个体（人）对信息活动的态度以及对信息的获取、分析、加工、评价、创新、传播等方面的能力。它是一种对目前任务需要什么样的信息、在何处获取信息、如何获取信息、如何加工信息、如何传播信息的意识和能力。

综合国内外相关专家学者对"信息素养"一词的概念界定，不难发现，国内学者对"信息素养"概念的界定更为概括和抽象，可操作性较差；国外学者对"信息素养"概念的界定更注重实用主义，各有各的特点。总而言之，信息素养成为人类进入信息化社会后出现的，对人们在信息社会中的生存和发展具有重要影响的一个新术语，是技术、文化、科学和社会发展的综合产物。因此，笔者认为，信息素养是人们在信息化社会环境中所形成的一种基于文化内涵的、相对稳定的、具有个性化特征的心理品质。信息素养在一定程度上反映信息化社会中人们对信息重要性的认识程度和获取识别信息、驾驭信息知识、使用信息工具以及获取、评价、利用、处理、创造和传播各种信息资源的能力。同时，信息素养还包括学生独立自主的学习方法与学习态度，强烈的社会责任感、参与意识及批判精神，利用获取的知识和信息解决现实问题以及进行创新性思维等方面的综合能力。

4.信息素养的内容构成、分类及特点

（1）信息素养的内容构成。信息素养是一种综合能力，是培养学生有信息需求时，能够有效地检索、评估和利用信息的综合能力；培养学生将获取的信息和自身拥有的信息知识相融合，构建新的知识体系，以帮助他们合理、合法地获取和利用信息。信息素养是在信息化社会中个体成员所具有的各种信息品质。通常认为，信息素养的内容构成主要包括四个部分：信息意识、信息知识、信息能力和信息道德。

第一部分，信息意识。信息意识主要是指人对信息敏锐的感受力、判断能力和洞察力。作为信息化社会中的个体，信息意识是其必备的重要素养，每个人只有具备一定的信息意识，才能在日常的学习、工作和生活中，以尽可能少的时间快速、准确、高效地明确、查找、下载、搜集、整理、加工、创造、保存和分享对自己有价值的各类信息内容。信息意识是人们在面对各种社会行为和各界丰富的信息、观点时的感受与认识。换句话说，信息意识就是指人们在面对未知的事件时，是否有意识地主动去寻找信息，用何种工具或方法去主动

寻找信息。在信息资源内容丰富多样、形式千变万化的信息化社会，是否具备较强的信息意识，将是影响一个个体能否快速地获取所需信息资源，及时、准确、快速、高效地找到解决问题办法的关键因素。

第二部分，信息知识。信息知识主要是指与信息有关的伦理、知识和方法。通过对概念的认知，可以更好地辨别信息，获取、利用信息。换句话说，信息知识即生活在信息社会的每个个体利用信息技术时，在信息方面所积累的与信息有关的理论知识、实践方法和伦理知识。它既包含经过凝练处理的专业信息知识，如信息的基本内涵与相关术语，信息技术的学科知识等，又包含个体在进行信息交流的过程中所积累或掌握的一切基本知识与经验。生活在信息化社会的每个个体，只有掌握了丰富的信息知识，才能熟练地运用各种信息技术工具或手段，获取所需的有用信息，才能快速、准确、高效地解决遇到的各种问题。

第三部分，信息能力。信息能力主要是指人们在社会生活及科研活动中捕获、选择、加工、传递、吸收、利用信息的能力，以及将信息物化为精神产品和物质产品的能力。信息能力是整个信息素养的核心内容，是信息素养培养的关键部分。信息能力的增强与提高，不仅有助于个体问题解决能力的提升，而且有助于个人综合素质的完善。

第四部分，信息道德。信息道德主要是指人们在信息活动中应遵循的道德规范。信息伦理道德是人们在信息活动中应遵循的行为规范。随着各种信息技术在社会各行各业中的广泛推广与应用，信息化环境中的信息种类、获取途径、呈现形式和信息来源等相关内容呈现出日益复杂化、多样化和层级化等特征，所引发的网络违法犯罪行为等各类社会问题日益凸显。因此，在使用信息技术手段或工具获取各类数字化或信息化资源的同时，要格外注意信息道德的相关问题，注意文明使用、合理使用相关的信息资源。

总的来说，信息意识、信息知识、信息能力和信息道德四个要素相互依存、相互作用、有机协调，共同构成信息素养的重要内容。其中，信息意识是先导，信息知识是理论基础，信息能力是核心，信息道德是保证。

（2）信息素养的分类。通过"信息素养"的概念界定可知，因研究角度、研究方法和研究侧重点不同，不同学者对"信息素养"的内涵给出不同的界定。同时，不同的专家学者结合逻辑学中的概念分解原理，将"信息素养"分解成为彼此之间相互关联、相互作用的多种构成要素，并从各要素的功能以及各要素之间的关联、作用等方面，更加直观、系统、全面、科学地分析信息素养的内涵。

国内外的专家学者从不同角度、不同层面对信息素养的类别进行了研究，并得到了一定的研究成果。1994年，麦克卢尔（McClure）提出，信息素养应包含传统素养、媒体素养、计算机素养及网络素养。1996年，夏皮罗（Shapiro）等人认为，信息素养是一个经常利用但充满危险而应该慎用的模糊概念，为此，他们勾画了一个包含计算机素养、图书馆素养以及更为宽泛的更具人文批判精神的信息素养课程原型，包含工具素养、资源素养、社会结构素养、研究素养、出版素养、新兴技术素养、批判素养。2001年，美国南部高校联盟（ACS）提出了信息通晓的概念，认为信息通晓是联合信息素养、计算机素养以及批判性思维等技能的一项应用能力，致力于解决跨学科、跨理论以及跨信息格式结构的有关信息问题。曾晓牧、孙平将信息素养能力分为通用层次信息素养能力和学科层次信息素养能力两个层次，通用层次信息素养能力属基础性能力，学科信息素养则属于较高层次，通用层次信息素养能力指标体系应包括基本图书馆能力和基础计算机运用能力。

（3）信息素养的特点。信息素养作为信息社会每个个体必须具备的一种特殊能力，具有自身的一些特点。随着社会和科学技术的不断发展、进步，世界格局也在不断地发展变化，人们逐渐迈入了多要素共存、信息量丰富、信息源多样的信息世界。生活在社会中的每个个体都离不开各种各样的信息，信息成为世界的一个重要组成部分，影响着每个个体生活的方方面面。因此，把握信息素养的特点，有助于更好地提升每个个体在信息获取、辨别、加工、处理、分享和保存等方面的能力，有助于各个个体在信息社会中更好地生存。笔者基于已有研究和本书对信息素养内涵的解读，将信息素养的特点归纳为四个方面。

第一，信息素养的动态发展性。随着信息技术的不断发展和社会观念的进步与更新，每个社会个体需要具备的信息素养也在不断地发展、变化。信息素养是信息社会对每个个体提出的能力发展需求，随着信息社会的发展，对每个个体所需要具备的信息意识、信息知识、信息能力及信息道德必然会有新的界定，即信息素养是随着时代的发展而不断发展、变化的，信息素养具有动态发展性特征。

第二，信息素养的多面普及性。虽然每个人在信息社会中都应具备相当的信息素养，但由于生活环境、家庭背景、教育理念等不同，每个人信息素养的程度也会略有差异。因此，信息素养可以表现为公民信息素养、应用信息素养、开发设计信息素养等。也就是说，基于每个社会个体的差异、需求的不同，信息素养表现出多面性、复杂性和个体化差异性。同时，信息素养作为一种现代人必备的能力，广泛地存在于人们的日常生活当中，信息素养已然成为当今社会不可或缺的一部分，作为基本素养在现实生活中体现。也就是说，信息素养在信息社会的各个领域中普遍存在，是每一个社会个体必须具备的基本素养，即信息素养具有普遍性特征。

第三，信息素养的多元层次性。通常情况下，每个个体对信息使用的意图不同，其信息素养的高低程度也有区别。比如，信息素养的使用者一般与信息技术的关联比较紧密，那么其信息素养的水平往往比信息素养的普通拥有者要高；而信息素养的设计开发者对信息素养的理解和体会会更加深入，因此其信息素养水平往往又高于信息素养的使用者。换句话说，处于信息社会中的每个个体，其信息素养水平会根据信息技术的应用程度的不同而表现出不同的特点，即信息素养具有多元层次性特征。

第四，信息素养的实践操作性。无论何种信息，都需要在不断应用信息技术的过程中发现问题并解决问题，以此形成从信息知识到信息情感，再到信息能力和信息道德的良好信息素养。也就是说，信息素养的积累与提升是需要经过大量的信息技术使用实践来实现的，通过对信息素养的多次操作活动，将各种信息由复杂向简单进行转化，从而达到熟练运用与深度认识的目的，最终成为个体信息素养能力的重要组成部分。同时，信息意识与信息能力的提高，信息知识的增加与信息道德观念的强化都离不开操作与实践相结合的方法，即信息理论与信息操作有机协调、完美融合，共同实现增加信息获取准确度，提升信息素养综合能力的终极目标。此外，信息的使用与操作实践也在一定程度上体现了对信息素养的评价。只有对信息素养的操作达到了一定的水平，才会在信息的海洋里游刃有余地遨游。对信息操作能力的高低以及信息知识的多少，可以看出一个人信息素养的能力。换句话说，个体信息素养的高低与个体信息操作实践能力的高低有着密不可分的联系，即信息素养具有操作实践性特征。

8.1.2　信息素养的能力评价标准

要想研究信息素养，就必然要了解评价信息素养的标准，信息素养标准指对公民具备驾驭信息的能力和使用信息工具水平的高低评价时所设定的外在表现指标或外在表现要求。信息素养的能力评价标准是衡量个体信息素养水平的重要准则、科学依据和具体指南，是信息素养研究者重点关注的话题。对于信息素养评价研究工作人员来说，探究信息素养评价的标准体系和从实践出发，实事求是开展评价工作是其需要考虑的重要方面。笔者通过查阅文献发现，国内外的专家学者已经针对信息素养能力评价开展了大量的研究，并取得了一定的学术成果，形成了全面、科学、实用的信息素养评价衡量标准。

1. 国外信息素养的能力评价标准

国际上影响范围比较大且得到众多专家学者认可的三大信息素养能力评价标准是澳大利亚的 CAUL 标准、美国的 ACRL 标准和英国的 SCONUL 标准。

（1）澳大利亚的 CAUL 标准。澳大利亚图书馆协会（CAUL）在 2000 年的堪培拉会议上，制定了《澳大利亚和新西兰信息素养评估框架》，该框架共有七大类，24 个指标，102 个子项目，同样包含了信息意识、信息知识、信息能力与信息道德四大方面。2004 年，该协会又重新修订了第二版。

（2）美国的 ACRL 标准。美国大学与研究图书馆协会（ACRL）在 2000 年召开了美国图书馆协会会议，会议上争议并通过《高等教育信息素养能力标准》，其中包含 5 项标准和 22 项具体指标。该标准所列外在表现指标里包含了高校学生的信息意识、信息知识、信息能力、信息道德四大方面，该标准为整个高等教育环境下探讨高校学生信息素养的提升及评价高校学生信息素养的标准提供了一定的指导方向。《高等教育信息素养能力标准》中的五大标准如下：标准一，具有信息素养的学生能决定所需要的信息种类和信息程度；标准二，具有信息素养的学生能够有效、高效地获取所需信息；标准三，具有信息素养的学生对信息以及信息源进行批判性评价，并能够将所摘选的信息与自身原有的知识储备和知识评价有机结合；标准四，具有信息素养的学生，无论是个体，还是团体中的一员，都能够有效利用信息来达到某一特定目的；标准五，具有信息素养的学生能够懂得与信息使用相关的技术所带来的经济、法律以及社会问题，同时能够在信息获取与使用中自觉遵守信息道德。

（3）英国的 SCONUL 标准。英国国家和大学图书馆学会（SCONUL）在 1999 年提出了信息素养的七项标准，该标准同 CAUL 和 ACRL 提出的信息素养评价标准略有不同。同时，以图书馆的基本能力与信息技术能力为基础，构建了信息素养评估模型。值得关注的是，英国的信息素养标准按照信息素养的高低划分为五个层次，最基本的是值得关注级，最高级的是专家级。

2. 国内信息素养的能力评价标准

国内有关信息素养能力评价标准的研究起步较晚，但也取得了一定的研究成果。国内比较典型的信息素养能力评价标准为《北京地区高校信息素质能力指标体系》。之后，众多专家学者从不同角度、不同层面对信息素养能力评价开展了大量的研究，并建立了多种评价标准和指标体系。

北京市文献检索研究会在 2000 年制定了《北京地区高校信息素质能力指标体系》，该标准作为评价北京市高校学生信息素养的重要评判依据，借鉴了美国信息素养评价标准的相关内容，共分为 7 个大类，19 个指标，61 个子项目，基本包含了信息意识、信息知识、信息能力、信息道德四大方面。《北京地区高校信息素质能力指标体系》是我国第一个比较权威正式的信息素养评价标准，是国内信息素养评价标准的指导性文件。2005 年，中国科学信息研究所承接了联合国教科文组织的中国国民信息素质教育研究项目，目的是对全国人民特别是大学生的信息素质教育进行研究，以辅助政府部门决策。该项目由 3 个一级评价指标（即信息意识、信息能力、信息观念与伦理）和 15 个二级评价指标组成。陈文勇、杨晓光建立了"高等院校学生信息素养能力标准"，主要包括信息的需求、信息源的查找、信息的评价、相关公共政策及伦理问题等内容。张东等人构建高校学生信息素质综合水平评价指标体系，从信息意识、信息能力、信息观念和信息伦理方面通过调查问卷进行了评价和分析，数据范围涵盖广泛，包括 41 所高校的 1036 名学生。陈延寿构建了适合国内研究生的信息素养评价体系，信息意识、信息检索能力、信息分析组织能力、信息综合利用能力以及信息伦理修养等是其主要的考查层面。

随着国际、国内对信息素养认识的深入，教师信息素养也成为国内学者关注的热门话题，国家层面也针对教师的信息素养评价提出了相应的要求。教育部分别在 2004 年和 2014 年发布了《中小学教师教育技术能力标准（试行）》与《中小学教师信息技术应用能力标准（试行）》。2004 年发布的《中小学教师教育技术能力标准（试行）》是我国发布的首个有关教师信息素养能力评价的标准，该标准从意识与态度、知识与技能、应用与创新和社会责任四个维度，提出了十四个教师信息技术能力评价指标。2014 年 5 月发布的《中小学教师信息技术应用能力标准（试行）》是《中小学教师教育技术能力标准（试行）》的发展与完善，该标准从"技术素养""计划与准备""组织与管理""评估与诊断""学习与发展"五个维度对中小学教师的教育技术能力评价内容进行了具体化表述与界定。

8.1.3　师生信息素养的内涵

智慧学习空间信息素养的研究依据研究主体的不同分为教师信息素养和学生信息素养，教师和学生因所处角色的不同而表现出不同的信息素养内涵。

1. 教师信息素养的内涵

教师信息素养具有职业独特性，面向教育教学实践。对于教师信息素养的研究，大多围绕理论框架或能力结构展开。多年来，国内外的专家学者从不同的角度对教师信息素养的内涵进行了解读，为智慧学习空间教师信息素养的界定与分析提供了重要的支持和可靠的依据。联合国教科文组织分别在 2008 年、2011 年和 2013 年颁布了《教师信息与通信技术能力标准》等文件，提到了教师信息素养的概念，并且对其进行了明确的界定和详细的阐述。强调教师要正确理解和科学运用信息技术，从思想层面出发，实现意识层面的超越与创新。同时，在《教师信息与通信技术能力框架》中对教师的信息素养进行了分类，并且对每一部分的课改目标都进行了明确。

国内的一些专家学者也从不同的层面出发，对教师信息素养的内涵进行了界定。钟志贤认为，教师信息素养是指各类教师知道如何利用计算机和网络技术来获取相关教育教学信息，以便对信息环境中的学习过程和学习资源做出设计、应用、评价、管理的新型综合教学能力。有学者认为，对教师信息素养内涵的解释可分为广义和狭义两方面，广义的教师信息素养内涵应包括作为普通社会公民应具备的基本信息能力以及能够促进教师职业发展的信息能力。狭义的教师信息素养内涵可理解为教师为了获取需要的教育教学信息以及促进学生学习和教师自己的专业发展，借助于信息技术和相关资源，设计和管理一系列学习过程的综合能力，也称为教师的专业信息素养。王玉明认为，教师信息素养就是在教育教学过程中，检索获取信息、分析信息、存储信息、使用信息、创造信息的能力。武亚丽认为，教师信息素养是教师在互联网信息化环境中，综合利用教学理论，结合学科知识，将信息及信息技术有效融合于教育教学活动中，不断提高自身专业发展，优化教育质量，解决教学实际问题，致力于培养信息化社会需要的人才而具备的一种能力和素质。其核心要素是信息意识与态度、信息知识、信息应用与创新、信息伦理与安全、学习与发展等。

综合国内外学者对教师信息素养内涵的不同解读，笔者认为，智慧学习空间教师信息素养是指在智慧学习空间的教育教学过程中，教师综合利用各种信息化教学理论，结合学科特点，将各种数字化信息及智能化技术有效应用到教育教学活动中，优化教学，解决教学中遇到的问题，增加师生互动，致力于培养高素质、创新型人才而具备的一种综合素质。通常认为，教师信息素养是由信息意识、信息知识、信息能力和信息道德四个主要部分组成。

2. 学生信息素养的内涵

学生信息素养是针对个体作为学生在辨别、获取、加工、处理和分享学习内容时所具备的一种基本能力或综合品质。有关学生信息素养内涵的界定，不同的专家学者有其独特的理解。美国图书馆协会和教育传播与技术协会在 1998 年出版的《信息能力：创建学习的伙伴》中，将学生的信息素养界定为运用信息进行独立学习，解决生活和学习中遇到的问题，并充分利用信息承担一定的社会责任。孙素华将学生的信息素养界定为学生应在信息化社会环境和现代教育发展过程中掌握基本信息知识和信息技能的基础上，形成良好的信息意识及情感，具备一定的信息获取、加工、存储、处理、运用和交流的能力，正确鉴别信息并严格遵守信息伦理道德条例及相关法规，维护信息安全，能够自主学习，勇于承担社会责任并具有一定的创新发展能力。魏钰春将学生信息素养界定为网络信息化时代的学生应具备信息素养的意识观；掌握有关信息的本质、特性、动态规律、信息系统流程的构成及其原则、技术、方法等方面的知识；具备一定的信息获取、加工、存储、处理、运用和交流的能力，正确鉴别信息并严格遵守信息伦理道德条例及相关法规，维护信息安全；具有能够自主学习、终身学习的基本能力，并依靠自身信息知识体系对研究内容进行发展创新。学生信息素养就是要求学生具备强烈的信息需求意识和渴求新信息的心理、高层次的信息观念和信息价值意识、丰富的信息检索知识和娴熟的检索技能、全面的信息利用手段、自觉利用信息环境及设施的习惯，以及符合现代社会要求的信息道德。

综合众多专家学者对学生信息素养内涵的不同界定，笔者认为，智慧学习空间学生信息素养是指在智慧学习空间的教育教学过程中，学生具有强烈的信息需求和敏锐的信息意识，具备一定的信息知识，能够熟练利用智慧学习空间准确辨别、获取、加工、处理、运用、分享及创新信息的能力，并具有较强的信息道德意识，自觉遵守信息伦理法规制度等方面的综合素养。通常认为，学生信息素养是由信息意识、信息知识、信息能力和信息道德四个主要部分组成。

8.2　智慧学习空间师生信息素养现状调查

本节以某地方应用型本科院校为例，主要采用问卷调查法，选取该校采用智慧学习空间开展教与学的教师和学生为调查对象，探究智慧学习空间师生的信息素养现状。

8.2.1 教师信息素养现状调查

1. 教师信息素养调查问卷的设计与发放

（1）问卷的设计。笔者基于前期查阅的相关文献，结合智慧学习空间地方应用型本科院校教师的特点，设计了《智慧学习空间地方应用型本科院校教师信息素养和专业发展需求调查问卷》（见附录六），该问卷主要包括个人基本信息、信息素养现状调查和教师专业发展需求调查三个部分，其中个人基本信息主要包括性别、职称、工作岗位、工龄、年龄、学历、任教（从事）的学科七个方面；信息素养现状调查部分主要围绕教师的信息意识与态度、信息技术知识、信息技术应用能力和信息伦理道德四个维度而展开；教师专业发展需求调查部分主要围绕个人参与培训次数、培训满意度、专业发展意识和专业发展建议四个维度而展开。该问卷共包含 33 道题目，内容主要通过单选题和多选题的形式进行呈现。其中，第 1 ~ 7 题主要对教师的个人基本信息进行了解；第 8 ~ 26 题主要针对教师的信息素养现状展开调查；第 27 ~ 33 题主要围绕教师的专业发展需求而展开。本问卷对智慧学习空间教师信息素养现状调查的判断标准采用李克特的五级量表，其中"非常重要""比较重要""一般""不重要""非常不重要"分别记"5 分""4 分""3 分""2 分""1 分"，以此对问卷调查的数据进行量化分析。设计问卷之后，分别通过 Cronbach's α 系数一致性检验和验证性因素分析对问卷的信度和效度进行检验，以保证本问卷设计的科学性和合理性。之后，笔者通过对 50 名教师进行问卷预测验，发现本问卷具有较高的信度和效度，可以开展大规模的问卷调查。

（2）问卷的发放与数据收集。通过问卷星平台和微信群发放问卷，通过微信群的方式面向所选院校的教师随机发放。通过一定时间的调查，最终收集到调查问卷 157 份，有效问卷 157 份，调查对象涵盖不同的专业、职称、岗位和年龄等。最后，将收集到的有效问卷数据分别录入 SPSS 软件并进行统计分析。

2. 教师信息素养调查数据的统计与分析

（1）调查研究对象基本构成情况统计分析

调查问卷第一部分为研究对象的基本信息，对基本信息分布情况的统计分析有助于全面了解影响教师信息素养提升的基本因素。

①性别分布情况分析

由表 8-1 可以看出，在调查的 157 名教师中，男教师有 40 人，女教师有 117 人，分别占比为 25.5% 和 74.5%。

表 8-1 问卷调查研究对象性别分布情况统计表

信息指标	信息维度	分布人数	所占比例（%）
性别	男	40	25.5
	女	117	74.5

②职称分布情况分析

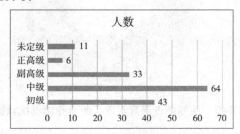

图 8-1 问卷调查研究对象职称分布情况统计图

由图 8-1 可以看出，在调查的 157 名教师中，具有中级职称的教师有 64 人，占比 40.76%，人数最多；具有初级职称的教师有 43 人，占比 27.39%，人数次之；副高职称的教师有 33 人，占比 21.02%，人数位居第三；而未定级和高级职称的教师数量较少，分别为 11 人和 6 人，各自占比为 7.01% 和 3.82%。

③工作岗位分布情况分析

表 8-2 问卷调查研究对象工作岗位分布情况统计表

信息指标	信息维度	分布人数	所占比例（%）
工作岗位	管理岗	20	12.74
	教辅岗	25	15.92
	专业技术岗	112	71.34

由表 8-2 可以看出，在调查的 157 名教师中，在管理岗位工作的教师有 20

人，占比 12.74%；在教辅岗位工作的教师有 25 人，占比 15.92%；在专业技术岗位工作的教师有 112 人，占比 71.34%；可见，在管理岗位和教辅岗位工作的教师人数相差不大，在专业技术岗位工作的教师人数最多。

④工龄分布情况分析

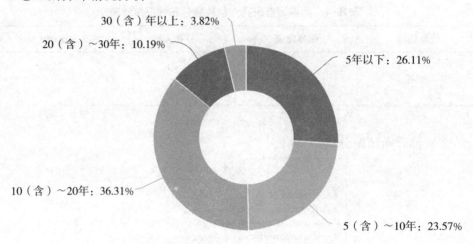

图 8-2　问卷调查研究对象工龄分布情况统计图

由图 8-2 可以看出，在调查的 157 名教师中，10（含）～20 年工龄的教师人数最多，占比 36.31%；5 年以下工龄的教师人数次之，占比 26.11%；5（含）～10 年工龄的教师人数位居第三，占比 23.57%；20（含）～30 年工龄的教师人数占比 10.19%；30（含）年以上工龄的教师人数最少，仅占比 3.82%。

⑤最高学历分布情况分析

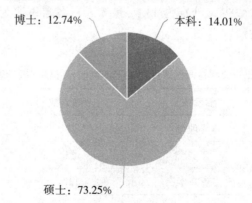

图 8-3　问卷调查研究对象最高学历分布情况统计图

如图 8-3 所示，在调查的 157 名教师中，具有硕士学位的教师人数最多，占比 73.25%；具有本科学位的教师人数次之，占比 14.01%；具有博士学位的教师人数最少，仅占比 12.74%。

⑥年龄和任教（从事）学科分布情况分析

表 8-3　问卷调查研究对象年龄和任教（从事）学科分布情况统计表

信息指标	信息维度	分布人数	所占比例（%）
年龄	30 岁以下	33	21.0
	30（含）～ 40 岁	75	47.8
	40（含）～ 50 岁	40	25.5
	50（含）岁以上	9	5.7
任教（从事）学科	自然科学类	14	8.9
	医药科学类	9	5.7
	工程与技术科学类	13	8.3
	人文与社会科学类	121	77.1

如表 8-3 所示，在调查的 157 名教师中，年龄在 30（含）～ 40 岁的教师人数最多，为 75 人，占比 47.8%；40（含）～ 50 岁的教师人数次之为 40 人，占比 25.5%；30 岁以下的教师人数位居第三，为 33 人，占比 21%；50（含）岁以上的教师人数最少，仅有 9 人，占比 5.7%。同时，通过分析发现，接受调查的教师所任教（从事）学科的分布情况具有一定的特点。其中，人文与社会科学类的教师人数为 121 人，数量最多，占比为 77.1%；自然科学类和工程与技术科学类教师人数差别不大，分别为 14 人和 13 人，各自占比 8.9% 和 8.3%；医药科学类的教师人数最少，仅为 9 人，占比 5.7%。

（2）调查研究对象信息素养当前状况分析。本次问卷调查主要从教师的信息素养和专业发展需求层面的不同维度展开分析，以全面了解现阶段所选学校教师的信息素养现状和教师的专业发展需求。

①信息意识态度层面

通过对与信息意识态度有关的问卷测试题进行分析发现，在参与问卷调查的 157 名教师中，有 54.14% 的人认为，互联网在自己所任教的课程中具有非常重要的作用；有 35.03% 的人认为，互联网在自己所任教的课程中具有比较重要的作用；仅有 10.83% 的人认为，互联网在自己所任教的课程中作用一般或不重要。有 63.69% 的教师认为，信息技术对开展科研工作具有重要的作用；认为信息技术对开展科研工作作用一般或作用不大的教师人数相对较少，仅有 7.65%。有 68.15% 的教师认为，在教学和日常管理中使用信息技术，可以帮助自己更快、更有效地完成教学和管理任务；仅有 8.28% 的教师认为，信息技术对自己的教学和管理工作作用一般或作用不大。在"采用新兴的教学方法，如翻转课堂、混合式学习、在线公开课程（MOOC）等，有助于优化你的教学效果"的题目中，有 47.13% 的教师表示"非常同意"，有 40.13% 的教师表示"比较同意"，有 12.1% 的教师表示"一般同意"，仅有 0.64% 的教师表示"不同意"。此外，仅有 0.64% 的教师不太喜欢使用信息技术手段提升工作效率，其他教师都表示喜欢在工作中利用信息技术手段提升工作效率。

②信息技术知识范围层面

通过对与信息技术知识范围有关的问卷测试题进行分析发现，在参与问卷调查的 157 名教师中，仅有 14.01% 的教师对计算机基础知识"非常了解"，有 41.4% 的教师对计算机基础知识"比较了解"，有 44.59% 的教师对计算机基础知识"不太了解"或"不了解"。有 51.6% 的教师对信息技术的教育应用情况"非常了解"或"比较了解"，有 47.77% 的教师表示"一般了解"，仅有 0.64% 的教师表示"不了解"。在"对教育信息化相关法律法规（如隐私权、知识产权、版权等）的了解情况"的调查中，仅有 7.01% 的教师表示"非常了解"，有 23.57% 的教师表示"比较了解"，有 51.59% 的教师表示"一般了解"，有 17.83% 的教师表示"不了解"。有 36.31% 的教师表示熟知或比较熟知各种专业网站、网络课程网站和数据库等信息源，有 57.96% 的教师表示一般熟知，有 5.74% 的教师表示不熟知或非常不熟知。在"对与网络信息相关的计算机病毒、信息犯罪等信息安全知识的了解情况"的调查中，仅有 6.37% 的教师表示"非常了解"，有 19.75% 的教师表示"比较了解"，有 50.96% 的教师表示"一般了解"，有 22.93% 的教师表示"不了解"或"非常不了解"。

③信息技术应用能力层面

通过对与信息技术应用能力有关的问卷测试题进行分析发现，在参与问卷调查的 157 名教师中，仅有 9.55% 的教师能够非常熟练地掌握 Word、PPT 和 Excel 等办公软件，有 54.14% 的教师能够比较熟练地掌握 Word、PPT 和 Excel 等办公软件，有 33.12% 的教师对 Word、PPT 和 Excel 等办公软件的掌握程度一般，有 3.18% 的教师还不能熟练地掌握办公软件。在"能利用视音频处理软件自己制作微课"的调查中，有 36.31% 的教师表示非常能够或比较能够利用视音频软件自己制作网课，有 14.65% 的教师表示不能利用视音频软件自己制作微课。有 65.61% 的教师表示能及时从网络中捕捉到对自己有价值的信息，仅有 3.82% 的教师表示自己还不能及时从网络中捕捉有价值的信息。有 80.25% 的教师表示能够熟练使用常用的信息交流软件（如微信、QQ、钉钉和学习通等）开展工作。

④信息伦理道德层面

通过对与信息伦理道德有关的问卷测试题进行分析发现，在参与问卷调查的 157 名教师中，有 68.16% 的教师表示"同意"或"比较同意"在教学中采取适当的措施保护自己或他人的信息安全，仅有 1.91% 的教师表示"不同意"或"非常不同意"。有 85.99% 的教师表示能鉴别信息的真伪，尊重他人的学术成果并合理引用；有 57.96% 的教师表示当他人发布虚假有害信息时，能及时揭发或制止。

⑤专业发展需求层面

通过对与教师专业发展需求有关的问卷测试题进行分析发现，在参与问卷调查的 157 名教师中，有 71.97% 的教师表示参加过我校举办的教育技术培训，次数为 1～3 次，仅有 9.55% 的教师表示尚未参加过类似的培训。在"对我校所开展培训形式的满意程度"调查中，有 15.92% 的教师表示"非常满意"，有 47.77% 的教师表示"比较满意"，有 35.67% 的教师表示"一般满意"，仅有 0.64% 的教师表示"不满意"。有 79.62% 的教师表示教学培训对个人的专业发展"非常有用"或"比较有用"。有 76.43% 的教师认为，教师信息技术培训的内容重点应放在课件等资源制作技巧和信息化教学设计方面，71.34% 的教师认为，应该加强教学软件操作技术培训。有 78.98% 的教师希望通过专业进修提升自身专业能力。有 60% 以上的教师认为，学校现有信息化条件存在硬件设备相对落后、培训体系不完善、相关的激励措施不够完善等问题。

8.2.2　学生信息素养现状调查

1. 学生信息素养调查问卷的设计与发放

（1）问卷的设计。笔者基于前期查阅的相关文献，结合智慧学习空间地方应用型本科院校学生的特点，设计了《智慧学习空间地方应用型本科院校大学生信息素养调查问卷》（见附录七）。该问卷主要包括学生个人基本信息和信息素养现状调查两个部分，其中学生个人基本信息主要包括"性别""年级""专业""生源地""每天的平均上网时间""平常获取信息的常用终端设备""做问卷之前，是否了解'信息素养'"这一术语七个方面；信息素养现状调查部分主要围绕学生的信息意识、信息知识、信息能力和信息道德四个维度而展开。该问卷共包含 32 道题目，内容主要通过单选题的形式进行呈现。其中，第 1～7 题主要对学生的个人基本信息进行了解；第 8～16 题主要针对学生的信息意识现状展开调查；第 17～22 题主要围绕学生的信息知识现状展开调查；第 23～28 题主要围绕学生的信息能力现状展开调查；第 29～32 题主要围绕学生的信息道德现状展开调查。本问卷对智慧学习空间学生信息素养现状调查的判断标准采用李克特的五级量表，其中"非常重要""比较重要""一般""不重要""非常不重要"记 5 分、4 分、3 分、2 分和 1 分，以此对问卷调查的数据进行量化分析。设计问卷之后，通过 Cronbach's α 系数一致性检验和验证性因素分析对问卷的信度和效度进行检验，以保证本问卷设计的科学性和合理性。笔者通过对 90 名学生进行问卷预测验，发现本问卷具有较高的信度和效度，可以开展大规模的问卷调查。

（2）问卷的发放与数据收集。通过问卷星平台和微信群发放调查问卷。通过一定时间的调查，最终收集到调查问卷 535 份，有效问卷 530 份，有效问卷回收率为 99.06%。问卷调查的学生涵盖不同的专业、年级、生源地等。最后将收集到的有效问卷数据分别录入 SPSS 软件并进行统计分析。

2. 学生信息素养调查数据的统计与分析

（1）调查研究对象基本构成情况统计分析。调查问卷第一部分为研究对象的基本信息，对基本信息情况的统计分析有助于全面了解影响学生信息素养提升的基本因素。

①性别分布情况分析

表 8-4　问卷调查研究对象性别分布情况统计表

信息指标	信息维度	分布人数	所占比例（%）
性别	男	175	33.02
	女	355	66.98

由表 8-4 可以看出，在调查的 530 名学生中，男生有 175 人，女生有 355 人，分别占比 33.02% 和 66.98%。男生和女生的比例约等于 1 ∶ 2，这与该校女生偏多的特征相一致。

②年级分布情况分析

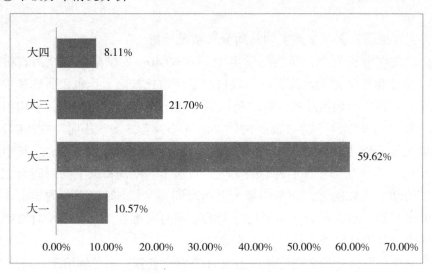

图 8-4　问卷调查研究对象年级分布情况统计图

由图 8-4 可以看出，在调查的 530 名学生中，大一、大二、大三和大四的学生占比分别为 10.57%、59.62%、21.70% 和 8.11%。其中，大二的人数最多，大三的人数次之，大一和大四的学生人数相对较少，占比不足 20%。

③专业分布情况分析

图 8-5　问卷调查研究对象专业分布情况统计图

由图 8-5 可以看出，调查的 530 名学生分别来自不同的专业类别，其中来自文科和理科的学生人数相当，分别占比 35.66% 和 33.58%；艺体类的学生人数次之，占比为 17.74%；工科的学生人数相对较少，占比为 13.02%。整体上看，所选研究对象的分布相对合理，涵盖面较广，具有一定的典型性和代表性。

④生源地及每天的平均上网时间分布情况分析

通过数据分析发现，所选的学生中，有 63.40% 的学生生源地为农村，有 36.60% 的学生生源地为城市，来自农村的学生占比较高，这也跟所选院校的农村和城市生源比的数值接近。在"每天的平均上网时间"问题中，平均每天上网时间为"1 小时以下""1 ～ 2 小时""2 ～ 3 小时""3 ～ 5 小时""5 小时以上"的学生人数分别占比为 0.94%、14.34%、37.92%、50.38% 和 5.38%。其中，平均每天上网时间为"3 ～ 5 小时"的学生人数最多，平均每天上网时间为"2 ～ 3 小时"的学生人数次之，而平均每天上网时间为"1 小时以下"的学生人数最少。由此可知，绝大部分学生平均每天的上网时间都在 1 ～ 5 个小时之间，每天上网成为学生获取外界信息的主要途径。

⑤平常获取信息的常用终端设备及对"信息素养"的了解情况分析

通过对"平常获取信息的常用终端设备"题目的调查数据进行分析发现，采用"电脑""手机""平板""三者都有"方式获取信息的学生人数分别占比 25.66%、63.77%、9.25% 和 6.23%。其中，通过手机获取信息的学生人数最多，通过电脑获取信息的学生人数次之，而采用平板获取信息的学生人数相对较少，同时采用三种终端获取信息的学生人数最少。由此可见，手机成为学生获取外界信息的重要终端，这种情况可能与手机方便携带、经济适用等特点有关。在学生对"信息素养"这一术语的熟知度方面，发现在进行本次调查之前，有 49.25% 的学生不了解"信息素养"的概念，有 45.09% 的学生了解"信息素养"的概念，有 5.66% 的学生不确定是否了解"信息素养"的概念。因此，增加学生的"信息素养"熟知度及相关知识具有重要的意义。

（2）调查研究对象信息素养当前状况分析。本次问卷调查主要从学生的个人基本信息和信息素养现状两个层面展开分析，以全面了解现阶段所选学校学生的信息素养现状。

①信息意识层面

通过对与信息意识层面有关的问卷测试题进行分析，得到表 8-5 所示的统计结果。不难发现，在参与问卷调查的 530 名学生中，仅有 2.83% 的人对"信息在日常的学习、工作和生活中非常重要"持否认态度，绝大多数学生都对信息的重要性持肯定态度。仅有 28.3% 的学生表示，在学习过程中遇到问题时，总是尝试通过网络信息解决问题；有 71.7% 的学生对"在学习过程中遇到问题时，总是尝试通过网络信息搜索获取帮助"持"一般""不同意""非常不同意"态度。有 13.4% 的学生并不认为信息资源是解决各种问题的重要途径；有 54.91% 的学生表示，自己不能够及时发现并准确表达自己的信息需求；仅有 14.91% 的学生表示，能够将自己遇到的优质网络学习资源主动分享给其他同学；有 31.88% 的学生明确表示，智能化设备在课堂中的使用有助于自己的学习；有 31.89% 的学生表示，通过互联网下载资源或软件时会考虑其是否安全；有 38.68% 的学生表示，在转载、下载或摘录别人的作品或文章时，不会考虑是否侵犯了别人的版权；有 36.23% 的学生认为，搜索信息时首先需要准确界定信息需求的关键词或术语。总体上来看，学生的信息意识不够，迫切需要采用科学、合理、有效的措施改善该情况。

表 8-5　调查对象信息意识现状分布统计表

问卷题目	各程度分布人数所占比例（%）				
	非常同意	同意	一般	不同意	非常不同意
你认为信息在日常的学习、工作和生活中非常重要吗	16.79	34.53	45.85	1.89	0.94
你在学习过程中遇到问题时，总是尝试通过网络信息搜索获取帮助吗	6.60	21.70	59.43	10.38	1.89
信息化时代背景下，你认为信息资源是解决各种问题的重要途径吗	5.66	23.58	57.36	10.57	2.83
你能够及时发现并准确表达自己的信息需求吗	5.66	19.81	19.62	33.21	21.70
你能够将自己遇到的优质网络学习资源主动推荐或分享给自己的同学吗	6.23	8.68	38.67	33.21	13.21
你认为触摸一体机、液晶显示屏、移动手机和平板电脑等智能化设备在课堂中的使用有助于你的学习吗	8.11	23.77	41.32	13.02	13.78
你通过互联网下载资源或软件时会考虑其是否安全，如是否存在病毒等	10.19	21.70	22.83	26.98	18.30

续 表

问卷题目	各程度分布人数所占比例（%）				
	非常同意	同意	一般	不同意	非常不同意
你在转载、下载或摘录别人的作品或文章时，会考虑是否侵犯了别人的版权吗	9.43	25.66	26.23	21.89	16.79
你认为搜索信息时首先需要准确界定信息需求的关键词或术语吗	10.19	26.04	45.09	11.32	7.36

②信息知识层面

如表 8-6 所示，通过对与信息知识范围有关的问卷测试题进行分析发现，在参与问卷调查的 530 名学生中，仅有 6.04% 的学生对信息、信息检索等基本信息术语"非常了解"，有 69.05% 的学生表示"比较了解"或"一般了解"。在对"本专业的核心期刊和学习论坛等相关专业信息分布"熟知度的调查方面，仅有 16.23% 的学生表示了解，绝大多数学生对本专业的相关专业信息分布都不太了解。在对问题"熟悉并掌握信息检索的基本知识及各种搜索引擎（如百度、谷歌等）的使用方法"的调查方面，仅有 21.51% 的学生表示"非常同意"或"同意"，绝大多数学生对信息检索的基本知识及各种搜索引擎的使用方法都不太熟悉。在对问题"熟悉并掌握信息处理软件（如 Word、Excel、SPSS 等）的基本知识及使用方法"的调查方面，有 32.64% 的学生表示"一般"，仅有不足 10% 的学生表示"同意"或"非常同意"，这说明大部分学生还不能很好地应用基本信息处理软件处理各种信息。仅有 15.47% 的学生表示，不能熟悉并掌握信息传输与存储软件（如迅雷、云盘、邮箱等）的基本知识及使用方法，大部分学生都能具备信息传输与存储软件的相关知识。有 76.23% 的学生表示，熟悉并掌握多媒体硬件设施（如打印机、扫描仪等）的基本知识及使用方法。

表 8-6　调查对象信息知识现状分布统计表

问卷题目	各程度分布人数所占比例（%）				
	非常同意	同意	一般	不同意	非常不同意
你了解信息、信息检索、信息犯罪、知识检索等相关术语吗	6.04	17.92	51.13	17.55	7.36

续　表

问卷题目	各程度分布人数所占比例（%）				
	非常 同意	同意	一般	不同意	非常 不同意
你了解自己本专业的核心期刊和学习论坛等相关专业信息分布吗	5.85	10.38	32.26	36.60	14.91
你熟悉并掌握信息检索的基本知识及各种搜索引擎（如百度、谷歌等）的使用方法吗	8.11	13.40	43.96	19.62	14.91
你熟悉并掌握信息处理软件（如 Word、Excel、SPSS 等）的基本知识及使用方法吗	3.02	6.23	32.64	43.96	14.15
你熟悉并掌握信息传输与存储软件（如迅雷、云盘、邮箱等）的基本知识及使用方法吗	6.79	26.23	51.51	8.11	7.36
你熟悉并掌握多媒体硬件设施（如打印机、扫描仪等）的基本知识及使用方法吗	43.40	32.83	14.91	5.28	3.58

③信息能力层面

如表 8-7 所示，通过对与信息能力有关的问卷测试题进行分析发现，在参与问卷调查的 530 名学生中，仅有 21.7% 的学生表示能够对筛选出来的各类信息采用合适的方式进行处理（如打印、发送邮箱、保存 U 盘、上传云盘等）；有 29.06% 的学生表示，能够在学习和生活中遇到问题时，快速地通过信息技术、网络技术等获取所需信息；有 34.34% 的学生表示，能够对搜索到的各类信息根据不同的需求进行科学的分类和处理；有 32.07% 的学生表示，能够对网络上获取的学科专业知识进行加工处理，得到新的内容；仅有 25.85% 的学生表示，能够将获得的相应信息应用到实际的学习和生活中去；有 32.27% 的学生表示，能够将获得的各种信息根据相应的需求进行分享（如发送到群聊或邮箱）。

表 8-7　调查对象信息能力现状分布统计表

问卷题目	各程度分布人数所占比例（%）				
	非常 同意	同意	一般	不同意	非常 不同意
你能对筛选出来的各类信息采用合适的方式进行处理（如打印、发送邮箱、保存 U 盘、上传云盘等）	6.79	14.91	57.36	13.58	7.36

续　表

问卷题目	各程度分布人数所占比例（%）				
	非常同意	同意	一般	不同意	非常不同意
在学习和生活中遇到问题时,你能够快速地通过信息技术、网络技术等获取所需信息	7.36	21.70	55.66	9.62	5.66
你能够对搜索到的各类信息根据不同的需求进行科学的分类和处理	8.68	25.66	38.30	17.74	9.62
你能够对网络上获取的学科专业知识进行加工处理，得到新的内容	8.11	23.96	36.04	20.00	11.89
你能够将获得的相应信息应用到实际的学习和生活中去	6.79	19.06	44.72	17.92	11.51
你能够将获得的各种信息根据相应的需求进行分享（如发送到群聊或邮箱）	10.38	21.89	41.51	19.62	6.60

④信息道德层面

如表 8-8 所示，通过对与信息道德有关的问卷测试题进行分析发现，在参与问卷调查的 530 名学生中，有 53.21% 的学生表示"同意"或"非常同意"在引用别人的成果时注明出处，尊重他人的知识产权和学术成果；有 66.04% 的学生明确表示，在网络平台发布信息时，会合理措辞，不恶意攻击别人；有 57.74% 的学生表示，在网络上发现有人发布虚假信息时不会选择揭发或制止；有 64.15% 的学生明确表示，在平常的学习或生活中，会坚决抵制任何形式的盗版产品（如书籍、光碟等）。由此可知，大部分学生都具有较高的信息道德，只是在遇到别人发布虚假信息时不太愿意揭发或制止。

表 8-8　调查对象信息道德现状分布统计表

问卷题目	各程度分布人数所占比例（%）				
	非常同意	同意	一般	不同意	非常不同意
你在引用别人的成果时会注明出处，尊重他人的知识产权和学术成果吗	13.21	40.00	23.02	18.11	5.66

续 表

问卷题目	各程度分布人数所占比例（%）				
	非常同意	同意	一般	不同意	非常不同意
你在网络平台发布信息时，会合理措辞，不恶意攻击别人吗	25.47	40.57	21.51	6.79	5.66
你在网络上发现有人发布虚假信息时会选择揭发或制止吗	6.60	10.38	25.28	44.53	13.21
你在平常的学习或生活中，会坚决抵制任何形式的盗版产品（如书籍、光碟等）吗	33.02	31.13	26.60	6.23	3.02

8.3 智慧学习空间师生信息素养影响因素分析

8.3.1 教师信息素养影响因素分析

通过对问卷调查数据进行统计、整理和分析发现，影响智慧学习空间教师信息素养提升的主要因素有两个，分别是内在因素和外在因素。首先，影响教师信息素养的内在因素是促进教师信息素养提升的内在动力，其是决定教师信息素养提升的关键因素。内在因素主要包括教师个人的教学观念、教学知识储备、信息知识获取能力、信息技术应用能力、专业发展态度等个人因素。其次，影响智慧学习空间教师信息素养提升的外在因素主要指教师所处的外在环境，包括国家有关教师信息素养提升的政策文件，教师所处学校对教师信息素养提升的政策支持、资金支持、保障机制、评价与激励机制等因素，外在因素是支持与保障教师信息素养提升的重要力量。

8.3.2 学习者信息素养影响因素分析

通过对问卷调查数据进行统计、整理和分析发现，智慧学习空间学习者的整体信息素养水平不高，尤其是在信息意识、信息知识和信息能力方面。笔者通过文献研究和调查结果分析认为，影响智慧学习空间学习者信息素养提升的主要因素有两个，分别是内在因素和外在因素。首先，影响学习者信息素养的内在因素是促进学习者信息素养提升的内在动力，其是决定学习者信息素养提升的关键因素。内在因素主要包括学习者个人的信息观念、学习态度、信息知识储备、信息能力和信息道德等个人因素。其次，影响智慧学习空间学习者信息素养提升的外在因素主要指学习者所处的外在环境，包括国家有关学习者信息素养提升的政策文件，学习者所处学校的网络基础设施建设、信息课程设置、信息资源建设、教师的信息素养整体水平，家庭、社会信息化环境等因素，外在因素是支持与保障学习者信息素养提升的重要力量。

8.4 智慧学习空间师生信息素养的提升策略

8.4.1 教师信息素养的提升策略

1. 鼓励教师转变教学观念，增加信息化教学知识储备

智慧学习空间是物理空间和虚拟空间的融合，它打破了传统的课堂教学模式，重塑了教育教学生态，对教师的知识能力和综合素养提出了更多的要求。教师不再是传统意义上的知识传授者，更多的是各种智能技术的操作者，智慧化环境的使用者和管理者，信息技术与课程整合教学模式的设计者，数字化资源的设计者和制作者，智能化交互活动的组织者、监督者、参与者及评价者等。因此，为了适应智慧学习空间的教学需求，教师需要转变教学观念，不断更新自身的知识储备，提升自身的信息化意识与信息技术应用技能，从而优化教育教学效果。

2. 增加教师信息技术培训，拓展信息素养提升路径

信息技术培训是教师提升信息素养的重要方式，通过增加教师信息技术培训的次数、丰富教师信息技术培训的内容、系统保障教师信息技术培训的时间、科学规范培训人员的职责、充分保证教师个人信息技术培训的机会均等、增加教师信息技术培训效果的考评等，优化教师信息技术培训效果，提升教师信息素养水平，拓展教师信息素养提升路径。

3. 健全信息素养提升机制，激发教师专业发展的热情

教师信息素养的提升受教师的内在动力和学校的外在环境双重因素的影

响，但是内在动力对教师的专业发展具有重要的作用。因此，健全信息素养提升机制，为教师提供相应的激励政策或考评机制，激发智慧学习空间教师专业发展的热情和动力，是促进教师信息素养提升的重要策略。

8.4.2　学习者信息素养的提升策略

1. 增强学习者信息观念，激发学习者信息接受能动性

学习者的观念和主观能动性是决定个人外在行为的关键因素，也是影响学习者信息素养提升的重要内因。因此，提升学习者的信息素养水平必须从学习者的内因入手，增加学习者的信息使用观念与信息应用意识，激发学习者主动获取信息、加工处理信息的热情，引导学习者正确使用信息、科学传播信息。通过发挥学习者的主观能动性，增强学习者的信息意识，丰富学习者的信息知识，提升学习者的信息能力，强化学习者的信息道德。

2. 贯彻国家的政策文件，加强学校信息素养管理建设

国家有关学习者信息素养提升的政策文件为学习者信息素养的提升提供了重要的政策保障。学校作为学习者信息素养培育与提升的重要场所，深入贯彻落实国家的政策文件，加强信息化基础设施建设、优化信息课程设置、丰富信息资源内容、提升教师信息素养综合素质是其信息素养管理与建设的重要内容。

3. 净化社会信息化环境，促进家校社协同育人机制

社会环境与家庭、学校环境共同构成影响学习者成长成才的社会共同体。随着信息技术在各行各业的快速推广、应用，社会信息的内容、形式和传播途径更加多样化，信息资源呈现出复杂化特征，各种信息良莠不齐，成为影响学习者健康成长的重要因素。学习者处于信息社会中，极其容易受到各种信息资源的影响，进而阻碍其社会观、人生观和价值观的科学形成。因此，为了保障学习者的健康成才，需要家庭、学校和社会三方构建协同育人机制，净化学习者成长成才环境，增强学习者社会道德意识，提升学习者信息素养水平。

参考文献

[1]   朱智贤，林崇德. 思维发展心理学 [M]. 北京：北京师范大学出版社，2002.

[2]   林崇德. 思维心理学研究的几点回顾 [J]. 北京师范大学学报 (社会科学版), 2006(5): 35–42.

[3]   Rupert Wegerif. 思维、技术与学习综述 (下)[J]. 魏晓玲，吉喆，钟洪蕊，等，译. 远程教育杂志，2009(6): 36–45.

[4]   马彦春. 试析数学教育与幼儿思维能力的发展 [J]. 当代教育科学，1999 (Z1): 90–92.

[5]   金则霜. 西方智力研究的发展与整合 [J]. 科教文汇，2011(21): 32–34.

[6]   约翰·杜威. 我们如何思维 [M]. 伍中友，译. 北京：新华出版社，2010.

[7]   布鲁姆. 教育目标分类学：认知领域 [M]. 上海：华东师范大学出版社，2001.

[8]   杜威. 我们怎样思维·经济与教育 [M]. 姜闵文，译. 北京：人民教育出版社，1991.

[9]   钟志贤. 教学设计的宗旨：促进学生高阶能力发展 [J]. 电化教育研究，2004(11): 13–19.

[10]   R.J. 斯腾伯格. 超越 IQ: 人类智力的三元理论 [M]. 俞晓琳，吴国宏，译. 上海：华东师范大学出版社，2000.

[11]   Udall, Anne J. Daniels, Joan E. Creating the thoughtful classroom: strategies to promote student thinking. grades 3–12[M]. Tucson, AZ: Zephyr Press, 1991.

[12] 钟志贤. 面向知识时代的教学设计框架——促进学生发展 [D]. 上海：华东师范大学, 2004.

[13] 张浩, 吴秀娟, 王静. 深度学习的目标与评价体系构建 [J]. 中国电化教育, 2014(7): 51–55.

[14] 廖远光, 张澄清. 问题本位学习对学生学业成就与高层次思考能力影响之后设分析 [J]. 当代教育研究季刊, 2013(4): 1–40.

[15] Marzano, R. J., Brandt, et al. Dimensions of thinking: a framework for curriculum and instruction[M]. Alexandria, VA: ASCD, 1988.

[16] Arter, Judith, A, Salmon, et al. Assessing higher order thinking skills. a consumer's guide[M]. Portland, OR: Northwest Regional Educational Laboratory, 1987.

[17] Geertsen, H. R. Rethinking thinking about higher–level thinking[J]. Teaching sociology, 2003, 31(1): 1–19.

[18] 单中惠. 杜威的反思性思维与教学理论浅析 [J]. 清华大学教育研究, 2002(1): 55–62.

[19] 何克抗. 建构主义的教学模式、教学方法与教学设计 [J]. 北京师范大学学报 (社会科学版), 1997(5): 74–81.

[20] 温彭年, 贾国英. 建构主义理论与教学改革——建构主义学习理论综述 [J]. 教育理论与实践, 2002, 22(5): 17–22.

[21] 陈威. 建构主义学习理论综述 [J]. 学术交流, 2007(3): 175–177.

[22] 赵兴龙. 翻转课堂中知识内化过程及教学模式设计 [J]. 现代远程教育研究, 2014(2): 55–61.

[23] 钟志贤, 肖宁. 用信息技术促进有意义的学习 [J]. 开放教育研究, 2009 (2): 44–49.

[24] 黎加厚. 教育信息化环境中的学生高级思维能力培养 [J]. 中国电化教育, 2003(9): 59–63.

[25] 齐高岱, 赵世平. 成人教育大辞典 [M]. 青岛：石油大学出版社, 2000.

[26] 刘儒德.学习心理学 [M].北京：高等教育出版，2010: 42.

[27] 高志敏.成人教育心理学 [M].上海：上海科技教育出版社，1998.

[28] 王小明.学习心理学 [M].北京：开明出版社，2012.

[29] 祝智庭，贺斌.智慧教育：教育信息化的新境界 [J].电化教育研究，2012 (12): 5–13.

[30] 陈琳，陈耀华，张虹，等.教育信息化走向智慧教育论 [J].现代教育技术，2015(12): 12–18.

[31] 贺斌.智慧学习：内涵、演进与趋向——学生的视角 [J].电化教育研究，2013(11): 24–33.

[32] 胡稀里.智慧学习能力的内涵、本质与特征 [J].教育评论，2016(9): 38–41.

[33] 李文光，何志龙，何克抗.基于创新能力培养的教学设计理论与试验探索 [J].中国电化教育，2002(10): 12–18.

[34] 黄荣怀，杨俊锋，胡永斌.从数字学习环境到智慧学习环境——学习环境的变革与趋势 [J].开放教育研究，2012(1): 75–84.

[35] 张立新，李世改.生态化虚拟学习环境及其设计 [J].中国电化教育，2008(06): 5–8.

[36] 胡钦太，刘丽清，郑凯.工业革命 4.0 背景下的智慧教育新格局 [J].中国电化教育，2019(3): 1–8.

[37] 程玫，单美贤.关于"智慧学习环境"的研究综述 [J].素质教育大参考，2013(22): 45–47.

[38] 简捷.支持高阶思维发展的数字化学习环境构建及其实证研究——基于小学五年级写作教学 [D].长春：东北师范大学，2011.

[39] 邱崇光，高安邦.网络时代的学习理论新进展：关联主义 [J].广东广播电视大学学报，2010(3): 1–7.

[40] 王志军，陈丽.联通主义学习理论及其最新进展 [J].开放教育研究，2014 (5): 11–28.

[41] 余必胜, 蒋凌雁. 智慧学习空间架构实现关键技术研究 [J]. 软件导刊, 教育技术, 2019(9): 67–69.

[42] 吴丹, 陆柳杏. 智慧信息服务大数据分析框架 [J]. 图书与情报, 2018(2): 1–7.

[43] Zhu, Zhi–Ting, Yu, et al. A research framework of smart education[J]. Smart learning environments, 2016, 3(1): 4.

[44] K. Cukier, V. Mayer–Schönberger, Big data: a revolution that will transform how we live, work, and think[M].London: Hodder & Stoughton, 2013.

[45] Spector, Jonathan Michael. Conceptualizing the emerging field of smart learning environments[J]. Smart learning environments, 2014, 1(1): 2.

[46] Kinshuk, Chen N S, Cheng I L, et al. Evolution is not enough: revolutionizing current learning environments to smart learning environments[J]. International journal of artificial intelligence in education, 2016, 26(2): 561–581.

[47] Hwang G J, Chu H C. Yin C, et al. Ogata, Transforming the educational settings: innovative designs and applications of learning technologies and learning environments[J]. Interactive learning environment, 2015, 23(2):127–129.

[48] Hwang, Gwo–Jen. Definition, framework and research issues of smart learning environments–a context–aware ubiquitous learning perspective[J]. Smart learning environments, 2014, 1(1): 4.

[49] Barron B. Interest and self–sustained learning as catalysts of development: a learning ecology perspective[J]. Human development, 2006, 49(4): 193–224.

[50] C. Haythornthwaite C, De Laat M. Social network informed design for learning with educational technology[M]. Hershey, Pennsylvania: IGI Global, 2014.

[51] Kim S H, Park N H, Joo K H. Analysis of effectiveness of flipped classroom based on smart learning[C]// Next Generation Computer & Information Technology, 2014.

[52] A. Middleton. Smart learning: teaching and learning with smartphones and tablets in post–compulsory education[D]. Sheffield: Sheffield Hallam University, 2015.

[53] Lee, Aeri. Authentication scheme for smart learning system in the cloud computing environment.[J]. Journal of computer virology & Hacking techniques, 2015, 11(3): 149–155.

[54] Gros B. The dialogue between emerging pedagogies and emerging technologies[M]. Berlin: Springer Berlin Heidelberg, 2016.

[55] Chatti M A, Jarke M, Agustiawan M R, et al. Toward a personal learning environment framework[J]. International journal of virtual and personal learning environment, 2010, 1(4): 66–85.

[56] Birgit, Kopainsky, Pablo, et al. Automated assessment of learners' understanding in complex dynamic systems[J]. System dynamics review, 2012, 28(2): 131–156.

[57] Andrade H, Du Y. Student responses to criteria-referenced self-assessment[J]. Assessment & Evaluation in higher education, 2007, 32(2): 159–181.

[58] Lorenzetti J P. Deep learning for a digital age[J]. University business, 2012(4): 53.

[59] 金智勇，张立龙．智慧教室"三位一体"模型构建及实践探索——以华中师范大学为例 [J]. 现代教育技术，2019, 29(4): 76–82.

[60] 王长喜，刘国华．大学生创造性思维发展及创新能力培养的外部环境因素研究 [J]. 理工高教研究，2003(4): 53–55.

[61] 石映辉，彭常玲，张婧曼，等．智慧教室环境下的高校师生互动行为分析 [J]. 现代教育技术，2019(1): 45–51.

[62] 闫实，付佳，石莉．大数据环境下基于智慧校园的教学改革 [J]. 软件，2018(2): 208–211.

[63]　杨现民，李新，邢蓓蓓 . 面向智慧教育的教学大数据实践框架构建与趋势分析 [J]. 电化教育 研究 , 2018, 39(10): 21–26.

[64]　晋欣泉，田雪松，杨现民，等 . 大数据支持下的智慧课堂构建与课例分析 [J]. 现代教育技术 , 2018(6): 39–45.

[65]　王燕 . 智慧校园建设总体架构模型及典型应用分析 [J]. 中国电化教育 , 2014(9): 88–92.

[66]　顾建民 . 大学职能的分析及其结构意义 [J]. 全球教育展望 , 2001, 30(8): 68–72.

[67]　郑娅峰，赵亚宁，白雪，等 . 教育大数据可视化研究综述 [J]. 计算机科学与探索 , 2021, 15(3): 403–422.

[68]　黄荣怀，胡永斌，杨俊锋，等 . 智慧教室的概念及特征 [J]. 开放教育研究 , 2012(2): 22–27.

[69]　赵玲朗，范佳荣，唐烨伟，等 . 智慧学习资源进化框架模型研究——基于多目标优化视角 [J]. 电化教育研究 , 2020(12): 59–64.

[70]　成亚玲 . 智慧课堂生成性学习资源设计研究 [J]. 中国教育信息化 , 2020.

[71]　郑旭东，杨现民，岳婷燕 . 智慧环境下的学习资源建设研究 [J]. 现代教育技术 , 2015, 25(4): 6.

[72]　余胜泉 . 学习资源建设发展大趋势 (下)[J]. 中国教育信息化 (高教职教), 2014(2): 3–6, 32.

[73]　严冰，单从凯 . 数字化学习资源 [M]. 北京 : 中央广播电视大学出版社 , 2015.

[74]　缪培培 . 智慧学习资源的设计研究 [D]. 徐州 : 江苏师范大学 , 2017.

[75]　Lee H W, Kyu Y, Lim B L, et al. Generative learning: principles and implications for making meaning[J]. Journal of educational multimedia and hypermedia, 2009(1): 5–25.

[76]　王雪 . 高校微课视频设计与应用的实验研究 [J]. 实验技术与管理 , 2015, 32(3): 219–222, 226.

[77] 卜彩丽，曹婉迎，靳宇，等.教学视频设计的原则，理论基础与评价工具研究——基于国外 72 篇实证研究的系统综述 [J]. 现代远距离教育，2021(2): 35-44.

[78] 王雪，周围，王志军，等.MOOC 教学视频的优化设计研究——以美国课程中央网站 Top20 MOOC 为案例 [J]. 中国远程教育，2018(5): 10.

[79] 胡俊杰，李文卫，赵霞霞，等.我国数字化学习资源建设：问题与对策——以精品视频公开课为例 [J].2016, 34(4): 102-112.

[80] 王建民.国家级线上一流课程教学视频制作规范探析 [J]. 教育教学论坛，2021(13): 34-37.

[81] 陈丽.远程学习的教学交互模型和教学交互层次塔 [J]. 中国远程教育，2004(03S): 24-28.

[82] Mayer R E. The cambridge handbook of multimedia learning: principles for reducing extraneous processing in multimedia learning: coherence, signaling, redundancy, spatial contiguity, and temporal contiguity principles[J]. Wm cmnmiige, liandbaak tmitirff dis lbsfnm, 2005, 16(1): 81-83.

[83] 杨九民，艾思佳，皮忠玲，等.教学视频中教师出镜对教师的作用——基于对比实验和访谈的实证分析 [J]. 现代教育技术，2021, 31(1): 54-61.

[84] 杨九民，陶彦，罗丽君.在线开放课程教学视频中的教师图像分析：现实状况与未来课题 [J]. 中国电化教育，2015(6): 59-63.

[85] 杨九民，杨文蝶，陈辉，等.教学视频中的教师手势起作用了吗——基于 2000—2021 年 40 篇实验和准实验研究的元分析 [J]. 现代远程教育研究，2022, 34(1): 12.

[86] 杨九民，皮忠玲，章仪，等.教学视频中教师目光作用：基于眼动的证据 [J]. 中国电化教育，2020(9): 8.

[87] 何克抗，林君芬，张文兰.教学系统设计 (教育技术学专业系列教材)[M]. 北京：高等教育出版社，2006.

[88] 钟志贤.大学教学模式革新：教学设计视域 [M].北京：教育科学出版社，2008.

[89] 祝智庭.智慧教育新发展：从翻转课堂到智慧课堂及智慧学习空间 [J].开放教育研究，2016(1): 18–26.

[90] 孙曙辉，刘邦奇，李新义.大数据时代智慧课堂的构建与应用 [J].中国信息技术教育，2015(3): 112–114.

[91] 唐烨伟，庞敬文，钟绍春，等.信息技术环境下智慧课堂构建方法及案例研究 [J].中国电化教育，2014(11): 23–29, 34.

[92] 陈婷."互联网 + 教育"背景下智慧课堂教学模式设计与应用研究 [D].徐州：江苏师范大学，2017.

[93] 皮亚杰.皮亚杰教育论著选 [M].北京：人民教育出版社，1990.

[94] 许利飞.大数据环境下智慧课堂教学模式的设计与应用 [D].石家庄：河北师范大学，2018.

[95] 何克抗.从 Blending Learning 看教育技术理论的新发展 (上)[J].电化教育研究，2004(03): 1–6.

[96] 张会哲.多元智能理论视角下因材施教教学模式研究 [D].保定：河北大学，2012.

[97] 杨光莹."互联网 +"背景下高校智慧课堂教学模式设计与应用研究 [D].石家庄：河北师范大学，2019.

[98] 覃兵.课堂评价策略 [M].北京：北京师范大学出版社，2010.

[99] 古贝，林肯.第四代评估 [M].秦霖，译.北京：中国人民大学出版社，2008.

[100] 杨宗凯.从信息化视角展望未来教育 [J].电化教育研究，2017, 38(06): 5–8.

[101] 刘凤.多空间融合的高校智慧学习环境评价研究——以华中师范大学为例 [D].武汉：华中师范大学，2020.

[102] 祝智庭，管珏琪."网络学习空间人人通"建设框架 [J].中国电化教育，2013(10): 1–7.

[103] 梁云真. 网络学习空间中学生交互评估研究 [J]. 现代教育技术, 2018 (11): 73–79.

[104] 尹合栋, 于泽元, 易全勇. 智慧教室评价指标体系的构建 [J]. 现代教育技术, 2020, 30(3): 80–87.

[105] 叶伟剑, 郭丽晓. 新型教学空间对学生学习影响的实证研究 [J]. 高教发展与评估, 2021(3): 99–108.

[106] 朱珂. 网络学习空间中学生交互分析模型及应用研究 [J]. 电化教育研究, 2017(5): 43–48.

[107] 姜强, 潘星竹, 赵蔚, 等. 网络学习空间中教师激励风格对学习投入的影响研究——SDT 中内部动机的中介效应 [J]. 中国电化教育, 2018(9): 7–16.

[108] 吴林静, 劳传媛, 刘清堂, 等. 网络学习空间中的在线学习行为分析模型及应用研究 [J]. 现代教育技术, 2018(6): 46–53.

[109] Law L C, Wild F. A multidimensional evaluation framework for personal learning environments[M]. Berlin: Springer International Publishing, 2015.

[110] Hamutoglu N B, Gemikonakli O, Savasci M, et al.Development of a scale to evaluate virtual learning environment satisfaction[J]. International journal of assessment tools in education, 2018, 5(2): 796–818.

[111] Lino A, Rocha A, Sizo A.Virtual teaching and learning environments: automatic evaluation with artificial neural networks[J].Cluster computing, 2017, 22(4): 1–11.

[112] 祝智庭. 以智慧教育引领教育信息化创新发展 [J]. 中国教育信息化: 高教职教, 2014(5): 4–8.

[113] Susan M, Brookhart.How to assess higher–order thinking skills in your classroom[J].Ascd, 2010(1): 176.

[114] 姜玉莲. 技术丰富课堂环境下高阶思维发展模型建构研究 [D]. 长春: 东北师范大学, 2017.

[115] 于淼楠.智慧学习环境下高阶思维发展的评价研究 [D]. 长春 : 东北师范大学 , 2016.

[116] 彭常玲 , 石映辉 , 杨浩 . 智慧教室环境感知与互联网自我效能感的关系研究 [J]. 现代教育技术 , 2021(4): 51–57.

[117] 冷静 , 易玉何 . 智慧教室中学习投入度与教学活动类型的关系 [J]. 现代教育技术 , 2020, 30(05): 47–53.

[118] 江毅 , 王炜 , 李辰钰 , 等 . 智慧教室环境下师生互动行为研究 [J]. 现代远距离教育 , 2019(3): 13–21.

[119] 胡永斌 , 黄荣怀 . 智慧学习环境的学习体验 : 定义、要素与量表开发 [J]. 电化教育研究 , 2016, 37(12): 67–73.

[120] 广东省教育厅 . 广东省教育厅关于印发《广东省中小学智慧教室建设指南 (试行)》的通知 [EB/OL].(2018–12–26)[2019–01–07].http: //edu.gd.gov.cn/zwgknew/gsgg/content/post_3419402.html.

[121] 聂风华 , 钟晓流 , 宋述强 . 智慧教室 : 概念特征、系统模型与建设案例 [J]. 现代教育技术 , 2013(7): 5–8.

[122] Sharda R.Neural networks for the MS/OR analyst: an application bibliography[J].Interfaces, 1994, 24(2): 116–130.

[123] Adeleke, Raheem, Ajiboye, et al.Using an enhanced feed–forward BP network for predictive model building from students'data[J].Intelligent automation & soft computing, 2015, 22(2): 169–175.

[124] Gupta M, Tripathi R.Design of a AHP based user centric decision Making algorithm for network selection[C]//International Conference on Computer&Communication Technology. New York: ACM, 2015: 142–146.

[125] 武丽志 , 吴甜甜 . 教师远程培训效果评估指标体系构建——基于德尔菲法的研究 [J]. 开放教育研究 , 2014(5): 91–101.

[126] 王春枝 , 斯琴 . 德尔菲法中的数据统计处理方法及其应用研究 [J]. 内蒙古财经学院学报 (综合版), 2011(4): 92–96.

[127] 徐蔼婷. 德尔菲法的应用及其难点 [J]. 中国统计, 2006(09): 57–59.

[128] Yang D, Mak C M.An assessment model of classroom acoustical environment based on fuzzy comprehensive evaluation method[J]. applied Acoustics, 2017, 127(dec.): 292–296.

[129] 陈茜. 智慧课堂环境下中学生学习投入评价指标体系的构建研究 [D]. 长春: 东北师范大学, 2020.

[130] 余波. 现代信息分析与预测 [M]. 北京: 北京理工大学出版社, 2011.

[131] 徐国祥. 统计预测和决策 [M]. 上海: 上海财经大学出版社, 1998.

[132] Mitchell, V.W.The delphi technique: an exposition and application[J]. Technology analysis & strategic management, 1991, 3(4): 333–358.

[133] 岳建波. 信息管理基础 [M]. 北京: 清华大学出版社, 1999.

[134] 叶王欣. 农业类院校大学生信息素养现状调查 [D]. 南昌: 江西农业大学, 2019.

[135] 陈维维, 李艺. 信息素养的内涵、层次及培养[J]. 电化教育研究, 2002 (11): 7–9.

[136] 秦殿启. 信息素养论 [M]. 南京: 南京大学出版社, 2012.

[137] 薛波波. 外语类院校大学生信息素养现状调查研究 [D]. 西安: 西安外国语大学, 2015.

[138] 贡元菲. 大学生信息素养现状调查研究 [D]. 济南: 山东大学, 2014.

[139] 唐曙南. 大学生信息素养研究 [M]. 安徽: 安徽大学出版社, 2011.

[140] Burnhein Robert . Information literacy–one of the core capabilities[J]. The australian academic and research libraries, 1992(6): 135–141.

[141] 张厚生, 袁曦临. 信息素养 [M]. 南京: 东南大学出版社, 2007.

[142] Lenox, Mary F. Information literacy education process[J].Education forum, 1997(2): 312–324.

[143] Michael L. Walker information literacy: the challenges ahead[J]. International journal of information and library studies, 1997(6): 64–71.

[144] Doyle C S. Development of amodel of information literacy outcome Measure within national education goals of 1990[D]. Flagstaff, AZ: Northern Arizona University, 1992.

[145] 马海群. 论信息素质教育 [J]. 中国图书馆学报, 1997(02): 84–87.

[146] 谢立虹. 信息素质教育与文献检索课 [J]. 高校图书馆工作, 2000(02): 78–80.

[147] 张义兵, 李艺. "信息素养" 新界说 [J]. 教育研究, 2003(03): 78–81.

[148] 杨飚, 吴长江. 大学生信息检索与利用 [M]. 武汉: 华中科技大学出版社, 2011.

[149] 李卫星. 现代信息素养与文献检索 [M]. 武汉: 湖北人民出版社, 2010.

[150] 鲁蓉蓉. 略论 21 世纪信息素质教育 [J]. 高校图书馆工作, 2004(02): 40–41.

[151] 于维娟. 高校图书馆与大学生信息素养教育 [J]. 现代情报, 2006(07): 203–204, 207.

[152] Mcclure C R.Network literacy: a role for libraries?[J]. Information technology and libraries, 1994, 13(2): 115–125.

[153] 曾晓牧. 高校信息素质能力指标体系研究 [D]. 北京: 清华大学, 2005.

[154] 吴超. 大数据背景下大学生信息素养研究 [D]. 昆明: 云南大学, 2016.

[155] 王馨. 网络环境下大学生信息素养现状及培养研究——以山东省三所高校为例 [D]. 上海: 同济大学, 2007.

[156] 黄静. 山东省高校学生信息素养调查研究 [D]. 合肥: 安徽大学, 2017.

[157] 张全标. 安徽省高师院校师范生信息素养的现状调查及对策研究 [D]. 上海: 华东师范大学, 2008.

[158] 付英华, 赵义泉. 当代大学生信息素养的追问与教学改革 [J]. 江苏高教, 2012(2):89–90.

[159] 熊慧. 大数据时代下民办高校学生信息素养的提升策略研究 [D]. 湘潭: 湘潭大学, 2015.

[160] 陈文勇，杨晓光．高等院校学生信息素养能力标准研究 [J].情报科学，2000, 18(7): 611–613.

[161] 张东，吴贺新，张德．我国高校学生信息素质综合水平评价指标体系研究 [J].情报理论与实践，2007(1): 56–60.

[162] 陈延寿．大学生信息素质评价标准研究 [J].大学图书情报学刊，2006(3): 82–85.

[163] 龙丽嫦，曾祥潘，简子洋．用技术解决问题：教师信息素养 88 个情境实例 [M].广州：暨南大学出版社，2014.

[164] 汪晓东．从教师信息素养到教师信息行为 [J].开放教育研究，2012, 18(4): 26–35.

[165] 王小平．教育信息化 2.0 时代兰州市中学教师信息素养评价研究 [D].兰州：西北师范大学，2020.

[166] 钟志贤，王佑镁，黄琰，等．关于中小学教师信息素养状况的调查研究 [J].电化教育研究，2003(01): 65–69.

[167] 李恬恬．智慧教育背景下小学教师信息素养调查研究 [D].汉中：陕西理工大学，2020.

[168] 王玉明．试论教师信息素养及其培养 [J].电化教育研究，2004(2): 21–24.

[169] 武亚丽．中小学教师信息素养自我提升能力现状及其影响因素研究 [D].武汉：华中师范大学，2020.

[170] 孙素华．大学生信息素养评价方法及应用研究 [D].天津：河北工业大学，2007.

[171] 魏钰春．高校学生信息素养能力评价与培养研究 [D].大连：辽宁师范大学，2010.

[172] 赵雅萍．大学生信息素养评价指标体系构建及应用研究 [D].济南：山东大学，2013.

附　录

附录一　现代教育技术智慧课堂教学模式
　　　　学生学习需求调查

亲爱的同学：

你好！为了了解你对现代教育技术智慧课堂教学模式的需求，故设计此问卷，希望你能抽出宝贵的时间来填写，本次问卷没有对错之分，谢谢你的理解与配合！

一、基本信息

1. 你的性别（　　）

A. 男　B. 女

二、学习动机

1. 你学习该门课程的动机是（　　）

A. 是师范生的必修课　B. 对该课程比较感兴趣　C. 未来工作的需求

三、学习需求

1. 你希望该课程是偏理论还是实践？（　　）

A. 偏理论　B. 偏实践　C. 理论与实践相结合

2. 你希望教师在课堂上给学生更多的互动吗？（　　）

A. 非常希望　B. 希望　C. 无所谓　D. 不希望

3. 你希望教师给学生提供自主学习的时间与机会吗？（　　）

A. 非常希望　B. 希望　C. 无所谓　D. 不希望

4. 你希望教师在教学过程中借助信息技术采用多样化的教学方法，提高你的学习效率吗？（　　）

A. 非常希望　B. 希望　C. 无所谓　D. 不希望

5. 你希望在学习过程中与你的同伴进行交流沟通吗？（　）

A. 非常希望　B. 希望　C. 无所谓　D. 不希望

6. 你希望在学习过程中教师给你提供丰富多样的学习资源，自定步调进行学习吗？（　）

A. 非常希望　B. 希望　C. 无所谓　D. 不希望

7. 你希望在学习的过程中及时得到教师和学习伙伴的帮助吗？（　）

A. 非常希望　B. 希望　C. 无所谓　D. 不希望

8. 你希望教师采取新型的教学模式（翻转课堂、混合式教学等）吗？（　）

A. 非常希望　B. 希望　C. 无所谓　D. 不希望

9. 你希望教师在课前布置一定的学习任务，让你自主进行学习吗？（　）

A. 非常希望　B. 希望　C. 无所谓　D. 不希望

10. 你希望教师采用哪种教学方式教学？（可多选）（　）

A. 讲授式　B. 自主学习　C. 协作学习　D. 线上线下结合

11. 你自主学习的效果如何？（　）

A. 非常好，能够自定步调进行学习　B. 一般，学习方法不行　C. 效率低下，有惰性，不想学　D. 一点效果都没有，就是为了完成任务

12. 你了解智慧教学模式吗？（　）

A. 非常了解　B. 了解　C. 听说过　D. 一点也不了解

13. 如果现代教育技术课程采取智慧教学模式进行教学，你同意吗？（　）

A. 非常同意　B. 同意　C. 无所谓　D. 不同意

四、初始能力

1. 你在学习本课程前已经具备的知识与能力有哪些？（可多选）（　）

A. PPT 相关操作技能　B. 相关学习理论　C. 相关教学理论　D. 媒体素材的获取与处理　E. 以上都不会

附录二　现代教育技术智慧课堂教学模式学生应用情况调查

亲爱的同学：

你好！设计本问卷是为了了解你对现代教育技术智慧课堂教学模式的学习体验与效果，希望你能抽出宝贵的时间来认真填写。本次问卷采用匿名方式，回答没有对错之分，希望你能积极参与，感谢你的配合与支持！

一、课堂模式认同感

1. 你是否赞同教师在课堂上使用智慧课堂教学模式？（　　）

A. 非常赞同　B. 赞同　C. 一般　D. 一点也不赞同

2. 你是否能适应智慧课堂教学模式？（　　）

A. 非常适应　B. 适应　C. 一般　D. 一点也不适应

3. 你是否赞同以后在教学中任课教师都采用智慧课堂教学模式？（　　）

A. 非常赞同　B. 赞同　C. 一般　D. 一点也不赞同

4. 你是否赞同智慧课堂教学模式能够弥补传统课堂教学中的问题？（　　）

A. 非常赞同　B. 赞同　C. 一般　D. 一点也不赞同

二、学习满意度

1. 你认为超星学习通平台上的学习资源是否丰富？（　　）

A. 非常丰富　B. 丰富　C. 一般　D. 不丰富

2. 你是否喜欢采用超星学习通平台进行课前学习？（　　）

A. 非常喜欢　B. 喜欢　C. 一般　D. 不喜欢

3. 你是否赞同智慧课堂教学模式激发了你的学习兴趣？（　　）

A. 非常赞同　B. 赞同　C. 一般　D. 一点也不赞同

4. 智慧课堂教学模式增强了你的课堂参与度？（　　）

A. 非常赞同　B. 赞同　C. 一般　D. 一点也不赞同

5. 你是否赞同智慧课堂教学模式加深了你对课堂知识的掌握？（　　）

A. 非常赞同　B. 赞同　C. 一般　D. 一点也不赞同

6. 通过使用智慧课堂教学模式，你是否希望以后的教学中教师也采用这种模式进行教学？（　　）

A. 非常希望　B. 希望　C. 无所谓　D. 一点也不希望

7. 你是否认为智慧课堂教学模式的评价方式相比传统的教学模式更加合理？（　　）

A. 非常赞同　B. 赞同　C. 一般　D. 一点也不赞同

三、学习效果

1. 在课前的学习中，你遇到问题或者困惑时会怎么解决？（多选）（　　）

A. 和学习伙伴进行交流　B. 与教师进行交流　C. 通过查阅资料来自主解决

D. 观看教师提供的学习资源　E. 放任不管　F. 其他

2. 你是否赞同在智慧课堂教学模式下，通过课前的自主学习，自己的自主学习能力提升了？（　　）

A. 非常赞同　B. 赞同　C. 一般　D. 一点也不赞同

3. 你是否赞同在智慧课堂教学模式下，有助于提升小组协作和交流能力？（　　）

A. 非常赞同　B. 赞同　C. 一般　D. 一点也不赞同

4. 你是否赞同在智慧课堂教学模式下，有助于提升你分析问题和解决问题的能力？（　　）

A. 非常赞同　B. 赞同　C. 一般　D. 一点也不赞同

5. 在智慧课堂教学模式下，增加了自己与同学及教师的交流互动，提升了批判性思维能力？（　　）

A. 非常赞同　B. 赞同　C. 一般　D. 一点也不赞同

6. 你是否赞同在智慧课堂教学模式下，有助于提升你总结反思的能力？（　　）

A. 非常赞同　B. 赞同　C. 一般　D. 一点也不赞同

四、智慧课堂教学模式应用影响因素调查

1. 你认为自己使用超星学习通平台进行智慧课堂教学模式学习时影响学习效果的因素有哪些？（多选）（　　）

A. 学习资源是否丰富　B. 课前学习任务是否合理　C. 教师教学活动设计是否合理　D. 学习评价是否合理　E. 自主学习能力与自律性高低　F. 教师监督是否到位

附录三　现代教育技术智慧课堂教学模式访谈提纲

1. 你觉得智慧课堂教学模式怎么样？它与传统课堂教学模式相比，有什么优缺点？

2. 在智慧课堂教学模式下，提升了你哪些方面的能力？

3. 在使用超星学习通平台学习的过程中，你觉得效果如何？有什么建议吗？

附录四 智慧学习空间应用效果评价指标体系优化专家意见咨询调查表

尊敬的专家：

你好！非常感谢你花费宝贵的时间参与本次智慧学习空间应用效果评价指标体系优化的问卷调查。请根据你多年来在智慧学习空间建设与应用方面的知识积累与丰富经验，对智慧学习空间应用效果评价指标体系中所包含的26个初级评价指标项进行客观评价并给出宝贵的建议。本次调查不涉及任何商业用途，更不会泄露你的任何个人信息，答案没有对错之分，请你按实际情况填写即可，再次感谢你的支持与帮助，祝你工作愉快！

一、个人基本信息

1. 你的职称为（　　）

A.教授／正高级　　B.副教授／副高级

2. 你的职业为（　　）

A.智慧教育研究人员／教师　　B.智慧学习空间应用一线教师　　C.智慧学习空间技术人员

3. 你从事本职业的工作年限为（　　）

A.1～2年　　B.2～3年　　C.3～5年　　D.5年以上

4. 你的学位是（　　）

A.博士　　B.硕士　　C.本科　　D.其他

二、各个指标项的重要程度及合理性判断

（一）一级指标的各维度重要程度及合理性判断

1. 一级指标项智慧教室（含智慧实验室）：考查智慧学习空间构成中物理空间的应用效果。

（1）你认为该指标的重要程度为（　　）

A.很重要　　B.比较重要　　C.一般重要　　D.不重要　　E.很不重要

（2）你认为该指标项是否需要（　　）

A.删除　　B.修改，如果你认为需要修改，你的修改意见为

2. 一级指标项资源平台：考查智慧学习空间构成中资源空间（虚拟空间）的应用效果。

（1）你认为该指标的重要程度为（　　）

A. 很重要　B. 比较重要　C. 一般重要　D. 不重要　E. 很不重要

（2）你认为该指标项是否需要：（　　）

A. 删除　B. 修改，如果你认为需要修改，你的修改意见为

3. 一级指标项社交空间：考查智慧学习空间构成中社交空间的应用效果。

（1）你认为该指标的重要程度为（　　）

A. 很重要　B. 比较重要　C. 一般重要　D. 不重要　E. 很不重要

（2）你认为该指标项是否重要（　　）

A. 删除　B. 修改，如果你认为需要修改，你的修改意见为

（二）智慧教室（含智慧实验室）维度下的各指标项重要程度及合理性判断

1. 二级指标项结构性：考查智慧教室（含智慧实验室）物理空间布局的合理性。

（1）你认为该指标的重要程度为（　　）

A. 很重要　B. 比较重要　C. 一般重要　D. 不重要　E. 很不重要

（2）你认为该指标项是否需要（　　）

A. 删除　B. 修改，如果你认为需要修改，你的修改意见为

2. 二级指标项人性化：考查智慧教室（含智慧实验室）中桌椅高度升降的舒适性及位置摆放的灵活性。

（1）你认为该指标的重要程度为（　　）

A. 很重要　B. 比较重要　C. 一般重要　D. 不重要　E. 很不重要

（2）你认为该指标项是否需要（　　）

A. 删除　B. 修改，如果你认为需要修改，你的修改意见为

3. 二级指标项全面性：考查智慧教室（含智慧实验室）中基础设施的种类数量。

（1）你认为该指标的重要程度为（　　）

A. 很重要　B. 比较重要　C. 一般重要　D. 不重要　E. 很不重要

（2）你认为该指标项是否需要：（　　）

A. 删除　B. 修改，如果你认为需要修改，你的修改意见为

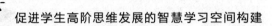

4.二级指标项设计性：考查智慧教室（含智慧实验室）的空间设计及色彩搭配的美观度、墙壁的隔音效果等。

（1）你认为该指标的重要程度为（　　）

A.很重要　B.比较重要　C.一般重要　D.不重要　E.很不重要

（2）你认为该指标项是否需要（　　）

A.删除　B.修改，如果你认为需要修改，你的修改意见为

5.二级指标项感知化：考查智慧教室（含智慧实验室）对环境的敏感度或感知功能。

（1）你认为该指标的重要程度为（　　）

A.很重要　B.比较重要　C.一般重要　D.不重要　E.很不重要

（2）你认为该指标项是否需要（　　）

A.删除　B.修改，如果你认为需要修改，你的修改意见为

6.二级指标项多样化：考查智慧教室（含智慧实验室）各类教学设备的配置情况。

（1）你认为该指标的重要程度为（　　）

A.很重要　B.比较重要　C.一般重要　D.不重要　E.很不重要

（2）你认为该指标项是否需要（　　）

A.删除　B.修改，如果你认为需要修改，你的修改意见为

7.二级指标项智能化：考查智慧教室（含智慧实验室）是否具有智能签到、分组、控制等功能。

（1）你认为该指标的重要程度为（　　）

A.很重要　B.比较重要　C.一般重要　D.不重要　E.很不重要

（2）你认为该指标项是否需要（　　）

A.删除　B.修改，如果你认为需要修改，你的修改意见为

8.二级指标项易获取：考查智慧教室（含智慧实验室）中的互动教学是否支持使用移动终端等大众化设备。

（1）你认为该指标的重要程度为（　　）

A.很重要　B.比较重要　C.一般重要　D.不重要　E.很不重要

（2）你认为该指标项是否需要：（　　）

A.删除　B.修改，如果你认为需要修改，你的修改意见为

9.你认为智慧教室（含智慧实验室）维度下是否还需要增加指标项（　　）

A.不需要　B.需要，如果你认为需要，你建议增加的指标项为

（三）资源平台维度下的各指标项重要程度及合理性判断

1.二级指标项准确性：考查资源平台知识内容的客观性和权威性。

（1）你认为该指标的重要程度为（　　）

A.很重要　B.比较重要　C.一般重要　D.不重要　E.很不重要

（2）你认为该指标项是否需要（　　）

A.删除　B.修改，如果你认为需要修改，你的修改意见为

2.二级指标项创新性：考查资源平台内容是否独创、新颖且及时更新。

（1）你认为该指标的重要程度为（　　）

A.很重要　B.比较重要　C.一般重要　D.不重要　E.很不重要

（2）你认为该指标项是否需要（　　）

A.删除　B.修改，如果你认为需要修改，你的修改意见为

3.二级指标项编排性：考查资源的呈现形式、排版等是否生动美观地表现内容。

（1）你认为该指标的重要程度为（　　）

A.很重要　B.比较重要　C.一般重要　D.不重要　E.很不重要

（2）你认为该指标项是否需要（　　）

A.删除　B.修改，如果你认为需要修改，你的修改意见为

4.二级指标项兼容性：考查资源平台对不同浏览器、操作系统、终端设备等的兼容情况。

（1）你认为该指标的重要程度为（　　）

A.很重要　B.比较重要　C.一般重要　D.不重要　E.很不重要

（2）你认为该指标项是否需要（　　）

A.删除　B.修改，如果你认为需要修改，你的修改意见为

5.二级指标项稳定性：考查资源平台无故发生使用异常的情况。

（1）你认为该指标的重要程度为（　　）

A.很重要　B.比较重要　C.一般重要　D.不重要　E.很不重要

（2）你认为该指标项是否需要（　　）

A.删除　B.修改，如果你认为需要修改，你的修改意见为

6.二级指标项安全性：考查资源平台的抵御病毒、清除病毒及保护用户隐私数据的能力。

（1）你认为该指标的重要程度为（　　）

A.很重要　B.比较重要　C.一般重要　D.不重要　E.很不重要

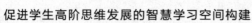

（2）你认为该指标项是否需要（　　）

A. 删除　　B. 修改，如果你认为需要修改，你的修改意见为

7. 二级指标项海量性：考查资源内容的数量及覆盖面情况。

（1）你认为该指标的重要程度为（　　）

A. 很重要　　B. 比较重要　　C. 一般重要　　D. 不重要　　E. 很不重要

（2）你认为该指标项是否需要（　　）

A. 删除　　B. 修改，如果你认为需要修改，你的修改意见为

8. 二级指标项开放性：考查资源对用户的开放程度。

（1）你认为该指标的重要程度为（　　）

A. 很重要　　B. 比较重要　　C. 一般重要　　D. 不重要　　E. 很不重要

（2）你认为该指标项是否需要（　　）

A. 删除　　B. 修改，如果你认为需要修改，你的修改意见为

9. 二级指标项操作性：考查资源平台使用过程中的可访问性及使用便捷性。

（1）你认为该指标的重要程度为（　　）

A. 很重要　　B. 比较重要　　C. 一般重要　　D. 不重要　　E. 很不重要

（2）你认为该指标项是否需要（　　）

A. 删除　　B. 修改，如果你认为需要修改，你的修改意见为

10. 你认为资源平台维度下是否还需要增加指标项（　　）

A. 不需要　B. 需要，如果你认为需要，你建议增加的指标项为

（四）社交空间维度下的各指标项重要程度及合理性判断

1. 二级指标项教学方式：考查社交空间中教师的课堂教学形式。

（1）你认为该指标的重要程度为（　　）

A. 很重要　　B. 比较重要　　C. 一般重要　　D. 不重要　　E. 很不重要

（2）你认为该指标项是否需要（　　）

A. 删除　　B. 修改，如果你认为需要修改，你的修改意见为

2. 二级指标项信息素养：考查社交空间中教师和学生的信息化知识储备及信息整合能力。

（1）你认为该指标的重要程度为（　　）

A. 很重要　　B. 比较重要　　C. 一般重要　　D. 不重要　　E. 很不重要

（2）你认为该指标项是否需要（　　）

A. 删除　　B. 修改，如果你认为需要修改，你的修改意见为

3. 二级指标项技术掌握：考查社交空间中教师和学生对信息化设备的操作熟练度。

（1）你认为该指标的重要程度为（　　）

A. 很重要　　B. 比较重要　　C. 一般重要　　D. 不重要　　E. 很不重要

（2）你认为该指标项是否需要（　　）

A. 删除　　B. 修改，如果你认为需要修改，你的修改意见为

4. 二级指标项交互能力：考查社交空间中师生、生生、人机的互动情况。

（1）你认为该指标的重要程度为（　　）

A. 很重要　　B. 比较重要　　C. 一般重要　　D. 不重要　　E. 很不重要

（2）你认为该指标项是否需要（　　）

A. 删除　　B. 修改，如果你认为需要修改，你的修改意见为：

5. 二级指标项学习意愿：考查学生在智慧学习空间中对学科内容的学习热情。

（1）你认为该指标的重要程度为（　　）

A. 很重要　　B. 比较重要　　C. 一般重要　　D. 不重要　　E. 很不重要

（2）你认为该指标项是否需要（　　）

A. 删除　　B. 修改，如果你认为需要修改，你的修改意见为

6. 二级指标项课堂表现：考查学生在智慧学习空间中的学习积极性、参与度及抬头率等情况。

（1）你认为该指标的重要程度为（　　）

A. 很重要　　B. 比较重要　　C. 一般重要　　D. 不重要　　E. 很不重要

（2）你认为该指标项是否需要（　　）

A. 删除　　B. 修改，如果你认为需要修改，你的修改意见为

7. 二级指标项应用意识：考查教师和学生对智慧学习空间的接受程度。

（1）你认为该指标的重要程度为（　　）

A. 很重要　　B. 比较重要　　C. 一般重要　　D. 不重要　　E. 很不重要

（2）你认为该指标项是否需要（　　）

A. 删除　　B. 修改，如果你认为需要修改，你的修改意见为

8. 二级指标项认知负荷：考查智慧学习空间的使用是否会增加学生的认知负担，从而影响其学习效果。

（1）你认为该指标的重要程度为（　　）

A. 很重要　　B. 比较重要　　C. 一般重要　　D. 不重要　　E. 很不重要

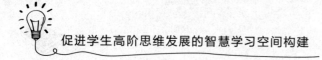

（2）你认为该指标项是否需要（　）

A. 删除　　B. 修改，如果你认为需要修改，你的修改意见为

9. 二级指标项活动设计：考查智慧学习空间中教学活动的设计是否丰富、科学、合理，是否能够促进学生高阶思维的培养。

（1）你认为该指标的重要程度为（　）

A. 很重要　　B. 比较重要　　C. 一般重要　　D. 不重要　　E. 很不重要

（2）你认为该指标项是否需要（　）

A. 删除　　B. 修改，如果你认为需要修改，你的修改意见为

10. 你认为资源平台维度下是否还需要增加指标项（　）

A. 不需要　B. 需要，如果你认为需要，你建议增加的指标项为

三、专家对各指标项的熟悉程度及对各指标项的判断依据

1. 你对各指标项的熟悉程度为（　）

A. 很熟悉　B. 比较熟悉　　C. 一般熟悉　　D. 不太熟悉　　E. 不熟悉

2. 你对各指标项的判断依据为（　）

A. 直观感受　B. 理论分析　C. 实践经验　　D. 同行了解　　E. 其他途径

问卷到此结束，再次感谢你的支持与配合！

附录五 智慧学习空间应用效果评价调查问卷（学生版）

亲爱的同学：

你好！非常感谢你花费宝贵的时间参与本次智慧学习空间应用效果评价问卷调查。此次问卷旨在了解我校智慧学习空间（含智慧教室、智慧实验室、超星学习通等网络学习平台等）的应用情况，以便更好地为同学们提供更好的学习环境，优化教育教学效果。本次问卷调查采用不记名的形式，问卷数据仅做研究所用，不涉及任何商业用途，更不会泄露你的隐私，请你务必按照实际感受和实际体验认真填写。再次感谢你的支持与配合，祝你天天开心，学业有成！

一、个人基本信息

1. 你的性别为（　　）

A. 男　　B. 女

2. 你的年级为（　　）

A. 大一　B. 大二　C. 大三　D. 大四

3. 你接触智慧学习空间的时间为（　　）

A. 1 年以下　B. 1～2 年　C. 2～3 年　D. 3 年以上

4. 你的专业所属学科为：（　　）

A. 理科　B. 文科　C. 工科　D. 其他

二、智慧教室应用情况

1. 我校智慧教室（智慧实验室）的整体空间布局相对合理，有利于开展不同的课堂教学活动。（　　）

A. 非常同意　B. 同意　C. 不确定　D. 不同意　E. 非常不同意

2. 我校智慧教室（智慧实验室）的桌椅能根据不同的教学活动形式，自由组合、随意调节高度。（　　）

A. 非常同意　B. 同意　C. 不确定　D. 不同意　E. 非常不同意

3. 我校智慧教室（智慧实验室）中的基础设施（如网络设备、中控主机、摄像头、话筒、显示屏、桌椅、音响、灯光、空调、窗帘等）配置相对合理且到位。（　　）

A. 非常同意　B. 同意　C. 不确定　D. 不同意　E. 非常不同意

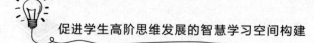

4. 我校智慧教室（智慧实验室）的室内空间设计及色彩搭配协调、舒适、美观、大方，隔音效果相对较好。（　）

A. 非常同意　　B. 同意　　C. 不确定　　D. 不同意　　E. 非常不同意

5. 我校智慧教室（智慧实验室）能通过墙壁按键或者智能终端轻松控制灯光、空调、窗帘和通风系统等的启动和关闭。（　）

A. 非常同意　　B. 同意　　C. 不确定　　D. 不同意　　E. 非常不同意

6. 我校智慧教室（智慧实验室）中配置了教学平台控制器、录播设备、触控液晶屏和无线话筒等多媒体教学设备。（　）

A. 非常同意　　B. 同意　　C. 不确定　　D. 不同意　　E. 非常不同意

7. 我校智慧教室（智慧实验室）能实现智能签到、随机分组、资源信息智能推送等功能。（　）

A. 非常同意　　B. 同意　　C. 不确定　　D. 不同意　　E. 非常不同意

8. 在我校的智慧教室（智慧实验室）中，能够使用移动手机、平板电脑等移动终端与教师进行互动。（　）

A. 非常同意　　B. 同意　　C. 不确定　　D. 不同意　　E. 非常不同意

三、资源平台应用情况

1. 资源平台（超星学习通）中所呈现的资源内容能够客观地反映所属知识点，并且知识内容具有一定的代表性和典型性。（　）

A. 非常同意　　B. 同意　　C. 不确定　　D. 不同意　　E. 非常不同意

2. 资源平台（超星学习通）中所呈现的资源内容较为新颖且具有一定的独创性，平台的内容能够及时更新。（　）

A. 非常同意　　B. 同意　　C. 不确定　　D. 不同意　　E. 非常不同意

3. 资源平台（超星学习通）中资源内容的呈现形式科学恰当、丰富多样，资源排版美观，能够清晰生动地表现内容。（　）

A. 非常同意　　B. 同意　　C. 不确定　　D. 不同意　　E. 非常不同意

4. 资源平台（超星学习通）能够支持不同浏览器、操作系统和终端设备等进行访问。（　）

A. 非常同意　　B. 同意　　C. 不确定　　D. 不同意　　E. 非常不同意

5. 资源平台（超星学习通）能够支持多用户访问，在运行过程中不会无故发生使用异常的情况。（　）

A. 非常同意　　B. 同意　　C. 不确定　　D. 不同意　　E. 非常不同意

6. 资源平台（超星学习通）使用安全系数高，能够抗病毒感染且能够有效保护学生的隐私数据。（　　）

　　A. 非常同意　　　B. 同意　　　C. 不确定　　　D. 不同意　　　E. 非常不同意

7. 资源平台（超星学习通）能提供丰富的数据资源，可以满足不同人群的学习需求。（　　）

　　A. 非常同意　　　B. 同意　　　C. 不确定　　　D. 不同意　　　E. 非常不同意

8. 资源平台（超星学习通）的信息资源能够面向所有学生开放与共享。（　　）

　　A. 非常同意　　　B. 同意　　　C. 不确定　　　D. 不同意　　　E. 非常不同意

9. 资源平台（超星学习通）支持学生随时访问，并提供良好的交互和便捷的操作界面。（　　）

　　A. 非常同意　　　B. 同意　　　C. 不确定　　　D. 不同意　　　E. 非常不同意

四、社交空间应用情况

1. 教师在智慧教室（智慧实验室）上课时，常采用不同的课堂教学形式，并在超星学习通平台上进行课堂互动。（　　）

　　A. 非常同意　　　B. 同意　　C. 不确定　　　D. 不同意　　　E. 非常不同意

2. 教师在智慧教室（智慧实验室）上课时，能够很好地融入信息化知识，并且能够利用信息化设备整合各种信息资源。（　　）

　　A. 非常同意　　　B. 同意　　C. 不确定　　　D. 不同意　　　E. 非常不同意

3. 在智慧教室（智慧实验室）上课时，教师能够熟练地操作教室中的信息化教学设备开展教学，也能够及时利用相应的信息化教学设备跟学生进行互动。（　　）

　　A. 非常同意　　　B. 同意　　　C. 不确定　　　D. 不同意　　　E. 非常不同意

4. 在智慧学习空间（智慧教室、智慧实验室、学习通平台）学习时，你与教师、与同学、与设备之间的互动明显增加。（　　）

　　A. 非常同意　　　B. 同意　　C. 不确定　　　D. 不同意　　　E. 非常不同意

5. 在智慧学习空间（智慧教室、智慧实验室、学习通平台）学习时，你的学习兴趣提高，旷课率降低，学习主动性提高。（　　）

　　A. 非常同意　　　B. 同意　　C. 不确定　　　D. 不同意　　　E. 非常不同意

6. 在智慧学习空间（智慧教室、智慧实验室、学习通平台）上课时，你的注意力提高，抬头率提高，并且积极参与课堂讨论、主动思考并回答问题。（　）

A. 非常同意　　B. 同意　　C. 不确定　　D. 不同意　　E. 非常不同意

7. 在智慧学习空间（智慧教室、智慧实验室、学习通平台）上课时，教师经常使用 PPT 上课。（　）

A. 非常同意　　B. 同意　　C. 不确定　　D. 不同意　　E. 非常不同意

8. 利用智慧学习空间（智慧教室、智慧实验室、学习通平台）学习时，你认为过于丰富的资源内容会增加你的学习任务量，降低你的学习效果。（　）

A. 非常同意　　B. 同意　　C. 不确定　　D. 不同意　　E. 非常不同意

9. 在智慧学习空间（智慧教室、智慧实验室、学习通平台）上课时，教师经常设计丰富多样的课堂活动，这提升了你的问题解决能力和自我效能感。（　）

A. 非常同意　　B. 同意　　C. 不确定　　D. 不同意　　E. 非常不同意

问卷到此结束，再次感谢你的支持与配合！

附录六　智慧学习空间地方应用型本科院校教师信息素养和专业发展需求调查问卷

尊敬的老师：

你好！非常感谢你在百忙之中能够抽出时间来完成本问卷。设计本问卷的目的是调查我校智慧学习空间教师的信息素养现状和专业发展需求，为提升我校教师的信息素养水平，优化我校教师的专业发展路径，提升智慧学习空间应用效果提供参考价值。本问卷调查采用不记名的方式进行，答案没有对错之分，请你务必根据自己的真实情况填写，请不要有遗漏或多选，以保证数据的真实性和完整性，问卷数据仅供研究之用。我们将对你的答案保密。再次感谢你的支持！祝你工作顺利、生活愉快！

一、个人基本信息

1. 你的性别为（　　　）

A. 男　B. 女

2. 你的职称为（　　　）

A. 初级　B. 中级　C. 副高级　D. 高级　E. 未定级

3. 你的工作岗位为（　　　）

A. 管理岗　B. 专业技术岗　C. 工勤岗　D. 教辅岗

4. 你的工龄为（　　　）

A. 5 年以下　B. 5（含）～10 年　C. 10（含）～20 年

D. 20（含）～30 年　E. 30（含）年以上

5. 你的年龄为（　　　）

A. 30 岁以下　B. 30（含）～40 岁　C. 40（含）～50 岁　D. 50（含）岁以上

6. 你的最高学历为（　　　）

A. 专科　B. 本科　C. 硕士　D. 博士

7. 你所任教（从事）的学科门类为（　　　）

A. 自然科学类　B. 农业科学类　C. 医药科学类

D. 工程与技术科学类　E. 人文与社会科学类

二、信息素养现状调查（从信息意识与态度、信息技术知识、信息技术应用能力、信息伦理道德四个方面展开）

1. 你认为互联网在你所任教课程中的作用（　　　）

A. 非常重要　B. 比较重要　C. 一般　D. 不重要　E. 非常不重要

2. 你认为信息技术对你开展科研工作具有重要作用（　　　）

A. 非常同意　B. 比较同意　C. 一般　D. 不同意　E. 非常不同意

3. 在日常教学和管理中使用信息技术，可以帮助你更快、更有效地完成教学和管理任务（　　　）

A. 非常同意　B. 比较同意　C. 一般　D. 不同意　E. 非常不同意

4. 采用新兴的教学方法，如翻转课堂、混合式学习、在线公开课程 MOOC 等，有助于优化你的教学效果（　　　）

A. 非常同意　B. 比较同意　C. 一般　D. 不同意　E. 非常不同意

5. 你在教学和管理工作中喜欢使用信息技术手段提升工作效率（　　　）

A. 非常符合　B. 比较符合　C. 一般　D. 不符合　E. 非常不符合

6. 你对计算机基础知识非常了解（　　　）

A. 非常符合　B. 比较符合　C. 一般　D. 不符合　E. 非常不符合

7. 你对信息技术的教育应用情况（　　　）

A. 非常了解　B. 比较了解　C. 一般　D. 不了解　E. 非常不了解

8. 你对教育信息化相关法律法规（如隐私权、知识产权、版权等）的了解情况（　　　）

A. 非常了解　B. 比较了解　C. 一般　D. 不了解　E. 非常不了解

9. 你熟知各种专业网站、网络课程网站和数据库等信息源（　　　）

A. 非常符合　B. 比较符合　C. 一般　D. 不符合　E. 非常不符合

10. 你对与网络信息相关的计算机病毒、信息犯罪等信息安全知识的了解情况（　　　）

A. 非常了解　B. 比较了解　C. 一般　D. 不了解　E. 非常不了解

11. 你对办公软件（如 Word、PPT 和 Excel）的掌握程度（　　　）

A. 非常熟练　B. 比较熟练　C. 一般　D. 不熟练　E. 非常不熟练

12. 你能利用视音频处理软件自己制作微课（　　　）

A. 非常符合　B. 比较符合　C. 一般　D. 不符合　E. 非常不符合

13. 你能及时从网络中捕捉到对自己有价值的信息（　　　）

A. 非常符合　B. 比较符合　C. 一般　D. 不符合　E. 非常不符合

14. 你对常用信息交流软件（如微信、QQ、钉钉和学习通等）的掌握程度（　　）

A. 非常熟练　B. 比较熟练　C. 一般　D. 不熟练　E. 非常不熟练

15. 你能够将获取的信息应用到教学工作中（　　）

A. 非常同意　B. 比较同意　C. 一般　D. 不同意　E. 非常不同意

16. 你能够灵活使用在线教学平台（如超星、泛雅平台、雨课堂等）开展教学（　　）

A. 非常符合　B. 比较符合　C. 一般　D. 不符合　E. 非常不符合

17. 你在教学中，会采取适当的措施保护自己或他人的信息安全（　　）

A. 非常符合　B. 比较符合　C. 一般　D. 不符合　E. 非常不符合

18. 你能鉴别信息的真伪，尊重他人的学术成果并合理引用（　　）

A. 非常符合　B. 比较符合　C. 一般　D. 不符合　E. 非常不符合

19. 当他人发布虚假有害信息时，你能及时揭发或制止（　　）

A. 非常符合　B. 比较符合　C. 一般　D. 不符合　E. 非常不符合

三、教师专业发展需求调查

1. 你参加过我校举办的教育技术培训次数为（　　）

A. 从未参加　　B. 1～3次　　C. 4～5次　　D. 5次以上

2. 你对我校所开展的培训形式的满意程度（　　）

A. 非常满意　B. 比较满意　C. 一般　D. 不满意　E. 非常不满意

3. 你觉得教学培训对你个人专业发展的作用程度为（　　）

A. 非常有用　B. 比较有用　C. 一般　D. 不太有用　E. 非常没用

4. 你希望学校组织的教学能力提升形式有（可多选）（　　）

A. 开展教学沙龙　　B. 组织专家讲座　　C. 线上跨校教研

D. 专业进修　　　E. 国内外访学　　F. 其他

5. 你认为教师信息技术培训的内容重点应放在（可多选）(　　)

A. 教学理论前沿知识　B. 教学理念　C. 课件等资源制作技巧　D. 信息化教学设计　E. 教学软件操作技术　F. 其他

6. 你认为学校现有信息化条件存在的不足有（可多选）（　　）

A. 硬件设备相对落后　B. 培训体系不完善　C. 相关的激励措施不够完善　D. 管理存在漏洞　　E. 其他

7. 你认为影响你专业能力提升的因素主要有（可多选）（　　）

A. 教学科研任务重，没有时间、精力再去进行其他相关培训

B. 培训机会太少　　C. 培训内容缺乏深度和针对性

D. 缺少经费支持　　E. 其他

本问卷到此结束，再次感谢你的支持与配合！

附录七　智慧学习空间地方应用型本科院校大学生信息素养调查问卷

亲爱的同学：

你好！非常感谢你在百忙之中能够抽出时间来完成本问卷。本问卷的目的是调查我校学生的信息素养现状，为提升我校学生的信息素养水平提供参考。本问卷采取不记名的方式进行，答案没有对错之分，请你务必根据自己的真实情况填写，请不要有遗漏或多选，以保证数据的真实性和完整性，研究数据仅供研究之用。我们将对你的答案保密，再次感谢你的支持与配合，祝你天天开心，学业有成！

一、个人基本信息

1. 你的性别为（　　　）

A. 男　　B. 女

2. 你的年级为（　　　）

A. 大一　　B. 大二　　C. 大三　　D. 大四

3. 你的专业属于（　　　）

A. 文科　　B. 理科　　C. 工科　　D. 艺体类　　E. 其他

4. 你的生源地为（　　　）

A. 农村　　B. 城市

5. 你每天的平均上网时间为（　　　）

A. 1 小时以下　B. 1～2 小时　C. 2～3 小时　D. 3～5 小时　E. 5 小时以上

6. 你平常获取信息的常用终端设备为（　　　）

A. 电脑　　　B. 手机　　C. 平板　　　D. 三者都有　　E. 其他

7. 做本问卷之前，你是否了解"信息素养"这一术语？（　　　）

A. 不了解　　　B. 了解　　　C. 不确定

二、信息素养现状调查

（一）信息意识方面

1. 你认为信息在日常的学习、工作和生活中非常重要。（　　　）

A. 非常同意　B. 同意　C. 一般　D. 不同意　E. 非常不同意

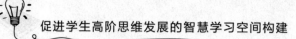

2. 你在学习过程中遇到问题时，总是尝试通过网络信息搜索获取帮助。（　　）

A. 非常同意　B. 同意　C. 一般　D. 不同意　E. 非常不同意

3. 信息化时代背景下，你认为信息资源是解决各种问题的重要途径。（　　）

A. 非常同意　B. 同意　C. 一般　D. 不同意　E. 非常不同意

4 你能够及时发现并准确表达自己的信息需求。（　　）

A. 非常同意　B. 同意　C. 一般　D. 不同意　E. 非常不同意

5. 你能够将自己遇到的优质网络学习资源主动推荐或分享给自己的同学。（　　）

A. 非常同意　B. 同意　C. 一般　D. 不同意　E. 非常不同意

6. 你认为触摸一体机、液晶显示屏、移动手机和平板电脑等智能化设备在课堂中的使用有助于你的学习。（　　）

A. 非常同意　B. 同意　C. 一般　D. 不同意　E. 非常不同意

7. 你通过互联网下载资源或软件时会考虑其是否安全，如是否存在病毒等。（　　）

A. 非常同意　B. 同意　C. 一般　D. 不同意　E. 非常不同意

8. 你在转载、下载或摘录别人的作品或文章时，会考虑是否侵犯了别人的版权。（　　）

A. 非常同意　B. 同意　C. 一般　D. 不同意　E. 非常不同意

9. 你认为搜索信息时首先需要准确界定信息需求的关键词或术语。（　　）

A. 非常同意　B. 同意　C. 一般　D. 不同意　E. 非常不同意

（二）信息知识方面

1. 你了解信息、信息检索、信息犯罪、知识检索等相关术语。（　　）

A. 非常同意　B. 同意　C. 一般　D. 不同意　E. 非常不同意

2. 你了解自己本专业的核心期刊和学习论坛等相关专业信息分布。（　　）

A. 非常同意　B. 同意　C. 一般　D. 不同意　E. 非常不同意

3. 你熟悉并掌握了信息检索的基本知识及各种搜索引擎（如百度、谷歌等）的使用方法。（　　）

A. 非常同意　B. 同意　C. 一般　D. 不同意　E. 非常不同意

4. 你熟悉并掌握了信息处理软件（如 Word、Excel、SPSS 等）的基本知识及使用方法。（　　）

　　A. 非常同意　B. 同意　C. 一般　D. 不同意　E. 非常不同意

5. 你熟悉并掌握了信息传输与存储软件（如迅雷、云盘、邮箱等）的基本知识及使用方法。（　　）

　　A. 非常同意　B. 同意　C. 一般　D. 不同意　E. 非常不同意

6. 你熟悉并掌握了多媒体硬件设施（如打印机、扫描仪等）的基本知识及使用方法。（　　）

　　A. 非常同意　B. 同意　C. 一般　D. 不同意　E. 非常不同意

（三）信息能力方面

1. 你能对筛选出来的各类信息采用合适的方式进行处理（如打印、发送邮箱、保存 U 盘、上传云盘等）。（　　）

　　A. 非常同意　B. 同意　C. 一般　D. 不同意　E. 非常不同意

2. 在学习和生活中遇到问题时，你能够快速地通过信息技术、网络技术等获取所需信息。（　　）

　　A. 非常同意　B. 同意　C. 一般　D. 不同意　E. 非常不同意

3. 你能够对搜索到的各类信息根据不同的需求进行科学的分类和处理。（　　）

　　A. 非常同意　B. 同意　C. 一般　D. 不同意　E. 非常不同意

4. 你能够对网络上获取的学科专业知识进行加工处理，并得到新的内容。（　　）

　　A. 非常同意　B. 同意　C. 一般　D. 不同意　E. 非常不同意

5. 你能够将获得的相应信息应用到实际的学习和生活中去。（　　）

　　A. 非常同意　B. 同意　C. 一般　D. 不同意　E. 非常不同意

6. 你能够将获得的各种信息根据相应的需求进行分享（如发送到群聊或邮箱等）。（　　）

　　A. 非常同意　B. 同意　C. 一般　D. 不同意　E. 非常不同意

（四）信息道德方面

1. 你在引用别人的成果时会注明出处，尊重他人的知识产权和学术成果。（　　）

　　A. 非常同意　B. 同意　C. 一般　D. 不同意　E. 非常不同意

2. 你在网络平台发布信息时，会合理措辞，不恶意攻击别人。（　　）

A. 非常同意　B. 同意　C. 一般　D. 不同意　E. 非常不同意

3. 你在网络上发现有人发布虚假信息时会选择揭发或制止。（　　）

A. 非常同意　B. 同意　C. 一般　D. 不同意　E. 非常不同意

4. 你在平常的学习或生活中，会坚决抵制任何形式的盗版产品（如书籍、光碟等）。（　　）

A. 非常同意　B. 同意　C. 一般　D. 不同意　E. 非常不同意

本问卷到此结束，再次感谢你的支持与配合！